El ladrón del rayo

Rick Riordan

El ladrón del rayo

Percy Jackson y los dioses del Olimpo
— Libro Primero —

Traducción del inglés de
Libertad Aguilera Ballester

Título original: Percy Jackson and the Olympians: The Lightning Thief

Ilustración de la cubierta: John Rocco

Copyright © Rick Riordan, 2005
Publicado por acuerdo con Nancy Gallt Literary Agency
y Sandra Bruna Agencia Literaria, SL
Copyright de la edición en castellano © Ediciones Salamandra, 2006

Publicaciones y Ediciones Salamandra, S.A.
Almogàvers, 56, 7º 2ª - 08018 Barcelona - Tel. 93 215 11 99
www.salamandra.info

ISBN: 978-84-9838-236-5
Depósito legal: B-12.566-2010

1ª edición, diciembre de 2009
2ª edición, marzo de 2010
Printed in Spain

Impresión: Romanyà-Valls, Pl. Verdaguer, 1
Capellades, Barcelona

para Haley, que escuchó la historia el primero

Contenido

1

Pulverizo accidentalmente a mi profesora de introducción al álgebra

Mira, yo no quería ser mestizo.

Si estás leyendo esto porque crees que podrías estar en la misma situación, mi consejo es éste: cierra el libro inmediatamente. Créete la mentira que tu padre o tu madre te contaran sobre tu nacimiento, e intenta llevar una vida normal.

Ser mestizo es peligroso. Asusta. La mayor parte del tiempo sólo sirve para que te maten de manera horrible y dolorosa.

Si eres un niño normal, que está leyendo esto porque cree que es ficción, fantástico. Sigue leyendo. Te envidio por ser capaz de creer que nada de esto sucedió.

Pero si te reconoces en estas páginas —si sientes que algo se remueve en tu interior—, deja de leer al instante. Podrías ser uno de nosotros. Y en cuanto lo sepas, sólo es cuestión de tiempo que también ellos lo presientan, y entonces irán por ti.

No digas que no estás avisado.

Me llamo Percy Jackson.

Tengo doce años. Hasta hace unos meses estudiaba interno en la academia Yancy, un colegio privado para niños con problemas, en el norte del estado de Nueva York.

¿Soy un niño con problemas?

Sí.

Podríamos llamarlo así.

Podría empezar en cualquier punto de mi corta y triste vida para dar prueba de ello, pero las cosas comenzaron a ir realmente mal en mayo del año pasado, cuando los alumnos de sexto curso fuimos de excursión a Manhattan: veintiocho críos tarados y dos profesores en un autobús escolar amarillo, en dirección al Museo Metropolitano de Arte a ver cosas griegas y romanas.

Ya lo sé: suena a tortura. La mayoría de las excursiones de Yancy lo eran. Pero el señor Brunner, nuestro profesor de latín, dirigía la excursión, así que tenía esperanzas. El señor Brunner era un tipo de mediana edad que iba en silla de ruedas motorizada. Le clareaba el cabello, lucía una barba desaliñada y una chaqueta de tweed raída que siempre olía a café. Con ese aspecto, imposible adivinar que era guay, pero contaba historias y chistes y nos dejaba jugar en clase. También tenía una colección alucinante de armaduras y armas romanas, así que era el único profesor con el que no me dormía en clase.

Esperaba que el viaje saliera bien. Esperaba, por una vez, no meterme en problemas.

Anda que no estaba equivocado.

Verás, en las excursiones me pasan cosas malas. Como cuando en quinto fui al campo de batalla de Saratoga, donde tuve aquel accidente con el cañón de la guerra de Independencia americana. Yo no estaba apuntando al autobús del colegio, pero por supuesto me expulsaron igualmente. Y antes de aquello, en cuarto curso, durante la visita a las instalaciones de la piscina para tiburones en Marine World, le di a la palanca equivocada en la pasarela y nuestra clase acabó dándose un chapuzón inesperado. Y la anterior... Bueno, te haces una idea, ¿verdad?

En aquella excursión estaba decidido a portarme bien.

Durante todo el viaje a la ciudad soporté a Nancy Bobofit, la pelirroja pecosa y cleptómana que le lanzaba a mi mejor amigo, Grover, trocitos de sándwich de mantequilla de cacahuete y ketchup al cogote.

Grover era un blanco fácil. Era canijo y lloraba cuando se sentía frustrado. Debía de haber repetido varios cursos, porque era el único en sexto con acné y una pelusilla incipiente en la barbilla. Además, estaba lisiado. Tenía un justificante que lo eximía de la clase de Educación Física durante el resto de su vida, ya que padecía una enfermedad muscular en las piernas. Caminaba raro, como si cada paso le doliera; pero que eso no te engañe: tendrías que verlo correr el día que tocaba enchilada en la cafetería.

En cualquier caso, Nancy Bobofit estaba tirándole trocitos de sándwich que se le quedaban pegados en el pelo castaño y rizado, y sabía que yo no podía hacer nada porque ya estaba en periodo de prueba. El director me había amenazado con expulsión temporal si algo malo, vergonzoso o siquiera medianamente entretenido sucedía en aquella salida.

—Voy a matarla —murmuré.

Grover intentó calmarme.

—No pasa nada. Me gusta la mantequilla de cacahuete. —Esquivó otro pedazo del almuerzo de Nancy.

—Hasta aquí hemos llegado. —Empecé a ponerme en pie, pero Grover volvió a hundirme en mi asiento.

—Ya estás en periodo de prueba—me recordó—. Sabes a quién van a culpar si pasa algo.

Echando la vista atrás, ojalá hubiera tumbado a Nancy Bobofit de un tortazo en aquel preciso instante. La expulsión temporal no habría sido nada en comparación con el lío en que estaba a punto de meterme.

El señor Brunner conducía la visita al museo.

Él iba delante, en su silla de ruedas, guiándonos por las enormes y resonantes galerías, a través de estatuas de mármol y vitrinas de cristal llenas de cerámica roja y negra súper vieja.

Me parecía flipante que todo aquello hubiese sobrevivido más de dos mil o tres mil años.

Nos reunió alrededor de una columna de piedra de casi cuatro metros de altura con una gran esfinge encima, y empezó a contarnos que había sido un monumento mortuorio, una estela, de una chica de nuestra edad. Nos habló de los relieves de sus costados. Yo intentaba prestar atención, porque parecía realmente interesante, pero los demás hablaban sin parar, y cuando les decía que se callaran, la otra profesora acompañante, la señora Dodds, me miraba mal.

La señora Dodds era una profesora de matemáticas procedente de Georgia que siempre llevaba cazadora de cuero, aunque era menuda y rondaba los cincuenta años. Tenía un aspecto tan fiero que parecía dispuesta a plantarte la Harley en la taquilla. Había llegado a Yancy a mitad de curso, cuando nuestra anterior profesora de matemáticas sufrió un ataque de nervios.

Desde el primer día, la señora Dodds adoró a Nancy Bobofit y a mí me clasificó como un engendro del demonio. Me señalaba con un dedo retorcido y me decía «y ahora, cariño», súper dulce, y yo sabía que a continuación me castigaría a quedarme después de clase.

Una vez, tras haberme obligado a borrar respuestas de viejos libros de ejercicios de matemáticas hasta medianoche, le dije a Grover que no creía que la señora Dodds fuera humana. Se quedó mirándome, muy serio, y me respondió: «Tienes toda la razón.»

El señor Brunner seguía hablando del arte funerario griego.

Al final, Nancy Bobofit se burló de una figura desnuda cincelada en la estela y yo le espeté:

—¿Te quieres callar? —Me salió más alto de lo que pretendía.

El grupo entero soltó risitas y el profesor interrumpió su disertación.

—Señor Jackson —dijo—, ¿tiene algún comentario que hacer?

Me puse como un tomate y contesté:

—No, señor.

El señor Brunner señaló una de las imágenes de la estela.

—A lo mejor puede decirnos qué representa esa imagen.

Miré el relieve y sentí alivio porque de hecho lo reconocía.

—Ése es Cronos devorando a sus hijos, ¿no?

—Sí —repuso él—. E hizo tal cosa por...

—Bueno... —Escarbé en mi cerebro—. Cronos era el rey dios y...

—¿Dios?

—Titán —me corregí—. Y... y no confiaba en sus hijos, que eran dioses. Así que Cronos... esto... se los comió, ¿no? Pero su mujer escondió al pequeño Zeus y le dio a cambio una piedra. Y después, cuando Zeus creció, engañó a su padre para que vomitara a sus hermanos y hermanas...

—¡Puaj! —dijo una chica a mis espaldas.

—... así que hubo una gran lucha entre dioses y titanes —proseguí—, y los dioses ganaron.

Algunas risitas.

Detrás de mí, Nancy Bobofit cuchicheó con una amiga:

—Menudo rollo. ¿Para qué va a servirnos en la vida real? Ni que en nuestras solicitudes de empleo fuera a poner: «Por favor, explique por qué Cronos se comió a sus hijos.»

—¿Y para qué, señor Jackson —insistió Brunner, parafraseando la excelente pregunta de la señorita Bobofit—, hay que saber esto en la vida real?

—Te han pillado —murmuró Grover.

—Cierra el pico —siseó Nancy, con la cara aún más roja que su pelo.

Por lo menos habían pillado también a Nancy. El señor Brunner era el único que la sorprendía diciendo maldades. Tenía radares por orejas.

Pensé en su pregunta y me encogí de hombros.

—No lo sé, señor.

—Ya veo. —Brunner pareció decepcionado—. Bueno, señor Jackson, ha salido medio airoso. Es cierto que Zeus le dio a Cronos una mezcla de mostaza y vino que le hizo expulsar a sus otros cinco hijos, que al ser dioses inmortales habían estado viviendo y creciendo sin ser digeridos en el estómago del titán. Los dioses derrotaron a su padre, lo cortaron en pedazos con su propia hoz y desperdigaron los restos por el Tártaro, la parte más oscura del inframundo. Bien, ya es la hora del almuerzo. Señora Dodds, ¿podría conducirnos a la salida?

La clase empezó a salir, las chicas conteniéndose el estómago, y los chicos a empujones y actuando como merluzos. Grover y yo nos disponíamos a seguirlos cuando el profesor exclamó:

—¡Señor Jackson!

Lo sabía.

Le dije a Grover que se fuera y me volví hacia Brunner.

—¿Señor? —Tenía una mirada que no te dejaba escapar: ojos castaño intenso que podrían tener mil años y haberlo visto todo.

—Debes aprender la respuesta a mi pregunta —me dijo.

—¿La de los titanes?

—La de la vida real. Y también cómo se aplican a ella tus estudios.

—Ah.

—Lo que vas a aprender de mí es de importancia vital. Espero que lo trates como se merece. Sólo voy a aceptar de ti lo mejor, Percy Jackson.

Quería enfadarme, pues aquel tipo sabía cómo presionarme de verdad. Verás, quiero decir que sí, que molaban los días de competición, esos en que se disfrazaba con una armadura romana y gritaba «¡Adelante!», y nos desafiaba, espada contra tiza, a que corriéramos a la pizarra y nombráramos a todas las personas griegas y romanas que vivieron alguna vez, a sus madres y a los dioses que adoraban. Pero Brunner esperaba que yo lo hiciera tan bien como los demás, a pesar de que soy disléxico y poseo un trastorno por déficit de atención y jamás he pasado de un aprobado... No; no esperaba que fuera tan bueno como los demás: esperaba que fuera mejor. Y yo simplemente no podía aprenderme todos aquellos nombres y hechos, y mucho menos deletrearlos correctamente.

Murmuré algo acerca de esforzarme más mientras él dedicaba una triste mirada a la estela, como si hubiera estado en el funeral de la chica.

Me dijo que saliera y tomase mi almuerzo.

La clase se reunió en la escalinata de la fachada, desde donde se podía contemplar el tráfico de la Quinta Avenida. Se avecinaba una enorme tormenta, con las nubes más negras que había visto nunca sobre la ciudad. Supuse que sería efecto del calentamiento global o algo así, porque el tiempo en Nueva York había sido más bien rarito desde Navidad. Habíamos sufrido brutales tormentas de nieve, inundaciones e incendios provocados por rayos. No me habría sorprendido que fuese un huracán.

Nadie más pareció reparar en ello. Algunos chicos apedreaban palomas con trocitos de cookies. Nancy Bobofit intentaba robar algo del monedero de una mujer y, evidentemente, la señora Dodds hacía la vista gorda.

Grover y yo estábamos sentados en el borde de una fuente, alejados de los demás. Pensábamos que así no todo el mundo sabría que pertenecíamos a aquella escuela: la escuela de los pringados y los raritos que no encajaban en ningún otro sitio.

—¿Castigado? —me preguntó Grover.

—Qué va. Brunner no me castiga. Pero me gustaría que aflojara de vez en cuando. Quiero decir... no soy ningún genio.

Grover guardó silencio. Entonces, cuando pensé que iba a soltarme algún reconfortante comentario filosófico, me preguntó:

—¿Puedo comerme tu manzana?

Tampoco tenía demasiado apetito, así que se la di.

Observé la corriente de taxis que bajaban por la Quinta Avenida y pensé en el apartamento de mi madre, a sólo unas calles de allí.

No la veía desde Navidad. Me entraron ganas de subir a un taxi que me llevara a casa. Me abrazaría y se alegraría de verme, pero también se sentiría decepcionada y me miraría de aquella manera. Me devolvería directamente a Yancy, me recordaría que tenía que esforzarme más, aunque aquélla era mi sexta escuela en seis años y probablemente fueran a expulsarme otra vez. Era incapaz de volver a soportar esa mirada.

El señor Brunner aparcó su vehículo al final de la rampa para paralíticos. Masticaba apio mientras leía una novela en rústica. En la parte trasera de la silla tenía encajada una sombrilla roja, lo que la hacía parecer una mesita de terraza motorizada.

Me disponía a abrir mi sándwich cuando Nancy Bobofit apareció con sus desagradables amigas —supongo que se habría cansado de desplumar a los turistas—, y tiró la mitad de su almuerzo a medio comer sobre el regazo de Grover.

—Vaya, mira quién está aquí. —Me sonrió con los dientes torcidos. Tenía pecas naranja, como si alguien le hubiera pintado las mejillas con espray.

Intenté mantener la calma. El consejero de la escuela me había dicho un millón de veces: «Cuenta hasta diez, controla tu mal genio.» Pero yo estaba tan cabreado que me quedé en blanco. Y a continuación oí un revuelo y estrépito de agua. No recuerdo haberla tocado, pero lo siguiente que vi fue a Nancy sentada de culo en medio de la fuente, gritando:

—¡Percy me ha empujado! ¡Ha sido él!

La señora Dodds se materializó a nuestro lado.

Algunos chicos cuchicheaban:

—¿Has visto...?

—... el agua...

—... la ha arrastrado...

No sabía de qué hablaban, pero sí sabía que había vuelto a meterme en problemas.

En cuanto la profesora se aseguró de que la pobrecita Nancy estaba bien y le hubo prometido una camiseta nueva en la tienda del museo, se centró en mí. Había un resplandor triunfal en sus ojos, como si por fin yo hubiese hecho algo que ella llevaba esperando todo el semestre.

—Y ahora, cariño...

—Lo sé —musité—. Un mes borrando libros de ejercicios. —Pero no acerté.

—Ven conmigo —ordenó la mujer.

—¡Espere! —intervino Grover—. He sido yo. Yo la he empujado.

Me quedé mirándolo, perplejo. No podía creer que intentara encubrirme. A Grover la señora Dodds le daba un miedo de muerte. Ella lo miró con tanto desdén que a Grover le tembló la barbilla.

—Me parece que no, señor Underwood —replicó.

—Pero...

—Us-ted-se-que-da-quí.

Grover me miró con desesperación.

—No te preocupes —le dije—. Gracias por intentarlo.

—Bien, cariño —ladró la profesora—. ¡En marcha!

Nancy Bobofit dejó escapar una risita.

Yo le lancé mi mirada de luego-te-asesino y me volví dispuesto a enfrentarme a aquella bruja, pero ya no estaba allí. Se hallaba en la entrada del museo, en lo alto de la escalinata, dándome prisas con gestos de impaciencia.

¿Cómo había llegado allí tan rápido?

Suelo tener momentos como ése, cuando mi cerebro parece quedarse dormido, y lo siguiente que ocurre es que me he perdido algo, como si una pieza de puzzle se hubiera caído del universo y me dejara mirando el vacío detrás. El consejero del colegio me dijo que era una consecuencia del THDA, Trastorno Hiperactivo del Déficit de Atención: mi cerebro malinterpretando las cosas.

Yo no estaba tan seguro.

Me dirigí hacia la señora Dodds.

A mitad de camino me volví para mirar a Grover. Estaba pálido, dejándose los ojos entre el señor Brunner y yo, como si quisiera que éste reparara en lo que estaba sucediendo, pero Brunner seguía absorto en su novela.

Miré de nuevo hacia arriba. La muy bruja había vuelto a desaparecer. Ya estaba dentro del edificio, al final del vestíbulo. «Vale —pensé—. Me obligará a comprarle a Nancy una camiseta nueva en la tienda de regalos.» Pero al parecer no era ése el plan.

Nos adentramos en el museo. Cuando por fin la alcancé, estábamos de nuevo en la sección grecorromana. Salvo nosotros, la galería estaba desierta.

Ella permanecía de brazos cruzados frente a un enorme friso de mármol de los dioses griegos. Hacía un ruido muy raro con la garganta, como si gruñera. Pero incluso sin ese ruido yo habría estado nervioso. Ya es bastante malo quedarse a solas con un profesor, no digamos con la señora Dodds. Había algo en la manera en que miraba el friso, como si quisiera pulverizarlo...

—Has estado dándonos problemas, cariño —dijo.

Opté por la opción segura y respondí:

—Sí, señora.

Se estiró los puños de la cazadora de cuero.

—¿Creías realmente que te saldrías con la tuya? —Su mirada iba más allá del enfado. Era perversa.

«Es una profesora —pensé nervioso—, así que no puede hacerme daño.»

—Me... me esforzaré más, señora —dije.

Un trueno sacudió el edificio.

—No somos idiotas, Percy Jackson —prosiguió ella—. Descubrirte sólo era cuestión de tiempo. Confiesa, y sufrirás menos dolor.

¿De qué hablaba? Quizá los profesores habían encontrado el alijo ilegal de caramelos que vendía en mi dormitorio. O quizá se habían dado cuenta de que había sacado la redacción sobre *Tom Sawyer* de internet sin leerme siquiera el libro y ahora iban a quitarme la nota. O peor aún, me harían leer el libro.

—¿Y bien? —insistió.

—Señora, yo no...

—Se te ha acabado el tiempo —siseó entre dientes.

Entonces ocurrió la cosa más rara del mundo: los ojos empezaron a brillarle como carbones en una barbacoa, se le alargaron los dedos y se transformaron en garras, su cazadora se derritió hasta convertirse en enormes alas coriáceas... Me quedé estupefacto. Aquella mujer no era humana. Era una criatura horripilante con alas de murciélago, zarpas y la boca llena de colmillos amarillentos, y quería hacerme trizas...

Y de pronto las cosas se tornaron aún más extrañas: el señor Brunner, que un minuto antes estaba fuera del museo, apareció en la galería y me lanzó un bolígrafo.

—¡Agárralo, Percy! —gritó.

La señora Dodds se abalanzó sobre mí.

Con un gemido, la esquivé y sentí sus garras rasgar el aire junto a mi oreja. Atrapé el bolígrafo al vuelo y en ese momento se convirtió en una espada. Era la espada de bronce del señor Brunner, la que usaba el día de las competiciones.

La señora Dodds se volvió hacia mí con una mirada asesina.

Mis rodillas parecían de gelatina y las manos me temblaban tanto que casi se me cae la espada.

—¡Muere, cariño! —rugió, y voló directamente hacia mí.

Me invadió el pánico e instintivamente blandí la espada. La hoja de metal le dio en el hombro y atravesó su cuerpo como si estuviera relleno de aire. ¡Chsss! La señora Dodds explotó en una nube de polvo amarillo y se volatilizó en el acto, sin dejar nada aparte de un intenso olor a azufre, un alarido moribundo y un frío malvado alrededor, como si sus ojos encendidos siguieran observándome.

Estaba solo. Y en mi mano sólo tenía un bolígrafo.

El señor Brunner había desaparecido. No había nadie excepto yo. Aún me temblaban las manos. Mi almuerzo debía de estar contaminado con hongos alucinógenos o algo así.

¿Me lo había imaginado todo?

Regresé fuera.

Había empezado a lloviznar.

Grover seguía sentado junto a la fuente, con un mapa del museo extendido sobre su cabeza. Nancy Bobofit también estaba allí, aún empapada por su bañito en la fuente, cuchicheando con sus compinches. Cuando me vio, me dijo:

—Espero que la señora Kerr te haya dado unos buenos azotes en el culo.

—¿Quién? —pregunté.

—Nuestra profesora, lumbrera.

Parpadeé. No teníamos ninguna profesora que se llamara así. Le dije de qué estaba hablando, pero ella se limitó a poner los ojos en blanco y darse la vuelta. Le pregunté a Grover por la señora Dodds.

—¿Quién? —preguntó, y como vaciló un instante y no me miró a los ojos, pensé que pretendía tomarme el pelo.

—No es gracioso, tío —le dije—. Esto es grave.

Resonaron truenos sobre nuestras cabezas.

El señor Brunner seguía sentado bajo su sombrilla roja, leyendo su libro, como si no se hubiera movido. Me acerqué a él. Levantó la mirada, algo distraído.

—Ah, mi bolígrafo. Le agradecería, señor Jackson, que en el futuro trajera su propio utensilio de escritura.

Se lo tendí. Ni siquiera había reparado en que seguía sosteniéndolo.

—Señor —dije—, ¿dónde está la señora Dodds?

Él me miró con aire inexpresivo.

—¿Quién?

—La otra acompañante. La señora Dodds, la profesora de introducción al álgebra.

Frunció el entrecejo y se inclinó hacia delante, con gesto de ligera preocupación.

—Percy, no hay ninguna señora Dodds en esta excursión. Que yo sepa, jamás ha habido ninguna señora Dodds en la academia Yancy. ¿Te encuentras bien?

2

Tres ancianas tejen
los calcetines de la muerte

Estaba acostumbrado a tener experiencias raras de vez en cuando, pero solían terminar pronto. Aquella alucinación veinticuatro horas al día, siete días a la semana, era más de lo que podía soportar. Durante el resto del curso, el colegio entero pareció dispuesto a jugármela. Los estudiantes se comportaban como si estuvieran convencidos de que la señora Kerr —una rubia alegre que no había visto en mi vida hasta que subió al autobús al final de aquella excursión— era nuestra profesora de introducción al álgebra desde Navidad.

De vez en cuando yo sacaba a colación a la señora Dodds, buscando pillarlos en falso, pero se quedaban mirándome como si fuera un psicópata. Hasta el punto de que casi acabé creyéndolos: la señora Dodds nunca había existido.

Casi.

Grover no podía engañarme. Cuando le mencionaba el nombre Dodds, vacilaba una fracción de segundo antes de asegurar que no existía. Pero yo sabía que mentía.

Algo estaba pasando. Algo había ocurrido en el museo.

No tenía demasiado tiempo para pensar en ello durante el día, pero por la noche las terribles visiones de la señora Dodds con garras y alas coriáceas me despertaban entre sudores fríos.

El clima seguía enloquecido, cosa que no mejoraba mi ánimo. Una noche, una tormenta reventó las ventanas de mi habitación. Unos días más tarde, el mayor tornado que se recuerda en el valle del Hudson pasó a sólo ochenta kilómetros de la academia Yancy. Uno de los sucesos de actualidad que estudiamos en la clase de sociales fue el inusual número de aviones caídos en el Atlántico aquel año.

Empecé a sentirme malhumorado e irritable la mayor parte del tiempo. Mis notas bajaron de insuficiente a muy deficiente. Me peleé más con Nancy Bobofit y sus amigas, y en casi todas las clases acababa castigado en el pasillo.

Al final, cuando el profesor de inglés, el señor Nicoll, me preguntó por millonésima vez cómo podía ser tan perezoso que ni siquiera estudiaba para los exámenes de deletrear, salté. Le llamé viejo ebrio. No estaba seguro de qué significaba, pero sonaba bien.

A la semana siguiente el director envió una carta a mi madre, dándole así rango oficial: el próximo año no sería invitado a volver a matricularme en la academia Yancy.

«Mejor —me dije—. Mejor.»

Quería estar con mi madre en nuestro pequeño apartamento del Upper East Side, aunque tuviera que ir al colegio público y soportar a mi detestable padrastro y sus estúpidas partidas de póquer.

No obstante, había cosas de Yancy que echaría de menos. La vista de los bosques desde la ventana de mi dormitorio, el río Hudson en la distancia, el aroma a pinos. Echaría de menos a Grover, que había sido un buen amigo, aunque fuera un poco raro; me preocupaba cómo sobreviviría el año siguiente sin mí. También echaría de menos la clase de latín: las locas competiciones del señor Brunner y su fe en que yo podía hacerlo bien.

Se acercaba la semana de exámenes, y sólo estudié para su asignatura. No había olvidado lo que Brunner me había dicho sobre que aquella asignatura era para mí una cuestión de vida o muerte. No sabía muy bien por qué, pero el caso es que empecé a creerlo.

La tarde antes de mi examen final, me sentí tan frustrado que lancé mi *Guía Cambridge de mitología griega* al otro lado del dormitorio. Las palabras habían empezado a desmadrarse en la página, a dar vueltas en mi cabeza y realizar giros chirriantes como si montaran en monopatín. No había manera de recordar la diferencia entre Quirón y Caronte, entre Polidectes y Polideuces. ¿Y conjugar los verbos latinos? Imposible.

Me paseé por la habitación a zancadas, como si tuviera hormigas dentro de la camisa. Recordé la seria expresión de Brunner, su mirada de mil años. «Sólo voy a aceptar de ti lo mejor, Percy Jackson.»

Respiré hondo y recogí el libro de mitología.

Nunca le había pedido ayuda a un profesor. Tal vez si hablaba con Brunner, podría darme unas pistas. Por lo menos tendría ocasión de disculparme por el muy deficiente que iba a sacar en su examen. No quería abandonar la academia Yancy y que él pensara que no lo había intentado.

Bajé hasta los despachos de los profesores. La mayoría se encontraban vacíos y a oscuras, pero la puerta del señor Brunner estaba entreabierta y la luz se derramaba por el pasillo.

Estaba a tres pasos de la puerta cuando oí voces dentro. Brunner formuló una pregunta y la inconfundible voz de Grover respondió:

—... preocupado por Percy, señor.

Me quedé inmóvil.

No acostumbro escuchar detrás de las puertas, pero a ver quién es capaz de no hacerlo cuando oyes a tu mejor amigo hablar de ti con un adulto.

Me acerqué más, centímetro a centímetro.

—... solo este verano —decía Grover—. Quiero decir, ¡hay una Benévola en la escuela! Ahora que lo sabemos seguro, y ellos lo saben también...

—Si lo presionamos tan sólo empeoraremos las cosas —respondió Brunner—. Necesitamos que el chico madure más.

—Pero puede que no tenga tiempo. La fecha límite del solsticio de verano...

—Tendremos que resolverlo sin Percy. Déjalo que disfrute de su ignorancia mientras pueda.

—Señor, él la vio...

—Fue producto de su imaginación —insistió Brunner—. La niebla sobre los estudiantes y el personal será suficiente para convencerlo.

—Señor, yo... no puedo volver a fracasar en mis obligaciones. —Grover parecía emocionado—. Usted sabe lo que significaría.

—No has fallado, Grover —repuso Brunner con amabilidad—. Yo tendría que haberme dado cuenta de qué era. Ahora preocupémonos sólo por mantener a Percy con vida hasta el próximo otoño...

El libro de mitología se me cayó de las manos y resonó contra el suelo. El profesor se interrumpió de golpe y se quedó callado. Con el corazón desbocado, recogí el libro y retrocedí por el pasillo.

Una sombra cruzó el cristal iluminado de la puerta del despacho, la sombra de algo mucho más alto que Brunner en su silla de ruedas, con algo en la mano que se parecía sospechosamente a un arco.

Abrí la puerta contigua y me escabullí dentro.

Al cabo de unos segundos oí un suave clop, clop, clop, como de cascos amortiguados, seguidos de un sonido de animal olisqueando, justo delante de la puerta. Una silueta grande y oscura se detuvo un momento delante del cristal, y prosiguió.

Una gota de sudor me resbaló por el cuello.

En algún punto del pasillo el señor Brunner empezó a hablar de nuevo.

—Nada —murmuró—. Mis nervios no son los que eran desde el solsticio de invierno.

—Los míos tampoco... —repuso Grover—. Pero habría jurado...

—Vuelve al dormitorio —le dijo Brunner—. Mañana tienes un largo día de exámenes.

—No me lo recuerde.

Las luces se apagaron en el despacho.

Esperé en la oscuridad lo que pareció una eternidad. Al final, salí de nuevo al pasillo y volví al dormitorio. Grover estaba tumbado en la cama, estudiando sus apuntes de latín como si hubiera pasado allí toda la noche.

—Eh —me dijo con cara de sueño—. ¿Estás listo para el examen?

No respondí.

—Tienes un aspecto horrible. —Puso ceño—. ¿Va todo bien?

—Sólo estoy... cansado.

Me volví para ocultar mi expresión y me acosté en mi cama.

No comprendía qué había escuchado allí abajo. Quería creer que me lo había imaginado todo, pero una cosa estaba clara: Grover y el señor Brunner estaban hablando de mí a mis espaldas. Pensaban que corría algún tipo de peligro.

● ● ●

La tarde siguiente, cuando abandonaba el examen de tres
horas de latín, colapsado con todos los nombres griegos y latinos que había escrito incorrectamente, el señor Brunner me
llamó. Por un momento temí que hubiese descubierto que los
había oído hablar la noche anterior, pero no era eso.

—Percy —me dijo—, no te desanimes por abandonar Yancy. Es... lo mejor.

Su tono era amable, pero sus palabras me resultaban
embarazosas. Aunque hablaba en voz baja, los que terminaban el examen podían oírlo. Nancy Bobofit me sonrió y me
lanzó besitos sarcásticos.

—Vale, señor —murmuré.

—Lo que quiero decir es que... —Meció su silla adelante
y atrás, como inseguro respecto a lo que quería decir—. Verás, éste no es el lugar adecuado para ti. Era sólo cuestión de
tiempo.

Me escocían las mejillas.

Allí estaba mi profesor favorito, delante de la clase, diciéndome que no podía con aquello. Después de repetirme
durante todo el año que creía en mí, ahora me salía con que
estaba destinado a la patada.

—Vale —le dije temblando.

—No, no me refiero a eso. Oh, lo confundes todo. Lo que
quiero decir es que... no eres normal, Percy. No pasa nada
por...

—Gracias —le espeté—. Muchas gracias, señor, por re-
cordármelo.

—Percy...

Pero ya me había ido.

El último día del trimestre hice la maleta.

Los otros chicos bromeaban, hablaban de sus planes de
vacaciones. Uno de ellos iba a hacer excursionismo en Suiza.
Otro, de crucero por el Caribe durante un mes. Eran delincuentes juveniles, como yo, pero delincuentes juveniles ricos.
Sus papás eran ejecutivos, o embajadores, o famosos. Yo era
un don nadie, surgido de una familia de don nadies.

Me preguntaron qué pensaba hacer yo aquel verano, y
les respondí que volvía a la ciudad. Me abstuve de mencionar

26

que durante las vacaciones necesitaría conseguir algún trabajo paseando perros o vendiendo suscripciones de revistas, y pasar el tiempo libre preocupándome por si encontraría escuela en otoño.

—Ah —dijo uno—. Eso mola.

Regresaron a sus conversaciones como si yo nunca hubiese existido.

La única persona de la que temía despedirme era Grover, pero luego no tuve que preocuparme: había reservado un billete a Manhattan en el mismo autobús Greyhound que yo, así que allí íbamos, otra vez camino de la ciudad.

Grover no paró de escudriñar el pasillo todo el trayecto, observando al resto de los pasajeros. Reparé entonces en que siempre se comportaba de manera nerviosa e inquieta cuando abandonábamos Yancy, como si temiese que ocurriera algo malo. Antes suponía que le preocupaba que se metieran con él, pero en aquel autobús no iba nadie que pudiera meterse con él.

Al final no pude aguantarme y le dije:

—¿Buscas Benévolas?

Grover casi pega un brinco.

—¿Qué... qué quieres decir?

Le conté que los había escuchado hablar la noche antes del examen.

Le tembló un párpado.

—¿Qué oíste? —preguntó.

—Oh... no mucho. ¿Qué es la fecha límite del solsticio de verano?

—Mira, Percy... —Se estremeció—. Sólo estaba preocupado por ti. Ya sabes, por eso de que alucinas con profesoras de matemáticas diabólicas...

—Grover...

—Le dije al señor Brunner que a lo mejor tenías demasiado estrés o algo así, porque no existe ninguna señora Dodds, y...

—Grover, como mentiroso no te ganarías la vida.

Se le pusieron las orejas coloradas. Sacó una tarjeta mugrienta del bolsillo de su camisa.

—Mira, toma esto, ¿de acuerdo? Por si me necesitas este verano.

La tarjeta tenía una tipografía mortal para mis ojos disléxicos, pero al final conseguí entender algo parecido a:

—¿Qué es colina mes...?

—¡No lo digas en voz alta! —musitó—. Es mi... dirección estival.

Menuda decepción. Grover tenía residencia de verano. Nunca me había parado a pensar que su familia podía ser tan rica como las demás de Yancy.

—Vale —contesté alicaído—. Ya sabes, suena como... a invitación a visitar tu mansión.

Asintió.

—O por si me necesitas.

—¿Por qué iba a necesitarte? —Lo pregunté con más rudeza de la que pretendía.

Grover tragó saliva.

—Mira, Percy, la verdad es que yo... bien, digamos que tengo que protegerte.

Lo miré fijamente, atónito. Había pasado todo el año peleándome, manteniendo a los abusones alejados de él. Había perdido el sueño preocupándome de qué sería de él cuando yo no estuviera. Y allí estaba el muy caradura, comportándose como si fuese mi protector.

—Grover —le dije—, ¿de qué crees que tienes que protegerme exactamente?

Se produjo un súbito y chirriante frenazo y empezó a salir un humo negro y acre del salpicadero. El conductor maldijo a gritos y a duras penas logró detener el Greyhound en el arcén. Bajó presuroso y se puso a aporrear y toquetear el motor, pero al cabo de unos minutos anunció que teníamos que bajar.

Nos hallábamos en mitad de una carretera normal y corriente: un lugar en el que nadie se fijaría de no sufrir una avería. En nuestro lado de la carretera sólo había arces y los desechos arrojados por los coches. En el otro lado, cruzando los cuatro carriles de asfalto resplandeciente por el calor de la tarde, un puesto de frutas de los de antes.

La mercancía tenía una pinta fenomenal: cajas de cerezas rojas como la sangre, y manzanas, nueces y albaricoques, jarras de sidra y una bañera con patas de garra llena de hielo. No había clientes, sólo tres ancianas sentadas en mecedoras a la sombra de un arce, tejiendo el par de calcetines más grande que he visto nunca. Me refiero a que tenían el tamaño de jerséis, pero eran claramente calcetines. La de la derecha tejía uno; la de la izquierda, otro. La del medio sostenía una enorme cesta de lana azul eléctrico.

Las tres eran ancianas, de rostro pálido y arrugado como fruta seca, pelo argentado recogido con cintas blancas y brazos huesudos que sobresalían de raídas túnicas de algodón.

Lo más raro fue que parecían estar mirándome fijamente.

Me volví hacia Grover para comentárselo y vi que había palidecido. Tenía un tic en la nariz.

—¿Grover? —le dije—. Oye...

—Dime que no te están mirando. No te están mirando, ¿verdad?

—Pues sí. Raro, ¿eh? ¿Crees que me irán bien los calcetines?

—No tiene gracia, Percy. Ninguna gracia.

La anciana del medio sacó unas tijeras enormes, de plata y oro y los filos largos, como una podadora. Grover contuvo el aliento.

—Subamos al autobús —me dijo—. Vamos.

—¿Qué? —repliqué—. Ahí dentro hace mil grados.

—¡Vamos! —Abrió la puerta y subió, pero yo me quedé atrás.

Al otro lado de la carretera, las ancianas seguían mirándome. La del medio cortó el hilo, y juro que oí el chasquido de las tijeras pese a los cuatro carriles de tráfico. Sus dos amigas hicieron una bola con los calcetines azul eléctrico, y me dejaron con la duda de para quién serían: si para un Bigfoot o para Godzilla.

En la trasera del autobús, el conductor arrancó un trozo de metal humeante del compartimiento del motor. Luego le dio al arranque. El vehículo se estremeció y, por fin, el motor resucitó con un rugido.

Los pasajeros vitorearon.

—¡Maldita sea! —exclamó el conductor, y golpeó el autobús con su gorra—. ¡Todo el mundo arriba!

En cuanto nos pusimos en marcha empecé a sentirme febril, como si hubiera contraído la gripe. Grover no tenía mejor aspecto: temblaba y le castañeteaban los dientes.

—Grover.

—¿Sí?

—¿Qué es lo que no me has contado?

Se secó la frente con la manga de la camisa.

—Percy, ¿qué has visto en el puesto de frutas?

—¿Te refieres a las ancianas? ¿Qué les pasa? No son como la señora Dodds, ¿verdad?

Su expresión era difícil de interpretar, pero me dio la sensación de que las mujeres del puesto de frutas eran algo mucho, mucho peor que la señora Dodds.

—Dime sólo lo que viste —insistió.

—La de en medio sacó unas tijeras y cortó el hilo.

Cerró los ojos e hizo un gesto con los dedos que habría podido ser una señal de la cruz, pero no lo era. Era otra cosa, algo como... más antiguo.

—¿La has visto cortar el hilo?

—Sí. ¿Por qué? —Pero incluso cuando lo estaba diciendo, sabía que pasaba algo.

—Ojalá esto no estuviese ocurriendo —murmuró Grover, y empezó a mordisquearse el pulgar—. No quiero que sea como la última vez.

—¿Qué última vez?

—Siempre en sexto. Nunca pasan de sexto.

—Grover —repuse, empezando a asustarme de verdad—, ¿de qué diablos estás hablando?

—Déjame que te acompañe hasta tu casa. Promételo.

Me pareció una petición extraña, pero lo prometí.

—¿Es como una superstición o algo así? —pregunté.

No obtuve respuesta.

—Grover, el hilo que la anciana cortó... ¿significa que alguien va a morir?

Su mirada estaba cargada de aflicción, como si ya estuviera eligiendo las flores para mi ataúd.

3

Grover pierde inesperadamente
los pantalones

Hora de confesarse: planté a Grover en cuanto llegamos a la terminal de autobuses.

Ya sé que fue muy grosero por mi parte, pero me estaba poniendo de los nervios, me miraba como si yo estuviera muerto y no paraba de refunfuñar: «¿Por qué siempre pasa lo mismo?» y «¿Por qué siempre tiene que ser en sexto?».

Cuando Grover se disgustaba solía entrar en acción su vejiga, así que no me sorprendió que, al bajar del autobús, me hiciera prometer que lo esperaría y fuese a la cola para el lavabo.

En lugar de esperar, recogí mi maleta, me escabullí fuera y tomé el primer taxi hacia el norte de la ciudad.

—Al East, calle Ciento cuatro con la Primera —le dije al conductor.

Unas palabras sobre mi madre antes de que la conozcas.

Se llama Sally Jackson y es la persona más buena del mundo, lo que demuestra mi teoría de que los mejores son los que tienen peor suerte. Sus padres murieron en un accidente aéreo cuando tenía cinco años, y la crió un tío que no se ocupaba demasiado de ella. Quería ser novelista, así que pasó todo el instituto trabajando y ahorrando dinero para ir a una universidad con buenos cursos de escritura creativa. Entonces su tío enfermó de cáncer, por lo que tuvo que dejar el instituto el último año para cuidarlo. Cuando murió, se quedó sin dinero, sin familia y sin bachillerato.

El único buen momento que pasó fue cuando conoció a mi padre.

Yo no conservo recuerdos de él, sólo una especie de calidez, quizá un leve rastro de su sonrisa. A mi madre no le gusta hablar de él porque la pone triste. No tiene fotos.

Verás, no estaban casados. Mi madre me contó que era rico e importante, y que su relación era secreta. Un buen día, él embarcó hacia el Atlántico en algún viaje importante y jamás regresó. Se perdió en el mar, según mi madre. No murió. Se perdió en el mar.

Ella trabajaba en empleos irregulares, asistía a clases nocturnas para conseguir su título de bachillerato y me crió sola. Jamás se quejaba o se enfadaba, ni siquiera una vez, pese a que yo no era un crío fácil.

Al final se casó con Gabe Ugliano, que fue majo los primeros treinta segundos que lo conocí; después se mostró como el cretino de primera que era. Cuando era más pequeño, le puse el mote de Gabe el Apestoso. Lo siento pero es verdad. El tipo olía a pizza de ajo enmohecida envuelta en pantalones de gimnasio.

Entre los dos le hacíamos la vida a mamá más bien difícil. La manera en que Gabe el Apestoso la trataba, el modo en que él y yo nos llevábamos... En fin, mi llegada a casa es un buen ejemplo.

Entré en nuestro pequeño apartamento con la esperanza de que mi madre hubiera vuelto del trabajo. En cambio, me encontré en la sala a Gabe el Apestoso, jugando al póquer con sus amigotes. El televisor rugía con el canal de deportes ESPN. Había patatas fritas y latas de cerveza desperdigadas por toda la alfombra.

Sin levantar la mirada, él dijo desde el otro lado del puro:

—Conque ya estás aquí, ¿eh, chaval?

—¿Dónde está mi madre?

—Trabajando —contestó—. ¿Tienes suelto?

Eso fue todo. Nada de «Bienvenido a casa. Me alegro de verte. ¿Qué tal te han ido estos últimos seis meses?».

Gabe había engordado. Parecía una morsa sin colmillos vestida con ropa de segunda mano. Tenía unos tres pelos en la cabeza, que se extendían por toda la calva, como si eso lo volviera más atractivo o vete tú a saber.

Trabajaba en el Electronics Mega-Mart de Queens, pero estaba en casa la mayor parte del tiempo. No sé por qué no lo echaban. Lo único que hacía era gastarse el sueldo en puros que me hacían vomitar y en cerveza, por supuesto. Cerveza siempre. Cuando yo estaba en casa, esperaba de mí que le proporcionara fondos para jugar. Lo llamaba nuestro «secreto de machotes». Lo que significaba que, si se lo contaba a mi madre, me molería a palos.

—No tengo suelto —contesté.

Arqueó una ceja asquerosa.

Gabe olía el dinero como un sabueso, lo cual era sorprendente, dado que su propio hedor debía de anular todo lo demás.

—Has venido en taxi desde la terminal de autobuses —dijo—. Probablemente has pagado con un billete de veinte y te habrán devuelto seis o siete pavos. Quien espera vivir bajo este techo debe asumir sus cargas. ¿Tengo razón, Eddie?

Eddie, el portero del edificio, me miró con un destello de simpatía.

—Venga, Gabe —le dijo—. El chico acaba de llegar.

—¿Tengo razón o no? —repitió Gabe.

Eddie frunció el entrecejo y se refugió en su cuenco de galletas saladas. Los otros dos tipos se pedorrearon casi al unísono.

—Estupendo —le dije. Saqué unos dólares del bolsillo y los lancé encima de la mesa—. Espero que pierdas.

—¡Ha llegado tu boletín de notas, cráneo privilegiado! —exclamó cuando me volví—. ¡Yo no iría por ahí dándome tantos aires!

Cerré de un portazo mi habitación, que en realidad no era mía. Durante los meses escolares era el «estudio» de Gabe. Por supuesto, no había nada que estudiar allí dentro, aparte de viejas revistas de coches, pero le encantaba apelotonar mis cosas en el armario, dejar sus botas manchadas de barro en el alféizar y esforzarse porque el lugar apestara a su asquerosa colonia, sus puros y su cerveza rancia.

Dejé la maleta en la cama. Hogar, dulce hogar.

El olor de Gabe era casi peor que las pesadillas sobre la señora Dodds o el sonido de las tijeras de la anciana frutera. Me estremecí sólo de pensarlo. Recordé la cara de pánico de Grover cuando me hizo prometer que lo dejaría acompañarme a casa. Un súbito escalofrío me recorrió. Sentí como si alguien —algo— estuviera buscándome en aquel preciso instante, quizá subiendo pesadamente por las escaleras, mientras le crecían unas garras largas y enormes.

Entonces oí la voz de mi madre.

—¿Percy?

Abrió la puerta y mis miedos se desvanecieron.

Mi madre es capaz de hacer que me sienta bien sólo con entrar en mi habitación. Sus ojos refulgen y cambian de color con la luz. Su sonrisa es tan cálida como una colcha tejida a mano. Tiene unas cuantas canas entre la larga melena castaña, pero nunca la he visto vieja. Cuando me mira, es como si sólo viera las golosinas buenas que tengo, ninguna de las malas. Jamás la he oído levantar la voz o decir una palabra desagradable a nadie, ni siquiera a mí o a Gabe.

—Oh, Percy. —Me abrazó fuerte—. No me lo puedo creer. ¡Cuánto has crecido desde Navidad!

Su uniforme rojo, blanco y azul de la pastelería Sweet on America olía a las mejores cosas del mundo: chocolate, regaliz y las demás cosas que vendía en la tienda de golosinas de la estación Grand Central. Me había traído «muestras gratis», como siempre hacía cuando yo venía a casa.

Nos sentamos juntos en el borde de la cama. Mientras yo atacaba las tiras de arándanos ácidos, me pasó la mano por la cabeza y quiso saber todo lo que no le había contado en mis cartas. No mencionó mi expulsión, no parecía importarle. Pero ¿yo estaba bien? ¿Su niñito se las apañaba?

Le dije que no me agobiara, que me dejara respirar y todo eso, aunque en secreto me alegraba muchísimo de tenerla a mi lado.

—Eh, Sally, ¿qué tal si nos preparas un buen pastel de carne? —vociferó Gabe desde la otra habitación.

Me rechinaron los dientes.

Mi madre es la mujer más agradable del mundo. Tendría que estar casada con un millonario, no con un capullo como Gabe.

Por ella, intenté sonar optimista cuando le conté mis últimos días en la academia Yancy. Le dije que no estaba demasiado afectado por la expulsión (esta vez casi había durado un curso entero). Había hecho nuevos amigos. No me había ido mal en latín. Y, en serio, las peleas no habían sido tan terribles como aseguraba el director. Me gustaba la academia Yancy. De verdad. En fin, lo pinté tan bien que casi me convencí a mí mismo. Se me hizo un nudo en la garganta al pensar en Grover y el señor Brunner. Ni siquiera Nancy Bobofit parecía tan mala.

Hasta aquella excursión al museo...

—¿Qué? —me preguntó mi madre. Me azuzaba la conciencia con la mirada, intentando sonsacarme—. ¿Te asustó algo?

—No, mamá.

No me gustó mentir. Quería contárselo todo sobre la señora Dodds y las tres ancianas con el hilo, pero pensé que sonaría estúpido.

Apretó los labios. Sabía que me guardaba algo, pero no me presionó.

—Tengo una sorpresa para ti —dijo—. Nos vamos a la playa.

Puse unos ojos como platos.

—¿A Montauk?

—Tres noches, en la misma cabaña.

—¿Cuándo?

Sonrió y contestó:

—En cuanto me cambie.

No podía creerlo. Mi madre y yo no habíamos ido a Montauk los últimos dos veranos porque Gabe decía que no había suficiente dinero.

En ese momento Gabe apareció por la puerta y masculló:

—¿Qué pasa con ese pastel, Sally? ¿Es que no me has oído?

Quise pegarle un puñetazo, pero crucé la mirada con mi madre y comprendí que me ofrecía un trato: sé amable con Gabe un momentito. Sólo hasta que ella estuviera lista para marcharnos a Montauk. Después nos largaríamos de allí.

—Ya voy, cariño —le dijo a Gabe—. Estábamos hablando del viaje.

Gabe entrecerró los ojos.

—¿El viaje? ¿Quieres decir que lo decías en serio?

—Lo sabía —murmuré—. No va a dejarnos ir.

—Claro que sí —repuso mi madre sin alterarse—. Tu padrastro sólo está preocupado por el dinero. Eso es todo. Además —añadió—, Gabriel no va a tener que conformarse con un pastel normalito. Se lo haré de siete capas y prepararé mi salsa especial de guacamole y crema agria. Va a estar como un rajá.

Gabe se ablandó un poco.

—Así que el dinero para ese viaje vuestro... va a salir de tu presupuesto para ropa, ¿no?

—Sí, cariño —aseguró mi madre.

—Y llevarás mi coche allí y lo traerás de vuelta, a ningún sitio más.

—Tendremos mucho cuidado.

Gabe se rascó la papada.

—A lo mejor si te esmeras con ese pastel de siete capas... Y a lo mejor si el crío se disculpa por interrumpir mi partida de póquer.

«A lo mejor si te pego una patada donde más duele y te dejo una semana con voz de soprano», pensé.

Pero los ojos de mi madre me advirtieron que no lo cabreara. ¿Por qué soportaba a aquel tipejo?

Tuve ganas de gritar. ¿Por qué le importaba lo que él pensara?

—Lo siento —murmuré—. Siento de verdad haber interrumpido tu importantísima partida de póquer. Por favor, vuelve a ella inmediatamente.

Gabe entrecerró los ojos. Su minúsculo cerebro probablemente intentaba detectar el sarcasmo en mi declaración.

—Bueno, lo que sea —resopló, y volvió a su partida.

—Gracias, Percy —me dijo mamá—. En cuanto lleguemos a Montauk, seguiremos hablando de... lo que se te ha olvidado contarme, ¿vale?

Por un momento me pareció ver ansiedad en sus ojos —el mismo miedo que había visto en Grover durante el viaje en autobús—, como si también mi madre sintiera un frío extraño en el aire. Pero entonces recuperó su sonrisa, y supuse que me había equivocado. Me revolvió el pelo y fue a prepararle a Gabe su pastel especial.

Una hora más tarde estábamos listos para marcharnos.

Gabe se tomó un descanso de su partida lo bastante largo para verme cargar las bolsas de mi madre en el coche. No dejó de protestar y quejarse por perder a su cocinera —y lo más importante, su Camaro del 78— durante todo el fin de semana.

—No le hagas ni un rasguño al coche, cráneo privilegiado —me advirtió mientras cargaba la última bolsa—. Ni un rasguño pequeñito.

Como si yo fuera a conducir. Tenía doce años. Pero eso no le importaba al bueno de Gabe. Si una gaviota se cagara en la pintura, encontraría una forma de echarme la culpa.

Al verlo regresar torpemente hacia el edificio, me enfadé tanto que hice algo que no sé explicar. Cuando Gabe llegó a la puerta, hice la señal que le había visto hacer a Grover en el autobús, una especie de gesto para alejar el mal: una mano con forma de garra hacia mi corazón y después un movimiento brusco hacia fuera, como para empujar. Entonces el portal se cerró tan fuerte que le golpeó el trasero y lo envió volando por las escaleras como un hombre-bala. Puede que sólo fuera el viento, o algún accidente raro con las bisagras, pero no me quedé para averiguarlo.

Subí al Camaro y le dije a mi madre que pisara a fondo.

Nuestro bungalow alquilado estaba en la orilla sur, en la punta de Long Island. Era una casita de tono pastel con cortinas descoloridas, medio hundida en las dunas. Siempre había arena en las sábanas y arañas por la habitación, y la mayoría del tiempo el mar estaba demasiado frío para bañarse.

Me encantaba.

Íbamos allí desde que era niño. Mi madre llevaba más tiempo yendo. Jamás me lo dijo exactamente, pero yo sabía por qué aquella playa era especial para ella. Era el lugar donde había conocido a mi padre.

A medida que nos acercábamos a Montauk, mi madre pareció rejuvenecer, años de preocupación y trabajo desaparecieron de su rostro. Sus ojos se volvieron del color del mar.

Llegamos al atardecer, abrimos las ventanas y emprendimos nuestra rutina habitual de limpieza. Luego caminamos por la playa, les dimos palomitas de maíz azules a las gaviotas y comimos nuestras gominolas azules, caramelos masticables azules, y las demás muestras gratis que mi madre había traído del trabajo.

Supongo que tengo que explicar lo de la comida azul.

Verás, Gabe le dijo una vez a mi madre que no existía tal cosa. Tuvieron una pelea, que en su momento pareció una tontería, pero desde entonces mi madre se volvió loca por comer azul. Preparaba tartas de cumpleaños y batidos de arándanos azules. Compraba nachos de maíz azul y traía a casa caramelos azules. Esto —junto con su decisión de mantener su nombre de soltera, Jackson, en lugar de hacerse llamar señora Ugliano— era prueba de que no estaba totalmente abducida por Gabe. Tenía una veta rebelde, como yo.

Cuando anocheció, hicimos una hoguera. Asamos salchichas y malvaviscos. Mamá me contó historias de su niñez, antes de que sus padres murieran en un accidente aéreo. Me habló de los libros que quería escribir algún día, cuando tuviera suficiente dinero para dejar la tienda de golosinas.

Al final, reuní valor para preguntarle lo que me rondaba por la mente desde que llegamos a Montauk: mi padre. A ella se le empañaron los ojos. Supuse que me contaría las mismas cosas de siempre, pero yo nunca me cansaba de oírlas.

—Era amable, Percy —dijo—. Alto, guapo y fuerte. Pero también gentil. Tú tienes su pelo negro, ya lo sabes, y sus ojos verdes. —Mamá pescó una gominola azul de la bolsa de las golosinas—. Ojalá él pudiera verte, Percy. ¡Qué orgulloso estaría!

Me pregunté cómo podía decir eso. ¿Qué tenía yo de fantástico? Era un crío hiperactivo y disléxico con un boletín de notas lleno de insuficientes, expulsado de la escuela por sexta vez en seis años.

—¿Cuántos años tenía? —le pregunté—. Quiero decir... cuando se marchó.

Observó las llamas.

—Sólo estuvo conmigo un verano, Percy. Justo aquí, en esta playa. En esta cabaña.

—Pero me conoció de bebé.

—No, cariño. Sabía que yo estaba esperando un niño, pero nunca te vio. Tuvo que marcharse antes de que tú nacieras.

Intenté conciliar aquello con el hecho de que yo creía recordar algo de mi padre. Un resplandor cálido. Una sonrisa. Siempre di por supuesto que él me había conocido al nacer. Mi madre nunca me lo había dicho directamente, pero aun así me parecía lógico. Y ahora me enteraba de que él nunca me había visto...

Me enfadé con mi padre. Puede que fuera una estupidez, pero le eché en cara que se marchara en aquel viaje por mar y no tuviera agallas para casarse con mamá. Nos había abandonado, y ahora estábamos atrapados con Gabe el Apestoso.

—¿Vas a enviarme fuera de nuevo? —pregunté—. ¿A otro internado?

Sacó un malvavisco de la hoguera.

—No lo sé, cariño —dijo con tono serio—. Creo... creo que tendremos que hacer algo.

—¿Porque no me quieres cerca? —Me arrepentí al instante de pronunciar esas palabras.

Los ojos de mi madre se humedecieron. Me agarró la mano y la apretó con fuerza.

—Oh, Percy, no. Yo... tengo que hacerlo, cariño. Por tu propio bien. Tengo que enviarte lejos.

Sus palabras me recordaron lo que el señor Brunner había dicho: que era mejor para mí abandonar Yancy.

—Porque no soy normal —respondí.

—Lo dices como si fuera algo malo, Percy. Pero ignoras lo importante que eres. Creí que la academia Yancy estaría lo bastante lejos, pensé que allí estarías por fin a salvo.

—¿A salvo de qué?

Cruzamos las miradas y me asaltó una oleada de recuerdos: todas las cosas raras y pavorosas que me habían pasado en la vida, algunas de las cuales había intentado olvidar.

Cuando estaba en tercer curso, un hombre vestido con una gabardina negra me persiguió por un patio. Los maestros lo amenazaron con llamar a la policía y él se marchó gruñendo, pero nadie me creyó cuando les dije que bajo el sombrero de ala ancha el hombre sólo tenía un ojo, en medio de la frente. Antes de eso: un recuerdo muy, muy temprano. Estaba en preescolar y una profesora me puso a hacer la siesta por error en una cuna en la que se había colado una culebra. Mi madre gritó cuando vino a recogerme y me encontró jugando con una cuerda mustia y con escamas, que de algún modo había conseguido estrangular con mis regordetas manitas. En todas las escuelas me había ocurrido algo que ponía los pelos de punta, algo peligroso, y eso me había obligado a trasladarme.

Sabía que debía contarle a mi madre lo de las ancianas del puesto de frutas y lo de la señora Dodds en el museo, mi extraña alucinación de haber convertido en polvo a la profesora de mates con una espada.

Pero no me atreví. Tenía la extraña intuición de que aquellas historias pondrían fin a nuestra excursión a Montauk, y no quería que eso ocurriera.

—He intentado tenerte tan cerca de mí como he podido —dijo mi madre—. Me advirtieron que era un error. Pero sólo hay otra opción, Percy: el lugar al que quería enviarte tu padre. Y yo... simplemente no soporto la idea.

—¿Mi padre quería que fuera a una escuela especial?

—No es una escuela. Es un campamento de verano.

La cabeza me daba vueltas. ¿Por qué mi padre —que ni siquiera se había quedado para verme nacer— le había hablado a mi madre de un campamento de verano? Y si era tan importante, ¿por qué ella no lo había mencionado antes?

—Lo siento, Percy —dijo al ver mi mirada—. Pero no puedo hablar de ello. Yo... no pude enviarte a ese lugar. Quizá habría supuesto decirte adiós para siempre.

—¿Para siempre? Pero si sólo es un campamento de verano...

Se volvió hacia la hoguera, y por su expresión supe que si le hacía más preguntas se echaría a llorar.

Esa noche tuve un sueño muy real.

Había tormenta en la playa, y dos animales preciosos —un caballo blanco y un águila dorada— intentaban matarse mutuamente entre las olas de la orilla. El águila se abalanzaba y rasgaba con sus espolones el hocico del caballo. El caballo se volvía y coceaba las alas del águila. Mientras peleaban, la tierra tembló y una voz monstruosa estalló en carcajadas desde algún lugar subterráneo, incitando a las bestias a pelear con mayor fiereza.

Corrí hacia la orilla, sabía que tenía que evitar que se mataran, pero avanzaba a cámara lenta. Sabía que llegaría tarde. Vi al águila lanzarse en picado, dispuesta a sacarle los espantados ojos al caballo, y grité «¡Nooo!».

Me desperté sobresaltado.

Fuera había estallado realmente una tormenta, la clase de tormenta que derriba árboles y casas. No había ningún caballo o águila en la playa, sólo relámpagos que iluminaban todo con fogonazos de luz, y olas de siete metros batiendo contra las dunas como artillería pesada.

Al siguiente trueno, mi madre también se despertó. Se incorporó con los ojos muy abiertos y dijo:

—Un huracán.

Eso era absurdo. Los huracanes nunca llegan a Long Island al principio del verano. Pero al océano parecía habérsele olvidado. Por encima del rugido del viento, oí un aullido distante, un sonido enfurecido y torturado que me puso los pelos de punta.

Después un ruido mucho más cercano, como mazazos en la arena. Y una voz desesperada: alguien gritaba y aporreaba nuestra puerta.

Mi madre saltó de su cama en camisón y abrió el pestillo.

Grover apareció enmarcado en el umbral contra el aguacero. Pero no era... no era exactamente Grover.

—He pasado toda la noche buscándote —jadeó—. ¿En qué estabas pensando cuando te largaste sin mí?

Mi madre me miró asustada, no por Grover sino por el motivo que lo había traído.

—¡Percy! —gritó para hacerse oír con la lluvia—, ¿qué pasó en la escuela? ¿Qué no me has contado?

Yo estaba paralizado mirando a Grover. No podía comprender qué estaba viendo.

—*O Zeu kai alloi theoi!* —exclamó Grover—. ¡Me viene pisando los talones! ¿Aún no le has contado nada a tu madre?

Estaba demasiado aturdido para registrar que él acababa de maldecir en griego antiguo... y que yo lo había entendido perfectamente. Estaba demasiado aturdido para preguntarme cómo había llegado allí él solo, en medio de la noche. Porque además Grover no llevaba los pantalones puestos, y donde debían estar sus piernas... donde debían estar sus piernas...

Mi madre me miró con seriedad y me habló con un tono que nunca había empleado antes:

—Percy. ¡Cuéntamelo ya!

Tartamudeé algo sobre las ancianas del puesto de frutas y sobre la señora Dodds, y mi madre se quedó mirándome con una palidez mortal a la luz de los relámpagos. Por fin agarró su bolso, me lanzó el impermeable y exclamó:

—¡Meteos en el coche! ¡Los dos! ¡Venga!

Grover echó a correr hacia el Camaro, pero en realidad no corría, no exactamente. Trotaba, sacudía sus peludos cuartos traseros, y de repente su historia sobre una dolencia muscular en las piernas cobró sentido. Comprendí cómo podía avanzar tan rápido y aun así cojear cuando caminaba.

Sí, lo comprendí porque allí donde debían estar sus pies, no había pies. Había pezuñas.

4

Mi madre me enseña a torear

Atravesamos la noche a través de oscuras carreteras comarcales. El viento azotaba el Camaro. La lluvia golpeaba el parabrisas. Yo no sabía cómo mi madre podía ver algo, pero siguió pisando el acelerador.

Cada vez que estallaba un relámpago, yo miraba a Grover, sentado junto a mí en el asiento trasero, y pensaba que o me había vuelto majara o él llevaba puestos unos pantalones de alfombra de pelo largo. Pero no, tenía aquel olor de las excursiones al zoo de mascotas: olía a lanolina, de la lana; el olor de un animal de granja empapado.

—Así que tú y mi madre... ¿os conocíais? —se me ocurrió decir.

Los ojos de Grover miraban una y otra vez el retrovisor, aunque no teníamos coches detrás.

—No exactamente —contestó—. Quiero decir que no nos conocíamos en persona, pero ella sabía que te vigilaba.

—¿Que me vigilabas?

—Te seguía la pista. Me aseguraba de que estuvieras bien. Pero no fingía ser tu amigo —añadió rápidamente—. Soy tu amigo.

—Vale, pero ¿qué eres exactamente?

—Eso no importa ahora.

—¿Que no importa? Mi mejor amigo es un burro de cintura para abajo...

Grover soltó un balido gutural.

—¡Cabra! —gritó.

—¿Qué?

42

—¡Que de cintura para abajo soy una cabra!

—Pero si acabas de decir que no importa.

—¡Bee-ee-ee! ¡Hay sátiros que te patearían ante tal insulto!

—¡Uau! Sátiros. ¿Quieres decir criaturas imaginarias como las de los mitos que nos explicaba el señor Brunner?

—¿Eran las ancianas del puesto imaginarias, Percy? ¿Lo era la señora Dodds?

—¡Así que admites que había una señora Dodds!

—Por supuesto.

—Entonces ¿por qué...?

—Cuanto menos sepas, menos monstruos atraerás —respondió Grover, como si fuese una obviedad—. Tendimos una niebla sobre los ojos de los humanos. Confiamos en que pensaras que la Benévola era una alucinación. Pero no funcionó porque empezaste a comprender quién eres.

—¿Quién...? Un momento. ¿Qué quieres decir?

Volví a oír aquel aullido torturado en algún lugar detrás de nosotros, más cerca que antes. Fuera lo que fuese lo que nos perseguía, seguía nuestro rastro.

—Percy —dijo mi madre—, hay demasiado que explicar y no tenemos tiempo. Debemos llevarte a un lugar seguro.

—¿Seguro de qué? ¿Quién me persigue?

—Oh, casi nadie —soltó Grover, aún molesto por mi comentario del burro—. Sólo el Señor de los Muertos y algunas de sus criaturas más sanguinarias.

—¡Grover!

—Perdone, señora Jackson. ¿Puede conducir más rápido, por favor?

Intenté hacerme a la idea de lo que estaba ocurriendo, pero fui incapaz. Sabía que no era un sueño. Yo no tenía imaginación. En la vida se me habría ocurrido algo tan raro.

Mi madre giró bruscamente a la izquierda. Nos adentramos a toda velocidad en una carretera aún más estrecha, dejando atrás granjas sombrías, colinas boscosas y carteles de «Recoja sus propias fresas» sobre vallas blancas.

—¿Adónde vamos? —pregunté.

—Al campamento de verano del que te hablé. —La voz de mi madre sonó hermética; intentaba no asustarse para no asustarme a mí—. Al sitio donde tu padre quería que fueras.

—Al sitio donde tú no querías que fuera.

—Por favor, cielo —suplicó mi madre—. Esto ya es bastante duro. Intenta entenderlo. Estás en peligro.

—¿Porque unas ancianas cortan hilo?

—No eran ancianas —intervino Grover—. Eran las Moiras. ¿Sabes qué significa el hecho de que se te aparecieran? Sólo lo hacen cuando estás a punto... cuando alguien está a punto de morir.

—Un momento. Has dicho estás.

—No, no lo he dicho, he dicho alguien.

—Querías decir estás. ¡Te referías a mí!

—¡Quería decir estás como cuando se dice alguien, no tú!

—¡Chicos! —dijo mamá.

Giró bruscamente a la derecha y vio justo a tiempo una figura que logró esquivar; una forma oscura y fugaz que desapareció detrás de nosotros entre la tormenta.

—¿Qué era eso? —pregunté.

—Ya casi llegamos —respondió mi madre, haciendo caso omiso de mi pregunta—. Un par de kilómetros más. Por favor, por favor, por favor...

No sabía dónde nos encontrábamos, pero me descubrí inclinado hacia delante, esperando llegar allí cuanto antes.

Fuera, nada salvo lluvia y oscuridad: la clase de paisaje desierto que hay en la punta de Long Island. Pensé en la señora Dodds metamorfoseándose en aquella cosa de colmillos afilados y alas coriáceas. Me estremecí. Realmente no era una criatura humana. Y había querido matarme.

Entonces pensé en el señor Brunner... y en su bolígrafo-espada. Antes de que pudiera preguntarle a Grover sobre aquello, se me erizó el vello de la nuca. Hubo un resplandor, una repentina explosión y el coche estalló.

Recuerdo sentirme liviano, como si me aplastaran, frieran y lavaran todo al mismo tiempo. Despegué la frente de la parte trasera del asiento del conductor y exclamé:

—¡Ay!

—¡Percy! —gritó mi madre.

Intenté sacudirme el aturdimiento. No estaba muerto y el coche no había explotado realmente. Nos habíamos metido en una zanja. Las portezuelas del lado del conductor estaban atascadas en el barro. El techo se había abierto como una cáscara de huevo y la lluvia nos empapaba. Un rayo. Era la única explicación. Nos había sacado de la carretera. Junto a mí, en el asiento, Grover estaba inmóvil.

—¡Grover!

Tumbado hacia delante, un hilillo de sangre le corría por la comisura de los labios. Le sacudí la peluda cadera mientras pensaba: «¡No! ¡Aunque seas mitad cabra, eres mi mejor amigo y no quiero que te mueras!

—Comida —gimió, y supe que había esperanza.

—Percy —dijo mi madre—, tenemos que... —Le falló la voz.

Miré hacia atrás. En un destello de un relámpago, a través del parabrisas trasero salpicado de barro, vi una figura que avanzaba pesadamente hacia nosotros en el recodo de la carretera. La visión me puso piel de gallina. Era la silueta oscura de un tipo enorme, como un jugador de fútbol americano. Parecía sostener una manta sobre la cabeza. Su mitad superior era voluminosa y peluda. Con los brazos levantados parecía tener cuernos.

Tragué saliva.

—¿Quién es...?

—Percy —dijo mi madre, mortalmente seria—. Sal del coche.

E intentó abrir su portezuela, pero estaba atascada en el barro. Lo intenté con la mía. También estaba atascada. Miré desesperadamente el agujero del techo. Habría podido ser una salida, pero los bordes chisporroteaban y humeaban.

—¡Sal por el otro lado! —urgió mi madre—. Percy, tienes que correr. ¿Ves aquel árbol grande?

—¿Qué?

Otro resplandor, y por el agujero humeante del techo vi lo que me indicaba: un grueso árbol de Navidad del tamaño de los de la Casa Blanca, en la cumbre de la colina más cercana.

—Ése es el límite de la propiedad, el campamento del que te hablé —insistió mi madre—. Sube a esa colina y verás una extensa granja valle abajo. Corre y no mires atrás. Grita para pedir ayuda. No pares hasta llegar a la puerta.

—Mamá, tú también vienes. —Tenía la cara pálida y los ojos tristes como cuando miraba el océano—. ¡Venga, mamá! —grité—. Tú vienes conmigo. Ayúdame a llevar a Grover...

—¡Comida! —gimió Grover de nuevo.

El hombre con la manta en la cabeza seguía aproximándose, mientras bufaba y gruñía. Cuando estuvo lo bastante cerca, reparé en que no podía estar sosteniendo una manta sobre la cabeza, porque sus manos, unas manos enormes y carnosas, le colgaban de los costados. No había ninguna manta. Lo que significaba que aquella enorme y voluminosa masa peluda, demasiado grande para ser su cabeza... era su cabeza. Y las puntas que parecían cuernos...

—No nos quiere a nosotros —dijo mi madre—. Te quiere a ti. Además, yo no puedo cruzar el límite de la propiedad.

—Pero...

—No tenemos tiempo, Percy. Vete, por favor.

Entonces me enfadé: me enfadé con mi madre, con Grover la cabra y con aquella cosa que se nos echaba encima, lenta e inexorablemente, como un toro.

Trepé por encima de Grover y abrí la puerta bajo la lluvia.

—Nos vamos juntos. ¡Vamos, mamá!

—Te he dicho que...

—¡Mamá! No voy a dejarte. Ayúdame con Grover.

No esperé su respuesta. Salí a gatas fuera y arrastré a Grover. Me resultó demasiado liviano para sus dimensiones, pero no habría llegado muy lejos si mi madre no me hubiera ayudado.

Nos echamos los brazos de Grover por los hombros y empezamos a subir a trompicones por la colina, a través de hierba húmeda que nos llegaba hasta la cintura.

Al mirar atrás, vi al monstruo claramente por primera vez. Medía unos dos metros, sus brazos y piernas eran algo similar a la portada de la revista *Muscle Man*: bíceps y tríceps y un montón más de íceps, todos ellos embutidos en una piel surcada de venas como si fueran pelotas de béisbol. No llevaba ropa excepto la interior —unos calzoncillos blancos—, cosa que habría resultado graciosa de no ser porque la parte superior del cuerpo daba tanto miedo. Una pelambrera hirsuta y marrón comenzaba a la altura del ombligo y se espesaba a medida que ascendía hacia los hombros.

El cuello era una masa de músculo y pelo que conducía a la enorme cabezota, que tenía un hocico tan largo como mi brazo, y narinas altivas de las que colgaba un aro de metal brillante, ojos negros y crueles, y cuernos: unos enormes cuernos blanquinegros con puntas tan afiladas como no se consiguen con un sacapuntas eléctrico.

De repente lo reconocí. Aquel monstruo aparecía en una de las primeras historias que nos había contado el señor Brunner. Pero no podía ser real.

Parpadeé para quitarme la lluvia de los ojos.

—Es...

—El hijo de Pasífae —dijo mi madre—. Ojalá hubiera sabido cuánto deseaban matarte.

—Pero es el Min...

—No digas su nombre —me advirtió—. Los nombres tienen poder.

El árbol seguía demasiado lejos: a unos treinta metros colina arriba, por lo menos.

Volví a mirar atrás.

El hombre toro se inclinó sobre el coche, mirando por las ventanillas. En realidad, más que mirar olisqueaba, como siguiendo un rastro. Me pregunté si era tonto, pues no estábamos a más de quince metros.

—¿Comida? —repitió Grover.

—Chist —susurré—. Mamá, ¿qué está haciendo? ¿Es que no nos ve?

—Ve y oye fatal. Se guía por el olfato. Pero pronto adivinará dónde estamos.

Como si mamá le hubiera dado la entrada, el hombre toro aulló furioso. Agarró el Camaro de Gabe por el techo rasgado, y el chasis crujió y se resquebrajó. Levantó el coche por encima de su cabeza y lo arrojó a la carretera, donde cayó sobre el asfalto mojado y patinó despidiendo chispas a lo largo de más de cien metros antes de detenerse. El tanque de gasolina explotó.

«Ni un rasguño», recordé decir a Gabe.

¡Vaya!

—Percy —dijo mi madre—, cuando te vea embestirá. Espera hasta el último segundo y te apartas de su camino saltando a un lado. No cambia muy bien de dirección una vez se lanza en embestida. ¿Entiendes?

—¿Cómo sabes todo eso?

—Llevo mucho tiempo temiendo este ataque. Debería haber tomado las medidas oportunas. Fui una egoísta al mantenerte a mi lado.

—¿Al mantenerme a tu lado? Pero qué...

Otro aullido de furia y el hombre toro empezó a subir la colina con grandes pisotones.

Nos había olido.

El solitario pino estaba sólo a unos metros, pero la colina era cada vez más empinada y resbaladiza, y Grover nos pesaba más. El monstruo se nos echaba encima. Unos segundos más y lo tendríamos allí. Mi madre debía de estar exhausta, pero sostenía a Grover con el hombro.

—¡Márchate, Percy! ¡Aléjate de nosotros! Recuerda lo que te he dicho.

No quería hacerlo, pero ella estaba en lo cierto: era nuestra única oportunidad. Eché a correr hacia la izquierda, me volví y vi a la criatura abalanzarse sobre mí. Los oscuros ojos le brillaban de odio. Apestaba como carne podrida. Agachó la cabeza y embistió, apuntando los cuernos afilados como navajas directamente a mi pecho.

El miedo me urgía a salir pitando, pero eso no funcionaría. Jamás lograría huir corriendo de aquella cosa. Así que me mantuve en el sitio y, en el último momento, salté a un lado.

El hombre toro pasó como un huracán, como un tren de mercancías. Soltó un aullido de frustración y se dio la vuelta, pero esta vez no hacia mí, sino hacia mi madre, que estaba dejando a Grover sobre la hierba.

Habíamos alcanzado la cresta de la colina. Al otro lado veía un valle, justo como había dicho mi madre, y las luces de una granja azotada por la lluvia. Pero estaba a unos trescientos metros. Jamás lo conseguiríamos.

El monstruo gruñó, piafando. Siguió mirando a mi madre, que empezaba a retirarse colina abajo, hacia la carretera, tratando de alejarlo de Grover.

—¡Corre, Percy! —gritó—. ¡Yo no puedo acompañarte! ¡Corre!

Pero me quedé allí, paralizado por el miedo, mientras la bestia embestía contra ella. Mi madre intentó apartarse, como me había dicho que hiciera, pero esta vez la criatura fue más lista: adelantó una horripilante mano y la agarró por el cuello antes de que pudiese huir. Aunque ella se resistió, pataleando y lanzando puñetazos al aire, la levantó del suelo.

—¡Mamá! ¡Aguanta que voy!

Ella me miró a los ojos y consiguió emitir una última palabra:

—¡Huye!

Entonces, con un rugido airado, el monstruo apretó las manos alrededor del cuello de mi madre y ella se disolvió ante mis ojos, convirtiéndose en luz, una forma resplandeciente y dorada, como una proyección holográfica. Un resplandor cegador, y de repente... había desaparecido.

—¡¡Noooo!!

La ira sustituyó al miedo. Sentí una fuerza abrasadora que me subía por las extremidades: el mismo subidón de energía que me había embargado cuando a la señora Dodds le crecieron garras.

El hombre toro se volvió hacia Grover, que yacía indefenso en la hierba. Se le aproximó, olisqueando a mi mejor amigo como dispuesto a levantarlo y disolverlo también.

No iba a permitirlo.

Me quité el impermeable rojo.

—¡Eh, tú! ¡¡Eh!! —grité, mientras sacudía el impermeable, corriendo hacia el monstruo—. ¡Eh, imbécil! ¡Mostrenco!

—¡Brrrrr! —Se volvió hacia mí sacudiendo los puños carnosos.

Tenía una idea; una idea estúpida, pero fue la única que se me ocurrió. Me puse delante del grueso pino y sacudí el impermeable rojo ante el hombre toro, listo para saltar a un lado en el último momento.

Pero no sucedió así.

El monstruo embistió demasiado rápido, con los brazos extendidos para cortar mis vías de escape.

El tiempo se ralentizó.

Mis piernas se tensaron. Como no podía saltar a un lado, salté hacia arriba y, brincando en la cabeza de la criatura como si fuera un trampolín, giré en el aire y aterricé sobre su cuello. ¿Cómo lo hice? No tuve tiempo de analizarlo. Un microsegundo más tarde, la cabeza del monstruo se estampó contra el árbol y el impacto casi me arranca los dientes.

El hombre toro se sacudió, intentando derribarme. Yo me aferré a sus cuernos para no acabar en tierra. Los rayos y truenos aún eran abundantes. La lluvia me nublaba la vista y el olor a carne podrida me quemaba la nariz. El monstruo se revolvía girando como un toro de rodeo. Tendría que haber reculado hacia el árbol y aplastarme contra el tronco, pero al parecer aquella cosa sólo tenía una marcha: hacia delante.

Grover seguía gimiendo en el suelo. Quise gritarle que se callara, pero de la manera en que me estaban zarandeando de un lado a otro, si hubiese abierto la boca me habría mordido la lengua.

—¡Comida! —insistía Grover.

El hombre toro se encaró hacia él, piafó de nuevo y se preparó para embestir. Pensé en cómo había estrangulado a mi madre, cómo la había hecho desaparecer en un destello de luz, y la rabia me llenó como gasolina de alto octanaje. Le agarré un cuerno e intenté arrancárselo con todas mis fuerzas. El monstruo se tensó, soltó un gruñido de sorpresa y entonces... ¡crack! Aulló y me lanzó por los aires. Aterricé de bruces en la hierba, golpeándome la cabeza contra una piedra. Me incorporé aturdido y con la visión borrosa, pero tenía un trozo de cuerno astillado en la mano, un arma del tamaño de un cuchillo.

El monstruo embistió una vez más.

Sin pensarlo, me hice a un lado, me puse de rodillas y, cuando pasó junto a mí como una exhalación, le clavé el asta partida en un costado, hacia arriba, justo en la peluda caja torácica.

El hombre toro rugió de agonía. Se sacudió, se agarró el pecho y por fin empezó a desintegrarse; no como mi madre, en un destello de luz dorada, sino como arena que se desmorona. El viento se lo llevó a puñados, del mismo modo que a la señora Dodds.

La criatura había desaparecido.

La lluvia cesó. La tormenta aún tronaba, pero ya a lo lejos. Apestaba a ganado y me temblaban las rodillas. Sentía la cabeza como si me la hubieran partido en dos. Estaba débil, asustado y temblaba de pena. Acababa de ver a mi madre desvanecerse. Quería tumbarme en el suelo y llorar, pero Grover necesitaba ayuda, así que me las apañé para tirar de él y adentrarme a trompicones en el valle, hacia las luces de la granja. Lloraba, llamaba a mi madre, pero seguí arrastrando a Grover: no pensaba dejarlo en la estacada.

Lo último que recuerdo es que me derrumbé en un porche de madera, mirando un ventilador de techo que giraba sobre mi cabeza, polillas revoloteando alrededor de una luz amarilla, y los rostros severos de un hombre barbudo de expresión familiar y una chica guapa con una melena rubia ondulada de princesa. Ambos me miraban, y la chica dijo:

—Es él. Tiene que serlo.

—Silencio, Annabeth —repuso el hombre—. El chico está consciente. Llévalo dentro.

5

Juego al pinacle con un caballo

Tuve sueños rarísimos, llenos de animales de granja. La mayoría de ellos quería matarme; el resto quería comida.

Debí de despertarme varias veces, pero lo que oía y veía no tenía ningún sentido, así que volvía a quedarme grogui. Me recuerdo descansando en una cama suave, alguien dándome cucharadas de algo que sabía a palomitas de maíz con mantequilla pero que era pudin. La chica de cabello rizado y rubio sonreía cuando me enjugaba los restos de la barbilla.

—¿Qué va a pasar en el solsticio de verano? —me preguntó al verme con los ojos abiertos.

—¿Qué? —mascullé.

Miró alrededor, como si temiera que alguien la oyera.

—¿Qué está pasando? ¿Qué es lo que han robado? ¡Sólo tenemos unas semanas!

—Lo siento —murmuré—, no sé...

Alguien llamó a la puerta, y la chica me llenó la boca rápidamente de pudin.

La siguiente vez que desperté, la chica se había ido.

Un tipo rubio y fornido, con aspecto de surfero, estaba de pie en una esquina de la habitación, vigilándome. Tenía ojos azules —por lo menos una docena de ellos— en las mejillas, en la frente y en el dorso de las manos.

Cuando por fin recobré la conciencia plenamente, no había nada raro alrededor, salvo que era más bonito de lo normal. Estaba sentado en una tumbona en un espacioso porche, contemplando un prado de verdes colinas. La brisa olía a fresas. Tenía una manta encima de las piernas y una almohada detrás de la cabeza. Todo aquello estaba muy bien, pero sentía la boca como si un escorpión hubiera anidado en ella. Tenía la lengua seca y estropajosa y me dolían los dientes.

En la mesa a mi lado había una bebida en un vaso alto. Parecía zumo de manzana helado, con una pajita verde y una sombrillita de papel pinchada en una guinda. Tenía la mano tan débil que el vaso casi se me cae cuando por fin conseguí rodearlo con los dedos.

—Cuidado —dijo una voz familiar.

Grover estaba recostado contra la barandilla del porche, con aspecto de no haber dormido en una semana. Debajo del brazo llevaba una caja de zapatos. Vestía vaqueros, zapatillas altas Converse y una camiseta naranja con la leyenda «CAMPAMENTO MESTIZO». El Grover de siempre, no el chico cabra.

Así que quizá había tenido una pesadilla. Igual mi madre estaba sana y salva. Tal vez seguíamos de vacaciones y habíamos parado en esa gran casa por algún motivo. Y...

—Me has salvado la vida —dijo Grover—. Y yo... bueno, lo mínimo que podía hacer era... volver a la colina y recoger esto. Pensé que querrías conservarlo.

Dejó la caja de zapatos en mi regazo con gran reverencia.

Contenía un cuerno de toro blanquinegro, astillado por la base, donde se había partido. La punta estaba manchada de sangre reseca. No había sido una pesadilla.

—El Minotauro... —dije, recordando.

—No pronuncies su nombre, Percy...

—Así es como lo llaman en los mitos griegos, ¿verdad? El Minotauro. Mitad hombre, mitad toro.

Grover se removió incómodo.

—Has estado inconsciente dos días. ¿Qué recuerdas?

—Dime qué sabes de mi madre. ¿De verdad ella ha...?

Bajó la cabeza.

Yo volví a contemplar el prado. Había arboledas, un arroyo serpenteante y hectáreas de campos de fresas que se extendían bajo el cielo azul. El valle estaba rodeado de colinas ondulantes, la más alta de las cuales, justo enfrente de nosotros, era la que tenía el enorme pino en la cumbre. Incluso aquello era bonito a la luz del día.

Pero mi madre se había ido y el mundo entero tendría que ser negro y frío. Nada debería resultarme bonito.

—Lo siento —sollozó Grover—. Soy un fracaso. Soy... soy el peor sátiro del mundo.

Gimió y pateó tan fuerte el suelo que se le salió el pie, bueno, la zapatilla Converse: el interior estaba relleno de polispán, salvo el hueco para la pezuña.

—¡Oh, Estige! —rezongó.

Un trueno retumbó en el cielo despejado.

Mientras pugnaba por meter su pezuña en el pie falso pensé: «Bueno, esto lo aclara todo.» Grover era un sátiro. Si le afeitaba el pelo rizado, seguramente encontraría cuernecitos en su cabeza. Pero estaba demasiado triste para que me importara la existencia de sátiros, o incluso de minotauros. Todo aquello sólo significaba que mi madre había sido realmente reducida a la nada, que se había disuelto en aquel resplandor dorado.

Estaba solo. Me había quedado completamente huérfano. Tendría que vivir con... ¿Gabe el Apestoso? No, eso nunca. Antes viviría en las calles, o fingiría tener diecisiete años para alistarme en el ejército.

Haría algo, cualquier cosa.

Grover seguía sollozando. El pobre chico —o pobre cabra, sátiro, lo que fuera— parecía estar esperando un castigo.

—No ha sido culpa tuya —le dije.

—Sí, sí que lo ha sido. Se suponía que yo tenía que protegerte.

—¿Te pidió mi madre que me protegieras?

—No, pero es mi trabajo. Soy un guardián. Al menos... lo era.

—Pero ¿por qué...? —De repente me sentí mareado, la vista se me nubló.

—No te esfuerces más de la cuenta. Toma.

Me ayudó a sostener el vaso y me puso la pajita en la boca.

Su sabor me sorprendió, porque esperaba zumo de manzana. No lo era. Sabía a galletas con trocitos de chocolate, galletas líquidas. Y no cualquier galleta, sino las que mi madre preparaba en casa, con sabor a mantequilla y calientes, con los trocitos de chocolate derritiéndose. Al bebérmelo, sentí un calor intenso y una recarga de energía en todo el cuerpo. No desapareció la pena, pero me sentí como si mi madre acabara de acariciarme la mejilla y darme una galleta como hacía cuando era pequeño, como si acabara de decirme que todo iba a salir bien.

Antes de darme cuenta había vaciado el vaso. Lo miré fijamente, convencido de que había tomado una bebida caliente, pero los cubitos de hielo ni siquiera se habían derretido.

—¿Estaba bueno? —preguntó Grover.

Asentí.

—¿A qué sabía? —Sonó tan compungido que me sentí culpable.

—Perdona —le contesté—. Debí dejar que lo probaras.

—¡No! No quería decir eso. Sólo... sólo era curiosidad.

—Galletas de chocolate. Las de mamá. Hechas en casa.

Suspiró.

—¿Y cómo te sientes?

—Podría arrojar a Nancy Bobofit a cien metros de distancia.

—Eso está muy bien —dijo—. Pero no debes arriesgarte a beber más.

—¿Qué quieres decir?

Me retiró el vaso con cuidado, como si fuera dinamita, y lo dejó de nuevo en la mesa.

—Vamos. Quirón y el señor D están esperándote.

La galería del porche rodeaba toda aquella casa, llamada Casa Grande.

Al recorrer una distancia tan larga, las piernas me flaquearon. Grover se ofreció a transportar la caja con el cuerno del Minotauro, pero yo me empeñé en llevarla. Aquel recuerdo me había salido caro. No iba a desprenderme de él tan fácilmente.

Cuando giramos en la esquina de la casa, inspiré hondo.

Debíamos de estar en la orilla norte de Long Island, porque a ese lado de la casa el valle se fundía con el agua, que destellaba a lo largo de la costa. Lo que vi me sorprendió sobremanera. El paisaje estaba moteado de edificios que parecían arquitectura griega antigua —un pabellón al aire libre, un anfiteatro, un ruedo de arena—, pero con aspecto de recién construidos, con las columnas de mármol blanco relucientes al sol. En una pista de arena cercana había una docena de chicos y sátiros jugando al voleibol. Más allá, unas canoas se deslizaban por un lago cercano. Había niños vestidos con camisetas naranja como la de Grover, persiguiéndose unos a otros alrededor de un grupo de cabañas entre los árboles. Algunos disparaban con arco a unas dianas. Otros montaban a caballo por un sendero boscoso y, a menos que estuviera alucinando, algunas monturas tenían alas.

Al final del porche había dos hombres sentados a una mesa jugando a las cartas. La chica rubia que me había alimentado con el pudin sabor a palomitas estaba recostada en la balaustrada, detrás de ellos.

El hombre que estaba de cara a mí era pequeño pero gordo. De nariz enrojecida y ojos acuosos, su pelo rizado era negro azabache. Me recordó a uno de esos cuadros de ángeles bebé... ¿cómo se llaman? ¿Parvulines? No, querubines. Eso es. Parecía un querubín llegado a la mediana edad en un cámping de caravanas. Vestía una camisa hawaiana con estampado atigrado, y habría encajado perfectamente en una de las partidas de póquer de Gabe, salvo que me daba la sensación de que aquel tipo habría desplumado incluso a mi padrastro.

—Ése es el señor D —me susurró Grover—, el director del campamento. Sé cortés. La chica es Annabeth Chase; sólo es campista, pero lleva más tiempo aquí que ningún otro. Y ya conoces a Quirón. —Me señaló al jugador que estaba de espaldas a mí.

Reparé en que iba en silla de ruedas y luego reconocí la chaqueta de tweed, el pelo castaño y ralo, la barba espesa...

—¡Señor Brunner! —exclamé.

El profesor de latín se volvió y me sonrió. Sus ojos tenían el brillo travieso que le aparecía a veces en clase, cuando hacía una prueba sorpresa y todas las respuestas coincidían con la opción B.

—Ah, Percy, qué bien —dijo—. Ya somos cuatro para el pinacle.

Me ofreció una silla a la derecha del señor D, que me miró con los ojos inyectados en sangre y soltó un resoplido.

—Bueno, supongo que tendré que decirlo: bienvenido al Campamento Mestizo. Ya está. Ahora no esperes que me alegre de verte.

—Vaya, gracias. —Me aparté un poco de él, porque si algo había aprendido de vivir con Gabe era a distinguir cuándo un adulto había empinado el codo. Si el señor D no era amigo de la botella, yo era un sátiro.

—¿Annabeth? —llamó el señor Brunner a la chica rubia, y nos presentó—. Annabeth cuidó de ti mientras estabas enfermo, Percy. Annabeth, querida, ¿por qué no vas a ver si está lista la litera de Percy? De momento lo pondremos en la cabaña once.

—Claro, Quirón —contestó ella.

Aparentaba mi edad, medio palmo más alta, y desde luego su aspecto era mucho más atlético. Tan morena y con el pelo rizado y rubio, era casi exactamente lo que yo consideraba la típica chica californiana. Pero sus ojos deslucían un poco la imagen: eran de un gris tormenta; bonitos, pero también intimidatorios, como si estuviera analizando la mejor manera de tumbarte en una pelea.

Echó un vistazo a mi cuerno de minotauro y me miró a los ojos. Supuse que iba a decir algo como: «¡Vaya, has matado un minotauro!», o «¡Uau, eres un fenómeno!». Pero sólo dijo:

—Cuando duermes babeas.

Y salió corriendo hacia el campo, con el pelo suelto ondeando a su espalda.

—Bueno —comenté para cambiar de tema—, ¿trabaja aquí, señor Brunner?

—No soy el señor Brunner —dijo el ex señor Brunner—. Mucho me temo que no era más que un seudónimo. Puedes llamarme Quirón.

—Vale. —Perplejo, miré al director—. ¿Y el señor D...? ¿La D significa algo?

El señor D dejó de barajar los naipes y me miró como si yo acabara de decir una grosería.

—Jovencito, los nombres son poderosos. No se va por ahí usándolos sin motivo.

—Ah, ya. Perdón.

—Debo decir, Percy —intervino Quirón-Brunner—, que me alegro de verte sano y salvo. Hacía mucho tiempo que no hacía una visita a domicilio a un campista potencial. Detestaba la idea de haber perdido el tiempo.

—¿Visita a domicilio?

—Mi año en la academia Yancy, para instruirte. Obviamente tenemos sátiros en la mayoría de las escuelas, para estar alerta, pero Grover me avisó en cuanto te conoció. Presentía que en ti había algo especial, así que decidí subir al norte. Convencí al otro profesor de latín de que... bueno, de que pidiera una baja.

Intenté recordar el principio del curso. Parecía haber pasado tanto... pero sí, tenía un recuerdo vago de otro profesor de latín durante mi primera semana en Yancy. Había desaparecido sin explicación alguna y en su lugar llegó el señor Brunner.

—¿Fue a Yancy sólo para enseñarme a mí? —pregunté. Quirón asintió.

—Francamente, al principio no estaba muy seguro de ti. Nos pusimos en contacto con tu madre, le hicimos saber que estábamos vigilándote por si te mostrabas preparado para el Campamento Mestizo. Pero todavía te quedaba mucho por aprender. No obstante, has llegado aquí vivo, y ésa es siempre la primera prueba a superar.

—Grover —dijo el señor D con impaciencia—, ¿vas a jugar o no?

—¡Sí, señor! —Grover tembló al sentarse a la mesa, aunque no sé qué veía de tan temible en un hombrecillo regordete con una camisa de tela atigrada.

—Supongo que sabes jugar al pinacle. —El señor D me observó con recelo.

—Me temo que no —respondí.

—Me temo que no, *señor* —puntualizó él.

—Señor —repetí. Cada vez me gustaba menos el director del campamento.

—Bueno —me dijo—, junto con la lucha de gladiadores y el Comecocos, es uno de los mejores pasatiempos inventados por los humanos. Todos los jóvenes civilizados deberían saber jugarlo.

—Estoy seguro de que el chico aprenderá —intervino Quirón.

—Por favor —dije—, ¿qué es este lugar? ¿Qué estoy haciendo aquí? Señor Brun... Quirón, ¿por qué fue a la academia Yancy sólo para enseñarme?

El señor D resopló y dijo:

—Yo hice la misma pregunta.

El director del campamento repartía. Grover se estremecía cada vez que recibía una carta.

Como hacía en la clase de latín, Quirón me sonrió con aire comprensivo, como dándome a entender que no importaba mi nota media, pues yo era su estudiante estrella. Esperaba de mí la respuesta correcta.

—Percy, ¿es que tu madre no te contó nada? —preguntó.

—Dijo que... —Recordé sus ojos tristes al mirar el mar—. Me dijo que le daba miedo enviarme aquí, aunque mi padre quería que lo hiciera. Dijo que en cuanto estuviera aquí, probablemente no podría marcharme. Quería tenerme cerca.

—Lo típico —intervino el señor D—. Así es como los matan. Jovencito, ¿vas a apostar o no?

—¿Qué? —pregunté.

Me explicó, con impaciencia, cómo se apostaba en el pinacle, y eso hice.

—Me temo que hay demasiado que contar —repuso Quirón—. Diría que nuestra película de orientación habitual no será suficiente.

—¿Película de orientación? —pregunté.

—Olvídalo —dijo Quirón—. Bueno, Percy, sabes que tu amigo Grover es un sátiro y también sabes —señaló el cuerno en la caja de zapatos— que has matado al Minotauro. Y ésa no es una gesta menor, muchacho. Lo que puede que no sepas es qué grandes poderes actúan en tu vida. Los dioses, las fuerzas que tú llamas dioses griegos, están vivitos y coleando.

Miré a los demás.

Esperaba que alguien exclamara: «¡Se equivoca, eso es imposible!» Pero la única exclamación provino del señor D:

—¡Ah, matrimonio real! ¡Mano! ¡Mano! —Y rió mientras se apuntaba los puntos.

—Señor D —preguntó Grover tímidamente—, si no se la va a comer, ¿puedo quedarme su lata de Coca-Cola *light*?

—¿Eh? Ah, vale.

Grover dio un buen mordisco a la lata vacía de aluminio y la masticó lastimeramente.

—Espere —le dije a Quirón—. ¿Me está diciendo que existe un ser llamado Dios?

—Bueno, veamos —repuso Quirón—. Dios, con D mayúscula, Dios... En fin, eso es otra cuestión. No vamos a entrar en lo metafísico.

—¿Lo metafísico? Pero si acaba de decir que...

—He dicho dioses, en plural. Me refería a seres extraordinarios que controlan las fuerzas de la naturaleza y los comportamientos humanos: los dioses inmortales del Olimpo. Es una cuestión menor.

—¿Menor?

—Sí, bastante. Los dioses de los que hablábamos en la clase de latín.

—Zeus —dije—, Hera, Apolo... ¿Se refiere a ésos?

Y allí estaba otra vez: un trueno lejano en un día sin nubes.

—Jovencito —intervino el señor D—, yo de ti me plantearía en serio dejar de decir esos nombres tan a la ligera.

—Pero son historias —dije—. Mitos... para explicar los rayos, las estaciones y esas cosas. Son lo que la gente pensaba antes de que llegara la ciencia.

—¡La ciencia! —se burló el señor D—. Y dime, Perseus Jackson —me estremecí al oír mi auténtico nombre, que jamás daba a nadie—, ¿qué pensará la gente de tu «ciencia» dentro de dos mil años? Pues la llamarán paparruchas primitivas. Así la llamarán. Oh, adoro a los mortales: no tienen ningún sentido de la perspectiva. Creen que han llegado taaaaan lejos. ¿Es cierto o no, Quirón? Mira a este chico y dímelo.

El señor D no me caía del todo mal, pero hubo algo en la manera en que me llamó mortal, como si... él no lo fuera. Fue suficiente para hacerme cerrar la boca, para saber por qué Grover se concentraba con tanto ahínco en sus cartas, masticando su lata de refrescos y no diciendo ni pío.

—Percy —dijo Quirón—, puedes creértelo o no, pero lo cierto es que inmortal significa precisamente eso, inmortal. ¿Puedes imaginar lo que significa no morir nunca? ¿No desvanecerte jamás? ¿Existir, como eres, para toda la eternidad?

Iba a responder que sonaba muy bien, pero el tono de Quirón me hizo vacilar.

—¿Quiere decir independientemente de que la gente crea en uno? —inquirí.

—Así es —asintió Quirón—. Si fueras un dios, ¿qué te parecería que te llamaran mito, una vieja historia para explicar el rayo? ¿Y si yo te dijera, Perseus Jackson, que algún día te considerarán un mito sólo creado para explicar cómo los niños superan la muerte de sus madres?

Me dio un vuelco el corazón. Por algún motivo, intentaba que me enfadara, pero no iba a darle la satisfacción.

—No me gustaría. Pero yo no creo en los dioses —respondí.

—Pues más te vale que empieces a creer —murmuró el señor D—. Antes de que alguno te calcine.

—P... por favor, señor —intervino Grover—. Acaba de perder a su madre. Aún sigue conmocionado.

—Menuda suerte la mía —gruñó el señor D mientras jugaba una carta—. Ya es bastante malo estar confinado en este triste empleo, ¡para encima tener que trabajar con chicos que ni siquiera creen!

Hizo un ademán con la mano y apareció una copa en la mesa, como si la luz del sol hubiera convertido un poco de aire en cristal. La copa se llenó sola de vino tinto.

Me quedé boquiabierto, pero Quirón apenas levantó la vista.

—Señor D, sus restricciones —le recordó.

El señor D miró el vino y fingió sorpresa.

—Madre mía. —Elevó los ojos al cielo y gritó—: ¡Es la costumbre! ¡Perdón!

Volvió a mover la mano, y la copa de vino se convirtió en una lata fresca de Coca-Cola *light*. Suspiró resignado, abrió la lata y volvió a centrarse en sus cartas.

Quirón me guiñó un ojo.

—El señor D ofendió a su padre hace algún tiempo, se encaprichó con una ninfa del bosque que había sido declarada de acceso prohibido.

—Una ninfa del bosque —repetí, aún mirando la lata como si procediera del espacio.

—Sí —reconoció el señor D—. A Padre le encanta castigarme. La primera vez, prohibición. ¡Horrible! ¡Pasé diez años absolutamente espantosos! La segunda vez... bueno, la chica era una preciosidad, y no pude resistirme. La segunda vez me envió aquí. A la colina Mestiza. Un campamento de verano para mocosos como tú. «Será mejor influencia. Trabajarás con jóvenes en lugar de despedazarlos», me dijo. ¡Ja! Es totalmente injusto.

El señor D hablaba como si tuviera seis años, como un crío protestón.

—Y... y —balbuceé— su padre es...

—*Di immortales*, Quirón —repuso él—. Pensaba que le habías enseñado a este chico lo básico. Mi padre es Zeus, por supuesto.

Repasé los nombres mitológicos griegos que empezaban por la letra D. Vino. La piel de un tigre. Todos los sátiros que parecían trabajar allí. La manera en que Grover se encogía, como si el señor D fuera su amo...

—Usted es Dioniso —dije—. El dios del vino.

El señor D puso los ojos en blanco.

—¿Cómo se dice en esta época, Grover? ¿Dicen los niños «menuda lumbrera»?

—S-sí, señor D.

—Pues menuda lumbrera, Percy Jackson. ¿Quién creías que era? ¿Afrodita, quizá?

—¿Usted es un dios?

—Sí, niño.

—¿Un dios? ¿Usted?

Me miró directamente a los ojos, y vi una especie de fuego morado en su mirada, una leve señal de que aquel regordete protestón estaba sólo enseñándome una minúscula parte de su auténtica naturaleza. Vi vides estrangulando a los no creyentes hasta la muerte, guerreros borrachos enloquecidos por la lujuria de la batalla, marinos que gritaban al convertirse sus manos en aletas y sus rostros prolongarse hasta volverse hocicos de delfín. Supe que si lo presionaba, el señor D me enseñaría cosas peores. Me plantaría una enfermedad en el cerebro que me enviaría para el resto de mi vida a una habitación acolchada, con camisa de fuerza.

—¿Quieres comprobarlo, niño? —preguntó con ceño.

—No. No, señor.

El fuego se atenuó un poco y él volvió a la partida.

—Me parece que he ganado —dijo.

—Un momento, señor D —repuso Quirón. Mostró una escalera, contó los puntos y dijo—: El juego es para mí.

Pensé que el señor D iba a pulverizar a Quirón y librarlo de la silla de ruedas, pero se limitó a rebufar, como si estuviera acostumbrado a que ganara el profesor de latín. Se levantó, y Grover lo imitó.

—Estoy cansado —comentó el señor D—. Creo que voy a echarme una siestecita antes de la fiesta de esta noche. Pero primero, Grover, tendremos que hablar otra vez de tus fallos.

La cara de Grover se perló de sudor.

—S-sí, señor.

El señor D se volvió hacia mí.

—Cabaña once, Percy Jackson. Y ojo con tus modales.

Se metió en la casa, seguido de un tristísimo Grover.

—¿Estará bien Grover? —le pregunté a Quirón, que asintió, aunque parecía algo preocupado.

—El bueno de Dioniso no está loco de verdad. Es sólo que detesta su trabajo. Lo han... bueno, castigado, supongo que dirías tú, y no soporta tener que esperar un siglo más para que le permitan volver al Olimpo.

—El monte Olimpo —dije—. ¿Me está diciendo que realmente hay un palacio allí arriba?

—Veamos, está el monte Olimpo en Grecia. Y está el hogar de los dioses, el punto de convergencia de sus poderes, que de hecho antes estaba en el monte Olimpo. Se le sigue llamando monte Olimpo por respeto a las tradiciones, pero el palacio se mueve, Percy, como los dioses.

—¿Quiere decir que los dioses griegos están aquí? ¿En... Estados Unidos?

—Desde luego. Los dioses se mueven con el corazón de Occidente.

—¿El qué?

—Venga, Percy, despierta. ¿Crees que la civilización occidental es un concepto abstracto? No; es una fuerza viva. Una conciencia colectiva que sigue brillando con fuerza tras miles de años. Los dioses forman parte de ella. Incluso podría decirse que son la fuente, o por lo menos que están tan ligados a ella que no pueden desvanecerse. No a menos que se acabe la civilización occidental. El fuego empezó en Grecia. Después, como bien sabes (o eso espero porque te he aprobado), el corazón del fuego se trasladó a Roma, y así lo hicieron los dioses. Sí, con distintos nombres quizá (Júpiter para Zeus, Venus para Afrodita, y así), pero eran las mismas fuerzas, los mismos dioses.

—Y después murieron.

—¿Murieron? No. ¿Ha muerto Occidente? Los dioses sencillamente se fueron trasladando, a Alemania, Francia, España, Gran Bretaña... Dondequiera que brillara la llama con más fuerza, allí estaban los dioses. Pasaron varios siglos en Inglaterra. Sólo tienes que mirar la arquitectura. La gente no se olvida de los dioses. En todas las naciones predominantes en los últimos tres mil años puedes verlos en cuadros, en estatuas, en los edificios más importantes. Y sí, Percy, por supuesto que están ahora en tus Estados Unidos. Mira vuestro símbolo, el águila de Zeus. Mira la estatua de Prometeo en el Rockefeller Center, las fachadas griegas de los edificios de tu gobierno en Washington. Te reto a que encuentres una ciudad estadounidense en la que los Olímpicos no estén vistosamente representados en múltiples lugares. Guste o no guste (y créeme, te aseguro que tampoco demasiada gente apreciaba a Roma), Estados Unidos es ahora el corazón de la llama, el gran poder de Occidente. Así que el Olimpo está aquí. Y por tanto también nosotros.

Era demasiado, especialmente el hecho de que yo parecía estar incluido en el «nosotros» de Quirón, como si formase parte de un club.

—¿Quién es usted, Quirón? ¿Quién... quién soy yo?

Quirón sonrió. Desplazó el peso de su cuerpo, como si fuera a levantarse de la silla de ruedas, pero yo sabía que eso era imposible. Estaba paralizado de cintura para abajo.

—¿Quién soy? —murmuró—. Bueno, ésa es la pregunta que todos queremos que nos respondan, ¿verdad? Pero ahora deberíamos buscarte una litera en la cabaña once. Tienes nuevos amigos que conocer, mañana podremos seguir con más lecciones. Además, esta noche vamos a preparar junto a la hoguera bocadillos de galleta, chocolate y malvaviscos, y a mí me pierde el chocolate.

Y entonces se levantó de la silla, pero de una manera muy rara. Le resbaló la manta de las piernas, pero éstas no se movieron, sino que la cintura le crecía por encima de los pantalones. Al principio pensé que llevaba unos calzoncillos de terciopelo blancos muy largos, pero cuando siguió elevándose, más alto que ningún hombre, reparé en que los calzoncillos de terciopelo eran en realidad la parte frontal de un animal, músculos y tendones bajo un espeso pelaje blanco. Y la silla de ruedas tampoco era una silla, sino una especie de contenedor, una caja con ruedas, y debía de ser mágica, porque no había manera humana de que aquello hubiera cabido entero allí dentro. Sacó una pata, larga y nudosa, con una pezuña brillante, luego la otra pata delantera, y por último los cuartos traseros. La caja quedó vacía, nada más que un cascarón metálico con unas piernas falsas pegadas por delante.

Miré la criatura que acababa de salir de aquella cosa: un enorme semental blanco. Pero donde tendría que haber estado el cuello, sólo vi a mi profesor de latín, graciosamente injertado de cintura para arriba en el tronco del caballo.

—¡Qué alivio! —exclamó el centauro—. Llevaba tanto tiempo ahí dentro que se me habían dormido las pezuñas. Bueno, venga, Percy Jackson. Vamos a conocer a los demás campistas.

6

Me convierto en señor supremo del lavabo

En cuanto me repuse del hecho de que mi profesor de latín era una especie de caballo, dimos un bonito paseo, aunque puse mucho cuidado en no caminar detrás de él. Varias veces me había tocado formar parte de la patrulla boñiga en el desfile que los almacenes Macy's organizaban el día de Acción de Gracias y, sintiéndolo mucho, no confiaba en la parte trasera de Quirón ni de ningún equino.

Pasamos junto al campo de voleibol y algunos chicos se dieron codazos. Uno señaló el cuerno de minotauro que yo llevaba. Otro dijo: «Es él.»

La mayoría de los campistas eran mayores que yo. Sus amigos sátiros eran más grandes que Grover, todos trotando por allí con camisetas naranjas del CAMPAMENTO MESTIZO, sin nada que cubriera sus peludos cuartos traseros. No soy tímido, pero me incomodaba la manera en que me miraban, como si esperaran que me pusiera a hacer piruetas o algo así.

Me volví para mirar la casa. Era mucho más grande de lo que me había parecido: cuatro plantas, color azul cielo con madera blanca, como un balneario a gran escala. Estaba examinando la veleta con forma de águila que había en el tejado cuando algo captó mi atención, una sombra en la ventana más alta del desván a dos aguas. Algo había movido la cortina, sólo por un instante, y tuve la certeza de que me estaban observando.

—¿Qué hay ahí arriba? —le pregunté a Quirón.

Miró hacia donde yo señalaba y la sonrisa se le borró del rostro.

—Sólo un desván.

—¿Vive alguien ahí?

—No —respondió tajante—. Nadie.

Tuve la impresión de que decía la verdad. No obstante, algo había movido la cortina.

—Vamos, Percy —me urgió Quirón con demasiada premura—. Hay mucho que ver.

Paseamos por campos donde los campistas recogían fresas mientras un sátiro tocaba una melodía en una flauta de junco.

Quirón me contó que el campamento producía una buena cosecha que exportaba a los restaurantes neoyorquinos y al monte Olimpo.

—Cubre nuestros gastos —aclaró—. Y las fresas casi no dan trabajo.

También me dijo que el señor D producía ese efecto en las plantas frutícolas: se volvían locas cuando estaba cerca. Funcionaba mejor con los viñedos, pero le habían prohibido cultivarlos, así que plantaba fresas.

Observé al sátiro tocar la flauta. La música provocaba que los animalillos y bichos abandonaran el campo de fresas en todas direcciones, como refugiados huyendo de un terremoto. Me pregunté si Grover podría hacer esa clase de magia con la música, y si seguiría en la casa, aguantando la bronca del señor D.

—Grover no tendrá problemas, ¿verdad? —le pregunté a Quirón—. Quiero decir... ha sido un buen protector. De verdad.

Quirón suspiró. Dobló su chaqueta de tweed y la apoyó sobre su lomo, como si fuera una pequeña silla de montar.

—Grover tiene grandes sueños, Percy. Quizá incluso más grandes de lo que sería razonable. Pero, para alcanzar su objetivo, antes tiene que demostrar un gran valor y no fracasar como guardián, encontrar un nuevo campista y traerlo sano y salvo a la colina Mestiza.

—¡Pero si eso ya lo ha hecho!

—Estoy de acuerdo contigo —convino Quirón—, mas no me corresponde a mí tomar la decisión. Dioniso y el Consejo de los Sabios Ungulados deben juzgarlo. Me temo que podrían no ver este encargo como un logro. Después de todo,

Grover te perdió en Nueva York. Y está también el desafortunado... destino de tu madre. Por no mencionar que Grover estaba inconsciente cuando lo arrastraste al interior de nuestra propiedad. El consejo podría poner en duda que eso demostrara valor por parte de Grover.

Quería protestar. Nada de lo que había ocurrido era culpa de Grover. Y también me sentía súper, súper culpable. Si no le hubiera dado esquinazo a Grover en la terminal de autobús, no se habría metido en problemas.

—Le darán una segunda oportunidad, ¿no?

Quirón se estremeció.

—Me temo que ésta era su segunda oportunidad, Percy. El consejo tampoco es que se muriera de ganas de dársela, después de lo que pasó la primera vez, hace cinco años. El Olimpo lo sabe, le aconsejé que esperara antes de volver a intentarlo. Aún es pequeño...

—¿Cuántos años tiene?

—Bueno, veintiocho.

—¿Qué? ¿Y está en sexto?

—Los sátiros tardan el doble de tiempo en madurar que los humanos. Grover ha sido el equivalente a un estudiante de secundaria durante los últimos seis años.

—Eso es horrible.

—Pues sí —convino Quirón—. En cualquier caso, Grover es torpe, incluso para la media de sátiros, y aún no está muy ducho en magia del bosque. Además, se le ve demasiado ansioso por perseguir su sueño. A lo mejor ahora encuentra otra ocupación...

—Eso no es justo —dije—. ¿Qué pasó la primera vez? ¿De verdad fue tan malo?

Quirón apartó la mirada con rapidez.

—Mejor seguimos, ¿no?

Pero yo no estaba dispuesto a cambiar de tema tan fácilmente. Se me había ocurrido algo cuando Quirón habló del destino de mi madre, como si evitara a propósito la palabra muerte. Una idea empezó a chisporrotear en mi mente.

—Quirón, si los dioses y el Olimpo y todo eso es real...

—¿Sí?

—¿Significa que también es real el inframundo?

La expresión de Quirón se ensombreció.

—Así es. —Se interrumpió, como para escoger sus palabras con cuidado—. Hay un lugar al que los espíritus van tras la muerte. Pero por ahora... hasta que sepamos más, te recomendaría que te olvidaras de ello.

—¿A qué te refieres con «hasta que sepamos más»?

—Vamos, Percy. Visitaremos el bosque.

A medida que nos acercamos, reparé en la enorme vastedad del bosque. Ocupaba por lo menos una cuarta parte del valle, con árboles tan altos y gruesos que parecía posible que nadie lo hubiera pisado desde los nativos americanos.

—Los bosques están bien surtidos, por si quieres probar, pero ve armado —me dijo Quirón.

—¿Bien surtidos de qué? ¿Armado con qué?

—Ya lo verás. El viernes por la noche hay una partida de «capturar la bandera». ¿Tienes espada y escudo?

—¿Yo, espada y...?

—Vale, no creo que los tengas. Supongo que una cinco te irá bien. Luego pasaré por la armería.

Quería preguntar qué clase de campamento de verano tenía armería, pero había mucho más en lo que pensar, así que seguimos con la visita. Vimos el campo de tiro con arco, el lago de las canoas, los establos (que a Quirón no parecían gustarle demasiado), el campo de lanzamiento de jabalina, el anfiteatro del coro y el estadio donde Quirón dijo que se celebraban lides con espadas y lanzas.

—¿Lides con espadas y lanzas? —pregunté.

—Competiciones entre cabañas y todo eso. No suele haber víctimas mortales. Ah, sí, y ahí está el comedor.

Quirón señaló un pabellón exterior rodeado de blancas columnas griegas sobre una colina que miraba al mar. Había una docena de mesas de piedra de picnic. No tenía techo ni paredes.

—¿Qué hacéis cuando llueve? —pregunté.

Quirón me miró como si me hubiera vuelto tonto.

—Tenemos que comer igualmente, ¿no?

Al final me enseñó las «cabañas», que en realidad eran una especie de bungalows. Había doce, junto al lago y dispuestas en forma de U, dos al fondo y cinco a cada lado. Sin duda eran las construcciones más estrambóticas que había visto nunca.

Salvo porque todas tenían un número de metal encima de la puerta (impares a la izquierda, pares a la derecha), no se parecían en nada. La número 9 tenía chimeneas, como una pequeña fábrica; la 4, tomateras pintadas en las paredes y el techo de hierba auténtica; la 7 parecía hecha de oro puro, brillaba tanto a la luz del sol que era casi imposible mirarla. Todas daban a una zona comunitaria del tamaño aproximado de un campo de fútbol, moteada de estatuas griegas, fuentes, arriates de flores y un par de canastas de básquet (más de mi estilo).

En el centro de la zona comunitaria había una gran hoguera rodeada de piedras. Aunque la tarde era cálida, el fuego ardía con fuerza. Una chica de unos nueve años cuidaba las llamas, atizando los carbones con una vara.

Las dos enormes construcciones del final, las números 1 y 2, parecían un mausoleo para una pareja real, de mármol y con columnas delante. La número 1 era la más grande y voluminosa de las doce. Las puertas de bronce pulidas relucían como un holograma, de modo que desde distintos ángulos parecían recorridas por rayos. La 2 tenía más gracia, con columnas más delgadas y rodeadas de guirnaldas de flores. Las paredes estaban grabadas con figuras de pavos reales.

—¿Zeus y Hera? —aventuré.

—Correcto.

—Parecen vacías.

—Algunas lo están. Nadie se queda para siempre en la uno o la dos.

Vale. Así que cada construcción tenía un dios distinto, como una mascota. Doce casas para doce Olímpicos. Pero ¿por qué algunas estaban vacías?

Me detuve en la primera de la izquierda, la 3.

No era alta y fabulosa como la 1, sino alargada, baja y sólida. Las paredes eran de tosca piedra gris tachonada con pechinas y coral, como si los bloques de piedra hubieran sido extraídos directamente del fondo del océano. Eché un vistazo por la puerta abierta y Quirón comentó:

—¡Uy, yo no lo haría!

Antes de que pudiera apartarme, percibí la salobre esencia del interior, como el viento a orillas del mar. Las paredes brillaban como abulón. Había seis literas vacías con sábanas de seda, pero ninguna señal de que alguien hubiera dormido allí. El lugar parecía tan triste y solitario, que me alegré cuando Quirón me puso una mano en el hombro y dijo:

—Vamos, Percy.

La mayoría de las demás casas estaban llenas de campistas.

La número 5 era rojo brillante: pintada fatal, como si le hubieran cambiado el color arrojándole cubos encima. El techo estaba rodeado de alambre de espinos. Una cabeza disecada de jabalí colgaba encima de la puerta, y sus ojos parecían seguirme. Dentro vi un montón de chicos y chicas con cara de malos, echándose pulsos y peleándose mientras sonaba música rock a todo trapo. Quien más ruido hacía era una chica de unos catorce años. Llevaba una camiseta talla XXL del Campamento Mestizo bajo una chaqueta de camuflaje. Me miró fijamente y lanzó una carcajada malévola. Me recordó a Nancy Bobofit, aunque esta chica era más grande, tenía un aspecto más feroz, y el pelo largo y greñudo, y castaño en lugar de rojizo.

Seguí andando, intentando mantenerme alejado de los cascos de Quirón.

—No hemos visto más centauros —comenté.

—No —repuso con tristeza—. Los de mi raza son gentes salvajes y bárbaras, me temo. Puedes encontrarlos en la naturaleza o en grandes eventos deportivos, pero no verás ninguno aquí.

—Dice que se llama Quirón. ¿Es realmente...?

Me sonrió desde arriba.

—¿El Quirón de las historias? ¿El maestro de Hércules y todo aquello? Sí, Percy, ése soy yo.

—Pero ¿no tendría que estar muerto?

Quirón se detuvo.

—¿Sabes?, no podría estar muerto. No depende mí. Eones atrás los dioses me concedieron mi deseo de seguir trabajando en lo que amaba. Podría ser maestro de héroes tanto tiempo como la humanidad me necesitara. He obtenido mucho de ese deseo... y también he renunciado a mucho. Pero sigo aquí, así que sólo se me ocurre que aún se me necesita.

Pensé en ser maestro durante tres mil años. Desde luego, no habría estado en la lista de mis diez deseos más ansiados.

—¿No se aburre?

—No, no. A veces me deprimo horriblemente, pero nunca me aburro.

—¿Por qué se deprime?

Quirón pareció volverse de nuevo duro de oído.

—Ah, mira —dijo—. Annabeth nos espera.

La chica rubia que había conocido en la Casa Grande estaba leyendo un libro delante de la última cabaña de la izquierda, la 11. Cuando llegamos junto a ella, me repasó con mirada crítica, como si siguiera pensando en que babeaba cuando dormía.

Intenté ver qué estaba leyendo, pero no pude descifrar el título. Pensé que mi dislexia atacaba de nuevo. Entonces reparé en que el libro ni siquiera estaba en inglés. Las letras parecían griego, literalmente griego. Contenía ilustraciones de templos, estatuas y diferentes clases de columnas, como las que hay en los libros de arquitectura.

—Annabeth —dijo Quirón—, tengo clase de arco para profesores a mediodía. ¿Te encargas tú de Percy?

—Sí, señor.

—Cabaña once —me dijo Quirón e indicó la puerta—. Estás en tu casa.

La 11 era la que más se parecía a la vieja y típica cabaña de campamento, con especial hincapié en lo de vieja. El umbral estaba muy gastado; la pintura marrón, desconchada. Encima de la puerta había uno de esos símbolos de la medicina, el comercio y otras cosas, una vara con dos culebras enroscadas. ¿Cómo se llama? Un caduceo.

Estaba llena de chicos y chicas, muchos más que el número de literas. Había sacos de dormir por todo el suelo. Parecía más un gimnasio donde la Cruz Roja hubiera montado un centro de evacuación.

Quirón no entró. La puerta era demasiado baja para él. Pero cuando los campistas lo vieron, todos se pusieron en pie y saludaron respetuosamente con una reverencia.

—Bueno, así pues... —dijo Quirón—. Buena suerte, Percy. Te veo a la hora de la cena.

Y se marchó al galope hacia el campo de tiro.

Me quedé en el umbral, mirando a los chicos. Ya no inclinaban la cabeza. Ahora estaban pendientes de mí, calibrándome. Conocía esa parte. Había pasado por ella en bastantes colegios.

—¿Y bien? —me urgió Annabeth—. Vamos.

Así que, naturalmente, tropecé al entrar por la puerta y quedé como un completo idiota. Hubo algunas risitas, pero nadie dijo nada.

Annabeth anunció:

—Percy Jackson, te presento a la cabaña once.

—¿Normal o por determinar? —preguntó alguien.

Yo no supe qué responder, pero Annabeth anunció:

—Por determinar.

Todo el mundo se quejó.

Un chico algo mayor que los demás se acercó.

—Bueno, campistas. Para eso estamos aquí. Bienvenido, Percy, puedes quedarte con ese hueco en el suelo, a ese lado.

El chico tendría unos diecinueve años, y vaya si molaba. Era alto y musculoso, de pelo color arena muy corto y sonrisa amable. Vestía una camiseta sin mangas naranja, pantalones cortos, sandalias y un collar de cuero con cinco cuentas de arcilla de distintos colores. Lo único que alteraba un poco su apariencia era una enorme cicatriz blanca que le recorría media cara desde el ojo derecho a la mandíbula, una vieja herida de cuchillo.

—Éste es Luke —lo presentó Annabeth, y su voz sonó algo distinta. La miré y habría jurado que estaba levemente ruborizada. Al ver que la miraba su expresión volvió a endurecerse—. Es tu consejero por el momento.

—¿Por el momento? —pregunté.

—Eres un por determinar —me aclaró Luke—. Aún no saben en qué cabaña ponerte, así que de momento estás aquí. La cabaña once acoge a los recién llegados, todos visitantes, evidentemente. Hermes, nuestro patrón, es el dios de los viajeros.

Observé la pequeña sección de suelo que me habían otorgado. No tenía nada para señalarla como propia, ni equipaje, ni ropa ni saco de dormir. Sólo el cuerno del Minotauro. Pensé en dejarlo allí, pero luego recordé que Hermes también era el dios de los ladrones.

Miré alrededor. Algunos me observaban con recelo, otros sonreían estúpidamente, y otros me miraban como si esperaran la oportunidad de echar mano a mis bolsillos.

—¿Cuánto tiempo voy a estar aquí? —pregunté.

—Buena pregunta —respondió Luke—. Hasta que te determinen.

—¿Cuánto tardará?

Todos rieron.

—Vamos —me dijo Annabeth—. Te enseñaré la cancha de voleibol.

—Ya la he visto.

—Vamos. —Me agarró de la muñeca y me arrastró fuera, mientras lo chicos reían a mis espaldas.

—Jackson, tienes que esforzarte más —dijo Annabeth cuando nos separamos unos metros.

—¿Qué?

Puso los ojos en blanco y murmuró entre dientes:

—¿Cómo pude creer que eras el elegido?

—Pero ¿qué te pasa? —Empezaba a enfadarme—. Lo único que sé es que he matado a un tío toro...

—¡No hables así! —me increpó Annabeth—. ¿Sabes cuántos chicos en este campamento desearían haber gozado de la oportunidad que tú tuviste?

—¿De que me mataran?

—¡De luchar contra el Minotauro! ¿Para qué crees que entrenamos?

Meneé la cabeza.

—Mira, si la cosa con que me enfrenté era realmente el Minotauro, el mismo del mito...

—Pues claro que lo era.

—Pero sólo ha habido uno, ¿verdad?

—Sí.

—Y murió hace un montón de años, ¿no? Se lo cargó Teseo en el laberinto. Así que...

—Los monstruos no mueren, Percy. Pueden matarse, pero no mueren.

—Hombre, gracias. Eso lo aclara todo.

—No tienen alma, como tú o como yo. Puedes deshacerte de ellos durante un tiempo, tal vez durante toda una vida, si tienes suerte. Pero son fuerzas primarias. Quirón los llama «arquetipos». Al final siempre vuelven a reconstruirse.

Pensé en la señora Dodds.

—¿Quieres decir que si matase a uno, accidentalmente, con una espada...?

—Esa Fur... quiero decir, tu profesora de matemáticas. Bien, pues ella sigue ahí fuera. Lo único que has hecho es cabrearla muchísimo.

—¿Cómo sabes de la señora Dodds?

—Hablas en sueños.

—Casi la llamas algo. ¿Una Furia? Son las torturadoras de Hades, ¿no?

Annabeth miró nerviosa al suelo, como si temiese que se abriera y la tragara.

—No deberías llamarlas por su nombre, ni siquiera aquí. Cuando tenemos que mencionarlas las llamamos «las Benévolas».

—Oye, ¿hay algo que podamos decir sin que se ponga a tronar? —Sonaba llorica, incluso a mis oídos, pero en aquel momento ya no me importaba—. ¿Y por qué tengo que meterme en la cabaña once? ¿Por qué están todos tan apiñados? Está lleno de literas vacías en los otros sitios. —Señalé las primeras cabañas, y Annabeth palideció.

—No se elige la cabaña, Percy. Depende de quiénes son tus padres. O... tu progenitor. —Se me quedó mirando, esperando que lo pillara.

—Mi madre es Sally Jackson —respondí—. Trabaja en la tienda de caramelos de la estación Grand Central. Bueno, trabajaba.

—Siento lo de tu madre, Percy, pero no me refería a eso. Estoy hablando de tu otro progenitor. Tu padre.

—Está muerto. No lo conocí.

Annabeth suspiró. Sin duda ya había tenido antes esta conversación con otros chicos.

—Tu padre no está muerto, Percy.

—¿Cómo puedes decir eso? ¿Lo conoces?

—No, claro que no.

—¿Entonces cómo puedes decir...?

—Porque te conozco a ti. Y no estarías aquí si no fueras uno de los nuestros.

—No conoces nada de mí.

—¿No? —Levantó una ceja—. Seguro que no has parado de ir de escuela en escuela. Seguro que te echaron de la mayoría.

—¿Cómo...?

—Te diagnosticaron dislexia, quizá también THDA.

Intenté tragarme la vergüenza.

—¿Y eso qué importa ahora?

—Todo junto es casi una señal clara. Las letras flotan en la página cuando las lees, ¿verdad? Eso es porque tu mente está preparada para el griego antiguo. Y el THDA (eres impulsivo, no puedes estarte quieto en clase), eso son tus reflejos para la batalla. En una lucha real te mantendrían vivo. Y en cuanto a los problemas de atención, se debe a que ves demasiado, Percy, no demasiado poco. Tus sentidos son más agudos que los de un mortal corriente. Por supuesto, los médicos quieren medicarte. La mayoría son monstruos. No quieren que los veas por lo que son.

—Hablas como... como si hubieras pasado por la misma experiencia.

—La mayoría de los chicos que están aquí lo han hecho. Si no fueras como nosotros no habrías sobrevivido al Minotauro, mucho menos a la ambrosía y el néctar.

—¿Ambrosía y néctar?

—La comida y la bebida que te dimos para que te recuperaras. Eso habría matado a un chico normal. Le habría convertido la sangre en fuego y los huesos en arena, y ahora estarías muerto. Asúmelo. Eres un mestizo.

Un mestizo. Tenía tantas preguntas en la cabeza que no sabía por dónde empezar.

Entonces una voz hosca exclamó:

—¡Pero bueno! ¡Un novato!

Me volví. La chica corpulenta de la cabaña 5 avanzaba hacia nosotros con paso lento y decidido. Tres chicas la seguían, grandes, feas y con aspecto de malas como ella, todas vestidas con chaquetas de camuflaje.

—Clarisse —suspiró Annabeth—. ¿Por qué no te largas a pulir la lanza o algo así?

—Fijo, señorita Princesa —repuso la chicarrona—. Para atravesarte con ella el viernes por la noche.

—*Erre es korakas!* —replicó Annabeth, y de algún modo entendí que en griego significaba «¡Anda a dar de comer a los cuervos!», aunque me dio la impresión de que era una maldición peor de lo que parecía.

—Os vamos a pulverizar —respondió Clarisse, pero le tembló un párpado. Quizá no estaba segura de poder cumplir su amenaza. Se volvió hacia mí—. ¿Quién es este alfeñique?

—Percy Jackson —dijo Annabeth—. Ésta es Clarisse, hija de Ares.

Parpadeé.

—¿El dios de la guerra?

Clarisse replicó con desdén:

—¿Algún problema?

—No —contesté—. Eso explica el mal olor.

Clarisse gruñó.

—Tenemos una ceremonia de iniciación para los novatos, Prissy.

—Percy.

—Lo que sea. Ven, que te la enseño.

—Clarisse... —la advirtió Annabeth.

—Quítate de en medio, listilla.

Annabeth parecía muy firme, pero vaya si se quitó de en medio, y yo tampoco quería su ayuda. Era el chico nuevo. Tenía que ganarme una reputación.

Le entregué a Annabeth mi cuerno de minotauro y me preparé para pelear, pero antes de darme cuenta Clarisse me había agarrado por el cuello y me arrastraba hacia el edificio color ceniza que supe de inmediato que era el lavabo.

Yo lanzaba puñetazos y patadas. Me había peleado muchas veces antes, pero aquella Clarisse tenía manos de hierro. Me arrastró hasta el baño de las chicas. Había una fila de váteres a un lado y otra de duchas al otro. Olía como cualquier lavabo público, y yo pensé —todo lo que podía pensar mientras Clarisse me tiraba del pelo— que si aquel sitio era de los dioses, ya podrían procurarse unos servicios con más clase.

Las amigas de Clarisse reían a todo pulmón, mientras yo intentaba encontrar la fuerza con que había derrotado al Minotauro, pero no estaba por ninguna parte.

—Sí, hombre, seguro que es material de los Tres Grandes —dijo, empujándome hacia un váter—. Seguro que el Minotauro se murió de la risa al ver la pinta de este bobo.

Sus amigas no paraban de reír.

Annabeth estaba en una esquina, tapándose la cara pero mirando entre los dedos.

Clarisse me puso de rodillas y empezó a empujarme la cabeza hacia la taza. Apestaba a tuberías oxidadas y a... bueno, a lo que se echa en los váteres. Luché por mantener la cabeza erguida. Viendo aquella agua asquerosa pensé: «No meteré la cabeza ahí ni de broma.»

Y entonces ocurrió algo. Sentí un tirón en la boca del estómago. Oí las tuberías rugir y estremecerse. Clarisse me soltó el pelo. Un chorro de agua salió disparado del váter y describió un arco perfecto por encima de mi cabeza. Yo caí de espaldas al suelo sin dejar de oír los chillidos de Clarisse.

Me volví justo cuando el agua salió de nuevo de la taza, le dio a Clarisse directo en la cara y con tanta fuerza que la tumbó de culo. El chorro de agua la acosaba como si fuera una manguera antiincendios, empujándola hacia una cabina de ducha.

Ella se resistía dando manotazos y chillando, y sus amigas empezaron a acercarse. Pero entonces los otros váteres explotaron también y seis chorros más de agua las hicieron retroceder de golpe. Las duchas también entraron en funcionamiento, y juntas, todas las salidas de agua arrinconaron a las chicas hasta sacarlas del baño, arrastrándolas como desperdicios que se retiran con una manguera.

En cuanto salieron por la puerta, sentí aflojar el tirón del estómago y el agua terminó tan pronto como había empezado.

El lavabo entero estaba inundado. Annabeth tampoco se había librado. Estaba empapada de pies a cabeza, pero no había sido expulsada por la puerta. Se encontraba exactamente en el mismo lugar, mirándome conmocionada.

Miré alrededor y reparé en que estaba sentado en el único sitio seco de la estancia. Había un círculo de suelo seco en torno a mí, y no tenía ni una gota de agua sobre la ropa. Nada.

Me puse en pie, con las piernas temblando.

—¿Cómo has...? —preguntó Annabeth.

—No lo sé.

Salimos fuera. Clarisse y sus amigas estaban tendidas en el barro, y un puñado de campistas se había reunido alrededor para mirarlas estupefactos. Clarisse tenía el pelo aplastado en la cara. Su chaqueta de camuflaje estaba empapada y ella olía a alcantarilla. Me dedicó una mirada de odio absoluto.

—Estás muerto, chico nuevo. Totalmente muerto.

Debería haberlo dejado estar, pero repliqué:

—¿Tienes ganas de volver a hacer gárgaras con agua del váter, Clarisse? Cierra el pico.

Sus amigas tuvieron que contenerla. Luego la arrastraron hacia la cabaña 5, mientras los otros campistas se apartaban para no recibir una patada de sus pies voladores.

Annabeth me miraba fijamente.

—¿Qué? —le pregunté—. ¿Qué estás pensando?

—Estoy pensando que te quiero en mi equipo para capturar la bandera.

7

Mi cena se desvanece en humo

La historia del incidente en el lavabo se extendió de inmediato. Dondequiera que iba, los campistas me señalaban y murmuraban algo sobre el episodio. O puede que sólo miraran a Annabeth, que seguía bastante empapada.

Me enseñó unos cuantos sitios más: el taller de metal (donde los chicos forjaban sus propias espadas), el taller de artes y oficios (donde los sátiros pulían una estatua de mármol gigante de un hombre cabra), el rocódromo, que en realidad consistía en dos muros enfrentados que se sacudían violentamente, arrojaban piedras, despedían lava y chocaban uno contra otro si no llegabas arriba con la suficiente celeridad.

Por último, regresamos al lago de las canoas, donde un sendero conducía de vuelta a las cabañas.

—Tengo que entrenar —dijo Annabeth sin más—. La cena es a las siete y media. Sólo tienes que seguir desde tu cabaña hasta el comedor.

—Annabeth, siento lo ocurrido en el lavabo.

—No importa.

—No ha sido culpa mía.

Me miró con aire escéptico, y reparé en que sí había sido culpa mía. Había provocado que el agua saliera disparada desde todos los grifos. No entendía cómo, pero los baños me habían respondido. Las tuberías y yo nos habíamos convertido en uno.

—Tienes que hablar con el Oráculo —dijo Annabeth.

—¿Con quién?

—No con quién, sino con qué. El Oráculo. Se lo pediré a Quirón.

Miré el fondo del lago, deseando que alguien me diera una respuesta directa por una vez.

No esperaba que nadie me devolviera la mirada desde el fondo, así que me quedé de una pieza cuando noté que había dos adolescentes sentadas con las piernas cruzadas en la base del embarcadero, a unos seis metros de profundidad. Llevaban pantalones vaqueros y camisetas verde brillante, y la melena castaña les flotaba suelta por los hombros mientras los pececillos las atravesaban en toda direcciones. Sonrieron y me saludaron como si fuera un amigo que no veían desde hacía mucho tiempo.

Atónito, les devolví el saludo.

—No las animes —me avisó Annabeth—. Las náyades son terribles como novias.

—¿Náyades? —repetí, y sentí que aquello me superaba—. Hasta aquí hemos llegado. Quiero volver a casa ahora.

Annabeth puso ceño.

—¿Es que no lo pillas, Percy? Ya estás en casa. Éste es el único lugar seguro en la tierra para los chicos como nosotros.

—¿Te refieres a chicos con problemas mentales?

—Me refiero a no humanos. O por lo menos no del todo humanos. Medio humanos.

—¿Medio humanos y medio qué?

—Creo que ya lo sabes.

No quería admitirlo, pero me temo que sí lo sabía. Sentí un leve temblor en las extremidades, una sensación que a veces tenía cuando mamá hablaba de mi padre.

—Dios —contesté—. Medio dios.

Annabeth asintió.

—Tu padre no está muerto, Percy. Es uno de los Olímpicos.

—Eso es... un disparate.

—¿Lo es? ¿Qué es lo más habitual en las antiguas historias de los dioses? Iban por ahí enamorándose de humanos y teniendo hijos con ellos, ¿recuerdas? ¿Crees que han cambiado de costumbres en los últimos milenios?

—Pero eso no son más que... —Iba a decir mitos otra vez, pero recordé la advertencia de Quirón: al cabo de dos mil años yo también podría ser considerado un mito—. Pero si todos los chicos que hay aquí son medio dioses...

—Semidioses —apostilló Annabeth—. Ése es el término oficial. O mestizos, en lenguaje coloquial.

—Entonces ¿quién es tu padre?

Aferró con fuerza la barandilla. Tuve la impresión de haber tocado un tema delicado.

—Mi padre es profesor en West Point —me dijo—. No lo veo desde que era muy pequeña. Da clases de Historia de Norteamérica.

—Entonces es humano.

—Pues claro. ¿Acaso crees que sólo los dioses masculinos pueden encontrar atractivos a los humanos? ¡Qué sexista eres!

—¿Quién es tu madre, pues?

—Cabaña seis.

—¿Qué es?

Annabeth se irguió.

—Atenea, diosa de la sabiduría y la batalla.

«Vale —pensé—. ¿Por qué no?» Y formulé la pregunta que más me interesaba:

—¿Y mi padre?

—Por determinar —repuso Annabeth—, como te he dicho antes. Nadie lo sabe.

—Excepto mi madre. Ella lo sabía.

—Puede que no, Percy. Los dioses no siempre revelan sus identidades.

—Mi padre lo habría hecho. La quería.

Annabeth respondió con mucho tacto; no quería desilusionarme.

—Puede que tengas razón. Puede que envíe una señal. Es la única manera de saberlo seguro: tu padre tiene que enviarte una señal reclamándote como hijo. A veces ocurre.

—¿Quieres decir que a veces no?

Annabeth recorrió la barandilla con la mano.

—Los dioses están ocupados. Tienen un montón de hijos y no siempre... Bueno, a veces no les importamos, Percy. Nos ignoran.

Pensé en algunos chicos que había visto en la cabaña de Hermes, adolescentes que parecían enfurruñados y deprimidos, como a la espera de una llamada que jamás llegaría. Había conocido chicos así en la academia Yancy, enviados a internados por padres ricos que no tenían tiempo para ellos. Pero los dioses deberían comportarse mejor, ¿no?

—Así que estoy atrapado aquí, ¿verdad? —dije—. ¿Para el resto de mi vida?

—Depende. Algunos campistas se quedan sólo durante el verano. Si eres hijo de Afrodita o Deméter, probablemente no seas una fuerza realmente poderosa. Los monstruos podrían ignorarte, y en ese caso te las arreglarías con unos meses de entrenamiento estival y vivirías en el mundo mortal el resto del año. Pero para algunos de nosotros es demasiado peligroso marcharse. Somos anuales. En el mundo mortal atraemos monstruos; nos presienten, se acercan para desafiarnos. En la mayoría de los casos nos ignoran hasta que somos lo bastante mayores para crear problemas, ya sabes, a partir de los diez u once años. Pero después de esa edad, la mayoría de los semidioses vienen aquí si no quieren acabar muertos. Algunos consiguen sobrevivir en el mundo exterior y se convierten en famosos. Créeme, si te dijera sus nombres los reconocerías. Algunos ni siquiera saben que son semidioses. Pero, en fin, son muy pocos.

—¿Así que los monstruos no pueden entrar aquí?

Annabeth meneó la cabeza.

—No a menos que se los utilice intencionadamente para surtir los bosques o sean invocados por alguien de dentro.

—¿Por qué querría nadie invocar a un monstruo?

—Para combates de entrenamiento. Para hacer chistes prácticos.

—¿Chistes prácticos?

—Lo importante es que los límites están sellados para mantener fuera a los mortales y los monstruos. Desde fuera, los mortales miran el valle y no ven nada raro, sólo una granja de fresas.

—¿Así que tú eres anual?

Annabeth asintió. Por el cuello de la camiseta se sacó un collar de cuero con cinco cuentas de arcilla de distintos colores. Era igual que el de Luke, pero el de ella también llevaba un grueso anillo de oro, como un sello.

—Estoy aquí desde que tenía siete años —dijo—. Cada agosto, el último día de la sesión estival, te otorgan una cuenta por sobrevivir un año más. Llevo más tiempo aquí que la mayoría de los consejeros, y ellos están todos en la universidad.

—¿Cómo llegaste tan pronto?

Hizo girar el anillo de su collar.

—Eso no es asunto tuyo.

—Ya. —Guardé un incómodo silencio—. Bueno, y... ¿podría marcharme de aquí si quisiera?

—Sería un suicidio, pero podrías, con el permiso del señor D o de Quirón. Por supuesto, no dan ningún permiso hasta el final del verano a menos que....

—¿A menos qué?

—Que te asignen una misión. Pero eso casi nunca ocurre. La última vez... —Dejó la frase a medias; su tono sugería que la última vez no había ido bien.

—En la enfermería —dije—, cuando me dabas aquella cosa...

—Ambrosía.

—Sí. Me preguntaste algo del solsticio de verano.

Los hombros de Annabeth se tensaron.

—¿Así que sabes algo?

—Bueno... no. En mi antigua escuela oí hablar a Grover y Quirón acerca de ello. Grover mencionó el solsticio de verano. Dijo algo como que no nos quedaba demasiado tiempo para la fecha límite. ¿A qué se refería?

—Ojalá lo supiera. Quirón y los sátiros lo saben, pero no tienen intención de contármelo. Algo va mal en el Olimpo, algo importante. La última vez que estuve allí todo parecía tan normal...

—¿Has estado en el Olimpo?

—Algunos de los anuales (Luke, Clarisse, yo y otros) hicimos una excursión durante el solsticio de invierno. Es entonces cuando los dioses celebran su gran consejo anual.

—Pero... ¿cómo llegaste hasta allí?

—En el ferrocarril de Long Island, claro. Bajas en la estación Penn. Edificio Empire State, ascensor especial hasta el piso seiscientos. —Me miró como si estuviera segura de que eso ya tenía que saberlo—. Eres de Nueva York, ¿no?

—Sí, desde luego. —Lo era, pero por lo que sabía sólo había ciento dos pisos en el Empire State. Decidí no mencionarlo.

—Justo después de la visita —prosiguió Annabeth—, el tiempo comenzó a cambiar, como si hubiera estallado una trifulca entre los dioses. Desde entonces, he escuchado a escondidas a los sátiros un par de veces. Lo máximo que he llegado a colegir es que han robado algo importante. Y si no lo devuelven antes del solsticio de verano, se va a liar. Cuando llegaste, esperaba... Quiero decir... Atenea se lleva bien con todo el mundo, menos con Ares. Bueno, claro, y está la rivalidad con Poseidón. Pero, aparte de eso, creí que podríamos trabajar juntos. Pensaba que sabrías algo.

Negué con la cabeza. Ojalá hubiera podido ayudarla, pero me sentía demasiado hambriento, cansado y sobrecargado mentalmente para seguir haciendo preguntas.

—Tengo que conseguir una misión —murmuró Annabeth para sí—. Ya no soy una niña. Si sólo me contaran el problema...

Olí humo de barbacoa que llegaba de alguna parte cercana. Annabeth debió de escuchar los rugidos de mi estómago, pues me dijo que me adelantara, ella me alcanzaría después. La dejé en el embarcadero, recorriendo la barandilla con un dedo como si trazara un plan de batalla.

De vuelta en la cabaña 11, todo el mundo estaba hablando y alborotaba mientras esperaban la cena. Por primera vez, advertí que muchos campistas tenían rasgos similares: narices afiladas, cejas arqueadas, sonrisas maliciosas. Eran la clase de chicos que los profesores señalarían como problemáticos. Afortunadamente, nadie me prestó demasiada atención mientras me dirigía a mi sitio en el suelo y dejaba allí mi cuerno de minotauro.

El consejero, Luke, se me acercó. También tenía el parecido familiar de Hermes, aunque deslucido por la cicatriz de su mejilla derecha, pero su sonrisa estaba intacta.

—Te he encontrado un saco de dormir —dijo—. Y toma, te he robado algunas toallas del almacén del campamento.

No se podía saber si bromeaba o no a propósito del robo.

—Gracias —contesté.

—De nada. —Se sentó a mi lado y se recostó contra la pared—. ¿Ha sido duro tu primer día?

—No pertenezco a este lugar. Ni siquiera creo en los dioses.

—Ya —contestó—. Así empezamos todos. Y luego, cuando empiezas a creer en ellos, tampoco es más fácil.

Su amargura me sorprendió, porque Luke parecía un tipo que se tomaba las cosas con filosofía. Parecía capaz de controlar cualquier situación.

—¿Así que tu padre es Hermes? —le pregunté.

Se sacó una navaja automática del bolsillo y por un instante pensé que iba a destriparme, pero sólo se quitó el barro de la sandalia.

—Sí, Hermes.

—El tipo de las zapatillas con alas.

—Ése. Los mensajeros. La medicina. Los viajantes, mercaderes, ladrones. Todos los que usan las carreteras. Por eso estás aquí, disfrutando de la hospitalidad de la cabaña once. Hermes no es quisquilloso a la hora de patrocinar.

Supuse que Luke no pretendía llamarme don nadie.

—¿Has visto a tu padre? —pregunté.

—Una vez.

Esperé, convencido de que si quería contármelo lo haría. Al parecer no quería. Me pregunté si la historia tendría algo que ver con el origen de su cicatriz.

Luke levantó la cabeza y se obligó a sonreír.

—No te preocupes, Percy. Los campistas suelen ser buena gente. Después de todo, somos familia lejana, ¿no? Nos cuidamos unos a otros.

Parecía entender lo perdido que me sentía, y se lo agradecí porque un tipo mayor como él —aunque fuera consejero— se habría mantenido alejado de un pringado de instituto como yo. Pero Luke me había dado la bienvenida a la cabaña. Incluso había birlado para mí algunos artículos de baño, que era lo más bonito que había hecho nadie por mí aquel día.

Decidí hacerle mi gran pregunta, la que llevaba incordiándome toda la tarde.

—Clarisse, de Ares, ha gastado bromas sobre que yo sea material de los «Tres Grandes». Después Annabeth, en dos ocasiones, ha dicho que yo podría ser «el elegido». Me dijo que tendría que hablar con el Oráculo. ¿De qué va todo eso?

Luke cerró su navaja.

—Odio las profecías.

—¿Qué quieres decir?

Apareció un tic junto a la cicatriz.

—Digamos que la lié a base de bien. Durante los últimos dos años, desde que fallé en mi viaje al Jardín de las Hespérides, Quirón no ha vuelto a permitir más misiones. Annabeth se muere de ganas de salir al mundo. Estuvo dándole tanto la paliza a Quirón que al final le dijo que él ya conocía su destino. Tenía una profecía del Oráculo. No se lo contó todo, pero le dijo que Annabeth no estaba destinada a partir aún en una misión. Tenía que esperar a que alguien especial llegara al campamento.

—¿Alguien especial?

—No te preocupes, chaval —repuso Luke—. A Annabeth le gusta pensar que cada nuevo campista que pasa por aquí es la señal que ella está esperando. Venga, vamos, es la hora de la cena.

Al momento de decirlo, sonó un cuerno a lo lejos. De algún modo supe que era el caparazón de una caracola, aunque jamás había oído uno antes.

—¡Once, formad en fila! —vociferó Luke.

La cabaña al completo, unos veinte, formamos en el espacio común. La fila iba por orden de antigüedad, así que yo era el último. Los campistas llegaron también de otras cabañas, excepto de las tres vacías del final, y de la número 8, que parecía normal de día, pero que ahora que se ponía el sol empezaba a brillar argentada.

Subimos por la colina hasta el pabellón del comedor. Se nos unieron los sátiros desde el prado. Las náyades emergieron del lago de las canoas. Unas cuantas chicas más salieron del bosque; y cuando digo del bosque, quiero decir directamente del bosque. Una niña de unos nueve o diez años surgió del tronco de un arce y llegó saltando por la colina.

En total, habría unos cien campistas, una docena de sátiros y otra docena surtida de ninfas del bosque y náyades.

En el pabellón, las antorchas ardían alrededor de las columnas de mármol. Una hoguera central refulgía en un brasero de bronce del tamaño de una bañera. Cada cabaña tenía su propia mesa, cubierta con un mantel blanco rematado en morado. Cuatro mesas estaban vacías, pero la de la cabaña 11 estaba llena en exceso. Tuve que apretujarme al borde de un tronco con medio cuerpo colgando.

Vi a Grover sentado a la mesa 12 con el señor D, unos cuantos sátiros y una pareja de chicos rubios regordetes clavados al señor D. Quirón estaba de pie a un lado, la mesa de picnic era demasiado pequeña para un centauro.

Annabeth se hallaba en la mesa 6 con un puñado de chavales de aspecto atlético y serio, todos con sus ojos grises y el pelo rubio color miel.

Clarisse se sentaba detrás de mí en la mesa de Ares. Al parecer había superado el remojón, porque estaba riendo y eructando con todos sus amigos.

Al final, Quirón coceó el suelo de mármol blanco del pabellón y todo el mundo guardó silencio. Levantó su copa y brindó:

—¡Por los dioses!

Las ninfas del bosque se acercaron con bandejas de comida: uvas, manzanas, fresas, queso, pan fresco, y sí, ¡barbacoa! Tenía el vaso vacío, pero Luke me dijo:

—Háblale. Pide lo que quieras beber... sin alcohol, por supuesto.

—Coca-Cola de cereza —dije. El vaso se llenó con un líquido de color caramelo burbujeante. Entonces tuve una idea—. Coca-Cola de cereza azul. —El refresco se volvió de una tonalidad cobalto intenso. Bebí un sorbo. Perfecto.

Brindé por mi madre. «No se ha ido —me dije—. Al menos no permanentemente. Está en el inframundo. Y si eso es un lugar real, entonces algún día...»

—Aquí tienes, Percy —me dijo Luke tendiéndome una bandeja de jamón ahumado.

Llené mi plato y me disponía a comer cuando observé que todo el mundo se levantaba y llevaban sus platos al fuego en el centro del pabellón. Me pregunté si irían por el postre.

—Ven —me indicó Luke.

Al acercarme, vi que todos tiraban parte de su comida al fuego: la fresa más hermosa, el trozo de carne más jugoso, el rollito más crujiente y con más mantequilla.

Luke me murmuró al oído:

—Quemamos ofrendas para los dioses. Les gusta el olor.

—Estás de broma.

Su mirada me advirtió que no era ninguna broma, pero no pude evitar preguntarme por qué a un ser inmortal y todopoderoso le gustaba el olor de la comida abrasada. Luke se acercó al fuego, inclinó la cabeza y arrojó un gordo racimo de uvas negras.

—Hermes —dijo.

Yo era el siguiente.

Ojalá hubiera sabido qué nombre de dios pronunciar. Al final, opté por una petición silenciosa: «Quienquiera que seas, dímelo. Por favor.» Me incliné y eché una gruesa rodaja de jamón al fuego, y afortunadamente no me asfixié con el denso humo que desprendía la hoguera.

No olía en absoluto a comida quemada, sino a chocolate caliente, bizcocho recién hecho, hamburguesas a la parrilla y flores silvestres, y otras cosas deliciosas que no deberían haber combinado bien, pero que sin embargo lo hacían. Casi llegué a creer que los dioses podían alimentarse de aquel humo.

Cuando todo el mundo regresó a sus asientos y hubo terminado su comida, Quirón volvió a cocear el suelo para llamar nuestra atención.

El señor D se levantó con un gran suspiro.

—Sí, supongo que es mejor que os salude a todos, mocosos. Bueno, hola. Nuestro director de actividades, Quirón, dice que el próximo capturar la bandera es el viernes. De momento, los laureles están en poder de la cabaña cinco.

En la mesa de Ares se alzaron vítores amenazadores.

—Personalmente —prosiguió el señor D—, no podría importarme menos, pero os felicito. También debería deciros que hoy ha llegado un nuevo campista. Peter Johnson. —Quirón se inclinó y le murmuró algo—. Esto... Percy Jackson —se corrigió el señor D—. Pues muy bien. Hurra y todo eso. Ahora podéis sentaros alrededor de vuestra tonta hoguera de campamento. Venga.

Todo el mundo vitoreó. Nos dirigimos al anfiteatro, donde la cabaña de Apolo dirigió el coro. Cantamos canciones de campamento sobre los dioses, comimos bocadillos de galleta, chocolate y malvaviscos y bromeamos, y lo más curioso fue que ya no me pareció que estuvieran todos mirándome. Me sentí en casa.

Más tarde, por la noche, cuando las chispas de la hoguera ascendían hacia un cielo estrellado, la caracola volvió a sonar y todos regresamos en fila a las cabañas. No me di cuenta de lo cansado que estaba hasta que me derrumbé en el saco de dormir prestado.

Mis dedos se cerraron alrededor del cuerno del Minotauro. Pensé en mi madre, pero sólo tuve buenos pensamientos: su sonrisa, las historias que me leía antes de irme a la cama cuando era pequeño, la manera en que me decía que no dejara que me picaran los mosquitos.

Cuando al final cerré los ojos, me dormí al instante.

Ése fue mi primer día en el Campamento Mestizo.

Ojalá hubiera sabido qué poco iba a disfrutar de mi nuevo hogar.

8

Capturamos una bandera

Los siguientes días me acostumbré a una rutina que casi parecía normal, si exceptuamos el hecho de que me daban clase sátiros, ninfas y un centauro.

Cada mañana recibía clases de griego clásico de Annabeth, y hablábamos de los dioses y diosas en presente, lo que resultaba bastante raro. Descubrí que Annabeth tenía razón con mi dislexia: el griego clásico no me resultaba tan difícil de leer. Al menos no más que el inglés. Tras un par de mañanas, podía recorrer a trompicones unas cuantas frases de Homero sin que me diera demasiado dolor de cabeza.

El resto del día probaba todas las actividades al aire libre, buscando algo en lo que fuera bueno. Quirón intentó enseñarme tiro con arco, pero pronto descubrimos que no era ningún as con las flechas. No se quejó, ni siquiera cuando tuvo que desenmarañarse una flecha perdida de la cola.

¿Carreras? Tampoco. Las instructoras, unas ninfas del bosque, me hacían morder el polvo. Me dijeron que no me preocupara, que ellas tenían siglos de práctica de tanto huir de dioses enamorados. Pero, aun así, era un poco humillante ser más lento que un árbol.

¿Y la lucha libre? Olvídalo. Cada vez que me acercaba a la colchoneta, Clarisse me daba para el pelo. «Tengo más de esto, si quieres otra ración, pringado», me murmuraba al oído.

En lo único en que sobresalía era la canoa, que desde luego no era la clase de habilidad heroica que la gente esperaba descubrir en el chico que había derrotado al Minotauro.

Sabía que los campistas mayores y los consejeros me observaban, intentaban decidir quién era mi padre, pero no les estaba resultando fácil. Yo no era fuerte como los hijos de Ares, ni tan bueno en el arco como los de Apolo. No tenía la habilidad con el metal de Hefesto ni —no lo permitieran los dioses— la habilidad de Dioniso con las vides. Luke me dijo que tal vez fuera hijo de Hermes, una especie de comodín para todos los oficios, maestro de ninguno. Pero tuve la impresión de que sólo intentaba hacer que me sintiera mejor. Él tampoco sabía a quién adscribirme.

A pesar de todo, me gustaba el campamento. Pronto me acostumbré a la neblina matutina sobre la playa, al aroma de los campos de fresas por la tarde, incluso a los sonidos raros de los monstruos de los bosques por la noche. Cenaba con los de la cabaña 11, echaba parte de mi comida al fuego e intentaba sentir algún tipo de conexión con mi padre real. No percibí nada, sólo el sentimiento cálido que siempre había tenido, como el recuerdo de su sonrisa. Intentaba no pensar demasiado en mamá, pero seguía repitiéndome: «Si los dioses y los monstruos son reales, si todas estas historias mágicas son posibles, seguro que hay manera de salvarla, de devolverla a la vida...»

Empecé a entender la amargura de Luke y cuánto parecía molestarle su padre, Hermes. Sí, de acuerdo, a lo mejor los dioses tenían cosas importantes que hacer. Pero ¿no podían llamar de vez en cuando, o tronar, o algo por el estilo? Dioniso podía hacer aparecer de la nada una Coca-Cola *light*. ¿Por qué no podía mi padre, o quien fuera, hacer aparecer un teléfono?

El martes por la tarde, tres días después de mi llegada al Campamento Mestizo, tuve mi primera lección de combate con espada. Todos los de la cabaña 11 se reunieron en el enorme ruedo donde Luke nos instruiría.

Empezamos con los tajos y las estocadas básicas, practicando con muñecos de paja con armadura griega. Supongo que no lo hice mal. Por lo menos, entendí lo que se suponía que debía hacer y mis reflejos eran buenos.

El problema era que no encontraba una espada que me fuera bien. O eran muy pesadas o demasiado ligeras o demasiado largas. Luke intentó todo lo que estuvo en su mano para pertrecharme, pero coincidió en que ninguna de las armas de prácticas parecía servirme.

Después empezamos a enfrentarnos en parejas. Luke anunció que sería mi compañero, dado que era la primera vez.

—Buena suerte —me deseó uno de los campistas—. Luke es el mejor espadachín de los últimos trescientos años.

—A lo mejor afloja un poco conmigo —dije.

El campista bufó.

Luke me enseñó los ataques, las paradas y los bloqueos de escudo a la manera dura. Con cada golpe, acababa un poco más machacado y magullado.

—Mantén la guardia alta, Percy —decía, y me asestaba un cintarazo en las costillas—. ¡No, no tan alta! —¡Zaca!—. ¡Ataca! —¡Zaca!—. ¡Ahora retrocede! —¡Zaca!

Cuando paramos para el descanso chorreaba sudor. Todo el mundo se apiñó junto al refrigerador de bebidas. Luke se echó agua helada sobre la cabeza, y me pareció tan buena idea que lo imité. Al instante me sentí mejor. Mis brazos recuperaron fuerzas. La espada no me parecía tan extraña.

—¡Vale, todo el mundo en círculo, arriba! —ordenó Luke—. Si a Percy no le importa, quiero haceros una pequeña demostración.

«Vale —pensé—, vamos a ver cómo le zurran la badana a Percy.»

Los chicos de Hermes se reunieron alrededor de mí. Se aguantaban las risitas. Supuse que antes habían estado en mi lugar y se morían de impaciencia por ver cómo Luke me usaba como saco de boxeo. Le dijo a todo el mundo que iba a hacerles una demostración de una técnica de desarme: cómo girar el arma enemiga asestándole un golpe con la espada de plano para que no tuviera más opción que soltarla.

—Esto es difícil —remarcó—. A mí me lo han hecho. No os riáis de Percy. La mayoría de los guerreros trabajan años antes de dominar esta técnica.

Hizo una demostración del movimiento a cámara lenta. Desde luego, la espada cayó de mi mano con bastante estrépito.

—Ahora en tiempo real —dijo en cuanto hube recuperado el arma—. Atacamos y paramos hasta que uno le quite el arma al otro. ¿Listo, Percy?

Asentí, y Luke vino por mí. De algún modo conseguí evitar que le diera a la empuñadura de mi espada. Mis sentidos estaban alerta. Veía venir sus ataques. Conté. Di un paso adelante e intenté imitar la técnica. Luke la desvió con facilidad, pero detecté el cambio en su cara. Aguzó la mirada y empezó a presionar con más fuerza.

Me pesaba la espada. No estaba bien equilibrada. Sólo era cuestión de segundos que Luke me derrotara, así que me dije: «¡Qué demonios, al menos inténtalo!»

Intenté la maniobra de desarme. Mi hoja dio en la base de la de Luke y la giré, lanzando todo mi peso en una estocada hacia delante. La espada de Luke repiqueteó en las piedras. La punta de mi espada estaba a tres dedos de su pecho indefenso.

Los demás campistas quedaron en silencio.

Bajé la espada.

—Lo siento... Perdona.

Por un momento Luke se quedó demasiado aturdido para hablar.

—¿Perdona? —Su rostro marcado se ensanchó en una sonrisa—. Por los dioses, Percy, ¿por qué lo sientes? ¡Vuelve a enseñarme eso!

No quería. El breve ataque de energía frenética me había abandonado por completo. Pero Luke insistió.

Esta vez no hubo competición. En cuanto nuestras espadas entraron en contacto, Luke golpeó mi empuñadura y mi arma acabó en el suelo.

Tras una larga pausa, alguien del público preguntó:

—¿La suerte del principiante?

Luke se secó el sudor de la frente. Me observó con un interés absolutamente renovado.

—Puede —dijo—. Pero me gustaría saber qué es capaz de hacer Percy con una espada bien equilibrada...

El viernes por la tarde estaba con Grover a orillas del lago, descansando de una experiencia cercana a la muerte en el rocódromo. Grover había subido a la cima a saltos como una cabra montesa, pero la lava por poco acaba conmigo. Mi camisa tenía agujeros humeantes y se me había chamuscado el vello de los antebrazos.

Estábamos sentados en el embarcadero, observando a las náyades tejer cestería subacuática, hasta que reuní valor para preguntarle cómo le había ido con el señor D.

Se le puso la cara algo amarilla y dijo:

—Guay. Genial.

—¿Así que tu carrera sigue en pie?

Me miró algo nervioso.

—¿Te ha dicho Quirón que quiero una licencia de buscador?

—Bueno... no. —No tenía idea de qué era una licencia de buscador, pero no parecía el mejor momento para preguntar—. Sólo dijo que tenías grandes planes, ya sabes... y que necesitabas ganarte la reputación de terminar un encargo de guardián. ¿La conseguiste?

Grover miró hacia abajo, a las náyades.

—El señor D ha suspendido la valoración. Dice que no he fracasado ni logrado nada aún contigo, así que nuestros destinos siguen unidos. Si te dieran una misión y yo te acompañara para protegerte, y los dos regresáramos vivos, puede que considerara terminado mi trabajo.

Me animé.

—Bueno, ¿no está tan mal, no?

—¡Beee-ee! Habría sido mejor que me trasladara a limpieza de establos. Las oportunidades de que te den una misión... Además, aunque te la dieran, ¿por qué ibas a quererme a tu lado?

—¡Pues claro que te querría a mi lado!

Alicaído, Grover observó el agua.

—Cestería... Tiene que ser estupendo tener una habilidad que sirva para algo.

Intenté animarlo, asegurándole que poseía muchísimos talentos, pero eso sólo lo puso más triste. Hablamos un rato de canoas y espadas, después debatimos los pros y contras de los distintos dioses. Al final, acabé preguntándole por las cabañas vacías.

—La número ocho, la de plata, es de Artemisa —dijo—. Juró mantenerse siempre doncella. Así pues, nada de niños. La cabaña es, ya sabes... honoraria. Si no tuviera una se enfadaría.

—Ya. Pero ¿y las otras tres, las del fondo? ¿Son ésas los Tres Grandes?

Grover se puso en tensión. Era un tema delicado.

—No. Una de ellas, la número dos, es de Hera, otra de las honorarias —dijo—. Es la diosa del matrimonio, así que por supuesto no va por ahí teniendo romances con mortales. Ésa es tarea de su marido. Cuando decimos los Tres Grandes nos referimos a los tres hermanos poderosos, los hijos de Cronos.

—Zeus, Poseidón y Hades.

—Exacto. Veo que estás al loro. Tras la gran batalla contra los titanes, le quitaron el mundo a su padre y se echaron a suertes a quién le tocaba cada cosa.

—A Zeus le tocó el cielo, a Poseidón el mar y a Hades el inframundo —dije.

—Ajá.

—Pero Hades no tiene cabaña.

—No, y tampoco trono en el Olimpo. Digamos que se dedica a sus cosas en el inframundo. Si tuviera una cabaña aquí... —Grover se estremeció—. Bueno, no sería agradable. Dejémoslo así.

—Pero Zeus y Poseidón... Los dos tenían infinidad de hijos en los mitos. ¿Por qué están vacías sus cabañas?

Grover movió las pezuñas, incómodo.

—Hace unos sesenta años, tras la Segunda Guerra Mundial, los Tres Grandes se pusieron de acuerdo para no engendrar más héroes. Los niños eran demasiado poderosos. Influían bastante en el curso de los acontecimientos de la humanidad y causaban mucho derramamiento de sangre. La Segunda Guerra Mundial fue básicamente una lucha entre los hijos de Zeus y Poseidón por un lado, y los de Hades por el otro. El lado ganador, Zeus y Poseidón, obligó a Hades a hacer un juramento con ellos: no más líos con mortales. Todos juraron sobre el río Estige.

El trueno bramó.

—Ése es el juramento más serio que puede hacerse —dije. Grover asintió—. ¿Y los hermanos mantuvieron su palabra?

La expresión de Grover se enturbió.

—Hace diecisiete años, Zeus se cayó del tren. Había una estrella de televisión con un peinado de los ochenta... En fin, no se pudo resistir. Cuando nació su hija, una niña llamada Thalia... Bueno, el río Estige se toma en serio las promesas. Zeus se libró fácilmente porque es inmortal, pero condujo a su hija a un destino terrible.

—¡Pero eso no es justo! ¡No fue culpa de la niña!

Grover vaciló.

—Percy, los hijos de los Tres Grandes tienen mayores poderes que el resto de los mestizos. Tienen un aura muy poderosa, un aroma que atrae a los monstruos. Cuando Hades se enteró de lo de la niña, no le hizo ninguna gracia que Zeus hubiera roto el juramento. Hades liberó a los peores monstruos del Tártaro para torturar a Thalia. Se le asignó un sátiro como guardián cuando tenía doce años, pero no había nada que pudiera hacer. Intentó escoltarla hasta aquí con otro par de mestizos de los que se había hecho amiga. Casi lo consiguieron. Llegaron hasta la cima de la colina. —Señaló al otro lado del valle, el pino junto al que yo había luchado con el Minotauro—. Los perseguían las tres Benévolas, junto a una horda de perros del infierno. Estaban a punto de echárseles encima cuando Thalia le dijo a su sátiro que llevara a los otros dos mestizos a lugar seguro mientras ella contenía a los monstruos. Estaba herida y cansada, y no quería vivir como un animal perseguido. El sátiro no quería dejarla, pero Thalia no cambió de idea, y él debía proteger a los otros. Así que se enfrentó a su última batalla sola, en la cumbre de la colina. Mientras moría, Zeus se compadeció de ella. La convirtió en aquel árbol. Su espíritu ayuda a proteger las lindes del valle. Por eso la colina se llama Mestiza.

Miré el pino en la distancia.

La historia me dejó vacío, y también me hizo sentir culpable. Una chica de mi edad se había sacrificado para salvar a sus amigos. Se había enfrentado a todo un ejército de monstruos. Al lado de eso, mi victoria sobre el Minotauro no parecía gran cosa. Me pregunté si de haber actuado de manera diferente, habría podido salvar a mi madre.

—Grover —le dije—, ¿hay algún héroe que haya cumplido misiones en el inframundo?

—Algunos —respondió—. Orfeo, Hércules, Houdini.

—Y... ¿han traído de vuelta a alguien de entre los muertos?

—No. Nunca. Orfeo casi lo consiguió... Percy, ¿no estarás pensando seriamente en...?

—No —mentí—. Sólo me lo preguntaba. —Y cambié de tema—: Así que ¿siempre hay un sátiro asignado para velar por un semidiós?

Grover me estudió con recelo, poco convencido de que hubiese abandonado la idea del inframundo.

—No siempre. Acudimos en secreto a muchas escuelas. Intentamos detectar los mestizos con potencial para ser grandes héroes. Si encontramos alguno con un aura muy poderosa, como un hijo de los Tres Grandes, alertamos a Quirón. Éste intenta vigilarlos, porque podrían causar problemas realmente graves.

—Y tú me encontraste. Quirón dice que crees que yo podría ser alguien especial.

Grover hizo una mueca.

—Yo no... Oye, no pienses en eso. Aunque lo fueras (ya sabes a qué me refiero), jamás te asignarían una misión, y yo nunca obtendré mi licencia. Probablemente eres hijo de Hermes. O puede que incluso de uno de los menores, como Némesis, la divinidad de la venganza. No te preocupes, ¿vale?

Me pareció que lo decía más por confortarse a sí mismo que a mí.

Esa noche, después de la cena hubo más ajetreo que de costumbre.

Por fin había llegado el momento de capturar la bandera.

Cuando retiraron los platos, la caracola sonó y todos nos pusimos en pie.

Los campistas gritaron y vitorearon cuando Annabeth y dos de sus hermanos entraron en el pabellón portando un estandarte de seda. Medía unos tres metros de largo, era de un gris reluciente y tenía pintada una lechuza encima de un olivo. Por el lado contrario del pabellón, Clarisse y sus colegas entraron con otro estandarte, de tamaño idéntico pero rojo fuego, pintado con una lanza ensangrentada y una cabeza de jabalí.

Me volví hacia Luke y le grité por encima del bullicio:

—¿Ésas son las banderas?

—Sí.

—¿Ares y Atenea dirigen siempre los equipos?

—No siempre —repuso—, pero sí a menudo.

—Así que si otra cabaña captura una, ¿qué hacéis? ¿Repintáis la bandera?

Sonrió.

—Ya lo verás. Primero tenemos que conseguir una.

—¿De qué lado estamos?

Me lanzó una mirada ladina, como si supiera algo que yo ignoraba. La cicatriz en su rostro le hacía parecer casi malo a la luz de las antorchas.

—Nos hemos aliado temporalmente con Atenea. Esta noche vamos por la bandera de Ares. Y tú vas a ayudarnos.

Se anunciaron los equipos. Atenea se había aliado con Apolo y Hermes, las dos cabañas más grandes; al parecer, a cambio de algunos privilegios: horarios en la ducha y en las tareas, las mejores horas para actividades.

Ares se había aliado con todos los demás: Dioniso, Deméter, Afrodita y Hefesto. Por lo visto, dos chicos de Dioniso eran bastante buenos atletas. Los de Deméter poseían grandes habilidades con la naturaleza y las actividades al aire libre, pero no eran muy agresivos. Los hijos e hijas de Afrodita no me preocupaban demasiado; prácticamente evitaban cualquier actividad, miraban sus reflejos en el lago, se peinaban y cotilleaban. Por su parte, los únicos cuatro niños de Hefesto no eran guapos, pero sí grandes y corpulentos debido a su trabajo en la herrería todo el día. Podrían ser un problema. Eso dejaba, por supuesto, a la cabaña de Ares: una docena de los chavales más grandes, feos y marrulleros de Long Island, y de cualquier otro lugar del planeta.

Quirón coceó el mármol del suelo.

—¡Héroes! —anunció—. Conocéis las reglas. El arroyo es la frontera. Vale todo el bosque. Se permiten todo tipo de artilugios mágicos. El estandarte debe estar claramente expuesto y no tener más de dos guardias. Los prisioneros pueden ser desarmados, pero no heridos ni amordazados. No se permite matar ni mutilar. Yo haré de árbitro y médico de urgencia. ¡Armaos!

Abrió los brazos y de repente las mesas se cubrieron de equipamiento: cascos, espadas de bronce, lanzas, escudos de piel de buey con protecciones de metal.

—¡Uau! —exclamé—. ¿De verdad vamos a usar todo esto?

Luke me miró como si yo fuese tonto.

—A menos que quieras que tus amiguitos de la cinco te ensarten. Ten. Quirón ha pensado que esto te iría bien. Estás en patrulla de frontera.

Mi escudo era del tamaño de un tablero de la NBA, con un enorme caduceo en el medio. Pesaba mil kilos. Habría podido practicar snowboard con él, pero confiaba en que nadie esperara de mí que corriera muy rápido. Mi casco, como todos los del equipo de Atenea, tenía un penacho azul encima. Ares y sus aliados lo llevaban rojo.

—¡Equipo azul, adelante! —gritó Annabeth.

Vitoreamos, agitamos nuestras armas y la seguimos por el camino hacia la parte sur del bosque. El equipo rojo nos provocaba a gritos mientras se encaminaba hacia el norte.

Conseguí alcanzar a Annabeth sin tropezar con mi equipo.

—¡Eh! —Ella siguió marchando—. Bueno, ¿y cuál es el plan? —pregunté—. ¿Tienes algún artilugio mágico que puedas prestarme?

Se metió la mano en el bolsillo, como si temiera que le hubiese robado algo.

—Ojo con la lanza de Clarisse —dijo—. Te aseguro que no te conviene que esa cosa te toque. Por lo demás, no te preocupes. Conseguiremos el estandarte de Ares. ¿Te ha dado Luke tu trabajo?

—Patrulla de frontera, sea lo que sea.

—Es fácil. Quédate junto al arroyo y mantén a los rojos apartados. Déjame el resto a mí. Atenea siempre tiene un plan.

Apretó el paso, dejándome en la inopia.

—Vale —murmuré—. Me alegro de que me quisieras en tu equipo.

Era una noche cálida y pegajosa. Los bosques estaban oscuros, las luciérnagas parpadeaban. Annabeth me había ubicado junto a un pequeño arroyo que borboteaba por encima de unas rocas, mientras ella y el resto del equipo se dispersaba entre los árboles.

Allí de pie, solo, con mi gran casco de plumas azules y mi enorme escudo, me sentí como un idiota. La espada de bronce, como todas las espadas que había probado hasta entonces, parecía mal equilibrada. La empuñadura de cuero me resultaba tan cómoda como una bola de jugar a los bolos.

Pero nadie me haría daño, ¿no? Vamos, que el Olimpo debía de tener algún tipo de responsabilidad a terceros, digo yo.

En la lejanía se oyó la caracola. Escuché vítores y gritos en los bosques, entrechocar de espadas, chicos peleando. Un aliado emplumado de azul pasó corriendo a mi lado como un ciervo, cruzó el arroyo y se internó en territorio enemigo.

«Vale —pensé—. Como de costumbre, me pierdo toda la diversión.»

Entonces, en algún lugar cerca de donde me encontraba, oí un ruido —una especie de gruñido desgarrador— que me provocó un súbito escalofrío. Levanté instintivamente mi escudo, con la impresión de que algo me acechaba. Entonces los gruñidos se detuvieron. Percibí que la presencia se retiraba.

Al otro lado del arroyo, de pronto la maleza explotó. Aparecieron cinco guerreros de Ares gritando y aullando desde la oscuridad.

—¡Al agua con el pringado! —gritó Clarisse.

Sus feos ojos porcinos despidieron odio a través de las rendijas del casco. Blandía una lanza de metro y medio, en cuya punta de metal con garfios titilaba una luz roja. Sus hermanos sólo llevaban las espadas de bronce típicas; tampoco es que eso me hiciera sentir mejor.

Cargaron a través del riachuelo. No había ayuda a la vista. Podía correr. O tratar de defenderme de la mitad de la cabaña de Ares.

Conseguí evitar el lance del primer chaval, pero aquellos tipos no eran tan tontos como el Minotauro. Me rodearon y Clarisse me atacó con la lanza. Mi escudo desvió la punta, pero sentí un doloroso calambre por todo el brazo. Se me pusieron los pelos como escarpias y el brazo del escudo me quedó entumecido. Jadeaba.

Electricidad. Su estúpida lanza era eléctrica. Me replegué.

Otro chaval me asestó un golpe en el pecho con la empuñadura de la espada y caí al suelo.

Habrían podido patearme hasta convertirme en gelatina, pero estaban demasiado ocupados riéndose.

—Sesión de peluquería —dijo Clarisse—. Agarradle el pelo.

Conseguí ponerme en pie y levanté la espada, pero Clarisse la apartó de un golpe con la lanza, que chisporroteaba. Ahora tenía entumecidos los dos brazos.

—Uy, uy, uy —se burló Clarisse—. Qué miedo me da este tío. Muchísimo.

—La bandera está en aquella dirección —le dije. Traté de fingir que estaba enfadado de verdad, pero me temo que no lo conseguí del todo.

—Ya —contestó uno de sus hermanos—. Pero verás, no nos importa la bandera. Lo que nos importa es un tipo que ha ridiculizado a nuestra cabaña.

—Pues lo hacéis sin mi ayuda —respondí. Admito que quizá no fue lo más inteligente que pudo ocurrírseme.

Dos chavales se abalanzaron sobre mí. Yo retrocedí hasta el arroyo, intenté levantar el escudo, pero Clarisse era demasiado rápida. Su lanza me dio directamente en las costillas. De no haber llevado el pecho protegido, me habría convertido en kebab de pollo. Como sí lo llevaba, el aguijonazo eléctrico sólo me dio sensación de arrancarme los dientes. Uno de sus compañeros de cabaña me metió un buen tajo en el brazo.

Ver mi propia sangre —cálida y fría al mismo tiempo— me mareó.

—No está permitido hacer sangre —farfullé.

—Anda ya —respondió el tipo—. Supongo que me quedaré sin postre.

Me empujó al arroyo y aterricé con un chapuzón. Todos rieron. Supuse que moriría tan pronto terminaran de divertirse. Pero entonces ocurrió algo. El agua pareció despertar mis sentidos, como si acabara de comerme una bolsa de las gominolas de mi madre.

Clarisse y sus colegas se metieron en el arroyo para acabar conmigo, pero yo me puse en pie dispuesto a recibirlos. Sabía qué hacer. Al primero le aticé un cintarazo en la cabeza y le arranqué el casco limpiamente. Le di tan fuerte que le vi los ojos vibrar mientras se derrumbaba en el agua.

El feo número dos y el feo número tres se me arrojaron encima. Le estampé el escudo en la cara a uno y usé la espada para esquilar el penacho del otro. Ambos retrocedieron con rapidez. El feo número cuatro no parecía con demasidas ganas de atacarme, pero Clarisse llegaba embalada, y la punta de su lanza crepitaba de energía. En cuanto embistió, atrapé el asta entre el borde de mi escudo y la espada y la rompí como una ramita.

—¡Jo! —exclamó—. ¡Idiota! ¡Gusano apestoso!

Y me habría llamado cosas peores, pero le aticé en la frente con la empuñadura y la envié tambaleándose fuera del arroyo.

Entonces oí chillidos y gritos de alegría, y vi a Luke correr hacia la frontera enarbolando el estandarte del equipo rojo. Un par de chavales de Hermes le cubrían la retirada y unos cuantos apolos se enfrentaban a las huestes de Hefesto. Los de Ares se levantaron y Clarisse murmuró una torva maldición.

—¡Una trampa! —exclamó—. ¡Era una trampa!

Trataron de atrapar a Luke, pero era demasiado tarde. Todo el mundo se reunió junto al arroyo cuando Luke cruzó a su territorio. Nuestro equipo estalló en vítores. El estandarte rojo brilló y se volvió plateado. El jabalí y la lanza fueron reemplazados por un enorme caduceo, el símbolo de la cabaña 11. Los del equipo azul agarraron a Luke y lo alzaron en hombros. Quirón salió a medio galope del bosque e hizo sonar la caracola.

El juego había terminado. Habíamos ganado.

Estaba a punto de unirme a la celebración cuando la voz de Annabeth, justo a mi lado en el arroyo, dijo:

—No está mal, héroe. —Miré, pero no estaba allí—. ¿Dónde demonios has aprendido a luchar así? —me preguntó. El aire se estremeció y ella se materializó a mi lado quitándose una gorra de los Yankees.

Me enfadé. Ni siquiera me alucinó el hecho de que acabara de volverse invisible.

—Me has usado como cebo —le dije—. Me has puesto aquí porque sabías que Clarisse vendría por mí, mientras enviabas a Luke por el otro flanco. Lo habías planeado todo.

Annabeth se encogió de hombros.

—Ya te lo he dicho. Atenea siempre tiene un plan.

—Un plan para que me pulvericen.

—Vine tan rápido como pude. Estaba a punto de saltar para defenderte, pero... —Se encogió otra vez de hombros—. No necesitabas mi ayuda. —Entonces se fijó en mi brazo herido—. ¿Cómo te has hecho eso?

—Es una herida de espada. ¿Qué pensabas?

—No. *Era* una herida de espada. Fíjate bien.

La sangre había desaparecido. Donde había estado el corte, ahora había un largo rasguño, y también estaba desapareciendo. Ante mis ojos, se convirtió en una pequeña cicatriz y finalmente se desvaneció.

—¿Cómo has hecho eso? —dije alelado.

Annabeth reflexionó con repentina concentración. Casi veía girar los engranajes en su cabeza. Me miró a los pies, después la lanza rota de Clarisse, y por fin dijo:

—Sal del agua, Percy.

—¿Qué...?

—Hazlo y calla.

Lo hice e inmediatamente volví a sentir los brazos entumecidos. El subidón de adrenalina remitió y casi me derrumbo, pero Annabeth me sujetó.

—Oh, Estige —maldijo—. Esto no es bueno. Yo no quería... Supuse que habría sido Zeus.

Antes de que pudiera preguntar qué quería decir, volví a oír el gruñido canino de antes, pero esta vez mucho más cerca. Un gruñido que pareció abrir en dos el bosque.

Los vítores de los campistas cesaron al instante. Quirón gritó algo en griego clásico, y sólo más tarde advertí que lo había entendido a la perfección:

—¡Apartaos! ¡Mi arco!

Annabeth desenvainó su espada.

En las rocas situadas encima de nosotros había un enorme perro negro, con ojos rojos como la lava y colmillos que parecían dagas.

Me miraba fijamente.

Nadie se movió, y Annabeth gritó:

—¡Percy, corre!

Intentó interponerse entre el bicho y yo, pero el perro era muy rápido. Le saltó por encima —una sombra con dientes— y se abalanzó sobre mí. De pronto caí hacia atrás y sentí que sus garras afiladas perforaban mi armadura. Oí una cascada de sonidos de rasgado, como si rompieran pedazos de papel uno detrás de otro, y de pronto el bicho tenía un puñado de flechas clavadas en el cuello. Cayó muerto a mis pies.

Por algún milagro, yo seguía vivo. No quise mirar debajo de mi armadura despedazada. Sentía el pecho caliente y húmedo, sin duda tenía cortes muy feos. Un segundo más y el animal me habría convertido en picadillo fino.

Quirón trotó hasta nosotros, con un arco en la mano y el rostro sombrío.

—*Di immortales!* —exclamó Annabeth—. Eso era un perro del infierno de los Campos de Castigo. No están... se supone que no...

—Alguien lo ha invocado —dijo Quirón—. Alguien del campamento.

Luke se acercó. Había olvidado el estandarte y su momento de gloria se había esfumado.

—¡Percy tiene la culpa de todo! —vociferó Clarisse—. ¡Percy lo ha invocado!

—Cállate, niña —le espetó Quirón.

Observamos el cadáver del perro del infierno derretirse en una sombra, fundirse con el suelo hasta desaparecer.

—Estás herido —me dijo Annabeth—. Rápido, Percy, métete en el agua.

—Estoy bien.

—No, no lo estás —replicó—. Quirón, mira esto.

Estaba demasiado cansado para discutir. Regresé al arroyo, y todo el campamento se congregó en torno a mí. Al instante me sentí mejor y las heridas de mi pecho empezaron a cerrarse. Algunos campistas se quedaron boquiabiertos.

—Bueno, yo... la verdad es que no sé cómo... —intenté disculparme—. Perdón...

Pero no estaban mirando cómo sanaban mis heridas. Miraban algo encima de mi cabeza.

—Percy —dijo Annabeth, señalando.

Cuando alcé la mirada, la señal empezaba a desvanecerse, pero aún se distinguía el holograma de luz verde, girando y brillando. Una lanza de tres puntas: un tridente.

—Tu padre —murmuró Annabeth—. Esto no es nada bueno.

—Ya está determinado —anunció Quirón.

Todos empezaron a arrodillarse, incluso los campistas de la cabaña de Ares, aunque no parecían nada contentos.

—¿Mi padre? —pregunté perplejo.

—Poseidón —repuso Quirón—. Sacudidor de tierras, portador de tormentas, padre de los caballos. Salve, Perseus Jackson, hijo del dios del mar.

9

Me ofrecen una misión

A la mañana siguiente, Quirón me trasladó a la cabaña 3.

No tenía que compartirla con nadie. Gozaba de espacio de sobra para todas mis cosas: el cuerno de Minotauro, un juego de ropa limpia y una bolsa de aseo. Podía sentarme a mi propia mesa, escoger mis actividades, gritar «luces fuera» cuando me apeteciera y no escuchar a nadie más.

Pero me sentía totalmente deprimido.

Justo cuando empezaba a sentirme aceptado, a sentir que tenía un hogar en la cabaña 11 y que podía ser un niño normal —o tan normal como se pueda cuando eres mestizo—, me separaban como si tuviera una enfermedad rara.

Nadie mencionaba el perro del infierno, pero tenía la impresión de que todos lo comentaban a mis espaldas. El ataque había asustado a todo el mundo. Enviaba dos mensajes: uno, que era hijo del dios del mar; y dos, los monstruos no iban a detenerse ante nada para matarme. Incluso podían invadir el campamento que siempre se había considerado seguro.

Los demás campistas se apartaban de mí todo lo posible. Después de lo que les había hecho a los de Ares en el bosque, la cabaña 11 se ponía nerviosa conmigo, así que mis lecciones con Luke ahora eran particulares. Me presionaba más que nunca, y no temía magullarme en el proceso.

—Vas a necesitar todo el entrenamiento posible —me dijo, mientras practicábamos con espadas y antorchas ardiendo—. Vamos a probar otra vez ese golpe para descabezar la víbora. Repítelo cincuenta veces.

Annabeth seguía enseñándome griego por las mañanas, pero parecía distraída. Cada vez que yo decía algo, me reñía, como si acabara de darle una bofetada. Después de las lecciones se marchaba murmurando para sí: «Misión... ¿Poseidón...? Menuda desgracia... Tengo que planear algo...»

Incluso Clarisse mantenía las distancias, aunque sus miradas cargadas de veneno dejaban claro que quería matarme por haberle roto la lanza mágica. Deseé que me gritara, me diera un puñetazo o algo así. Prefería meterme en peleas todos los días a que me ignoraran.

Sabía que alguien en el campamento me tenía manía, porque una noche entré en mi cabaña y encontré un periódico que habían dejado en la puerta, un ejemplar del *New York Daily News*, abierto por la página dedicada a la ciudad. Casi me llevó una hora leer el artículo, porque cuanto más me enfadaba, más flotaban las palabras por la página.

UN CHICO Y SU MADRE SIGUEN DESAPARECIDOS TRAS EXTRAÑO ACCIDENTE DE COCHE.
POR EILEEN SMYTHE

Sally Jackson y su hijo Percy llevan una semana en paradero desconocido tras su misteriosa desaparición. El Camaro del 78 de la familia fue descubierto el pasado sábado en una carretera al norte de Long Island, calcinado, con el techo arrancado y el eje delantero roto. El coche había dado una vuelta de campana y patinado varios metros antes de explotar.

Madre e hijo estaban de vacaciones en Montauk, pero se marcharon muy pronto en misteriosas circunstancias. En el coche y la escena del accidente fueron hallados pequeños rastros de sangre, pero no había más señales de los desaparecidos Jackson. Los residentes de la zona rural aseguraron no haber visto nada anormal alrededor de la hora del accidente.

El marido de la señora Jackson, Gabe Ugliano, asegura que su hijastro Percy Jackson es un niño con problemas que ha sido expulsado de numerosos internados y que en el pasado manifestó tendencias violentas.

La policía no se pronuncia acerca de si el hijo Percy es sospechoso de la desaparición de su madre, pero no descarta ninguna hipótesis. Las imágenes de abajo son fotos recientes de Sally Jackson y Percy. La policía ruega a todos aquellos que posean información que llamen al siguiente número de teléfono gratuito.

Habían señalado el teléfono con un círculo en rotulador negro.

Tiré el periódico y me dejé caer en mi litera, en medio de la cabaña vacía.

—Luces fuera —dije con tristeza.

Esa noche tuve mi peor pesadilla.

Corría por la playa en medio de una tormenta. Esta vez había una ciudad detrás de mí. No era Nueva York. Estaba dispuesta de manera distinta, los edificios más separados, y a lo lejos se veían palmeras y colinas.

A unos cien metros de la orilla, dos hombres peleaban. Parecían luchadores de la televisión, musculosos, con barba y pelo largo. Ambos vestían túnicas griegas que ondeaban al viento, una rematada en azul, la otra en verde. Se agarraban, forcejeaban, daban patadas y cabezazos, y cada vez que colisionaban, refulgía un relámpago, el cielo se oscurecía y se levantaba viento.

Yo tenía que detenerlos. No sé por qué, pero cuanto más corría el viento me ofrecía mayor resistencia, hasta que acababa corriendo sin moverme, mis talones hundiéndose en la arena.

Por encima del rugido de la tormenta, oía al de la túnica azul gritarle al otro:

—¡Devuélvelo! ¡Devuélvelo! —Como dos niños peleando por un juguete.

Las olas crecían, chocaban contra la playa y me impregnaban de sal.

—¡Deteneos! —gritaba—. ¡Dejad de pelear!

La tierra se sacudía. En algún lugar de su interior resonaba una carcajada, y una voz tan profunda y malvada que me helaba la sangre entonaba con suavidad:

—Baja, pequeño héroe. ¡Baja aquí!

La arena se separaba bajo mis pies, se abría una brecha hasta el centro de la tierra. Yo resbalaba y la oscuridad me engullía.

Desperté convencido de que estaba cayendo.

Seguía en la cama de la cabaña número 3. Mi cuerpo me indicó que era por la mañana, pero aún no había amanecido, y los truenos bramaban en las colinas: se fraguaba una tormenta. Eso no lo había soñado.

Oí sonido de pezuñas en la puerta, un carnicol que pisaba el umbral.

—Pasa.

Grover entró trotando, con aspecto preocupado.

—El señor D quiere verte.

—¿Por qué?

—Quiere matar a... Bueno, mejor que te lo cuente él.

Me vestí y lo seguí con nerviosismo, seguro de haberme metido en un lío gordo.

Hacía días que llevaba esperando que me convocaran a la Casa Grande. Ahora que había sido declarado hijo de Poseidón, uno de los Tres Grandes dioses que habían acordado no tener hijos, supuse que ya era un crimen seguir vivo. Sin duda los demás dioses habrían estado debatiendo la mejor manera de castigarme por existir, y el señor D ya estaba listo para administrar el castigo.

Por encima del canal Long Island Sound, el cielo parecía una sopa de tinta en ebullición. Una cortina neblinosa de lluvia se aproximaba amenazadoramente. Le pregunté a Grover si necesitaríamos paraguas.

—No —contestó—. Aquí nunca llueve si no queremos.

Señalé la tormenta.

—¿Y eso qué demonios es?

Miró incómodo al cielo.

—Nos rodeará. El mal tiempo siempre lo hace.

Reparé en que tenía razón.

En la semana que llevaba allí jamás había estado nublado. Las pocas lluvias que habían caído lo hacían alrededor del valle.

Pero aquella tormenta era de las gordas.

En el campo de voleibol los chavales de la cabaña de Apolo jugaban un partido matutino contra los sátiros. Los gemelos de Dioniso paseaban por los campos de fresas, provocando el crecimiento de las matas. Todos parecían seguir con sus ocupaciones habituales, pero tenían aspecto tenso. No dejaban de mirar la tormenta.

Grover y yo subimos al porche de la Casa Grande. Dioniso estaba sentado a la mesa de pinacle con su camisa atigrada y su Coca-Cola *light*, como en mi primer día; Quirón, en el lado opuesto de la mesa en su silla de ruedas falsa. Jugaban contra contrincantes invisibles: había dos manos de cartas flotando en el aire.

—Bueno, bueno —dijo el señor D sin levantar la cabeza—. Nuestra pequeña celebridad.

Esperé.

—Acércate —ordenó el señor D—. Y no esperes que me arrodille ante ti, mortal, sólo por ser el hijo del viejo Barbapercebe.

Un relámpago destelló entre las nubes y el trueno sacudió las ventanas de la casa.

—Bla, bla, bla —contestó Dioniso.

Quirón fingió interés en su mano de cartas. Grover se parapetó tras la balaustrada. Oía sus pezuñas inquietas.

—Si de mí dependiera —prosiguió Dioniso—, haría que tus moléculas se desintegraran en llamas. Luego barreríamos las cenizas y nos evitaríamos un montón de problemas. Pero a Quirón le parece que eso contradice mi misión en este campamento del demonio: mantener a unos enanos mocosos a salvo de cualquier daño.

—La combustión espontánea es una forma de daño, señor D —observó Quirón.

—Tonterías. El chico no sentiría nada. De todos modos, he accedido a contenerme. Estoy pensando en convertirte en delfín y devolverte a tu padre.

—Señor D... —le advirtió Quirón.

—Bueno, vale —cedió Dioniso—. Sólo hay otra opción. Pero es mortalmente insensata. —Se puso en pie, y las cartas de los jugadores invisibles cayeron sobre la mesa—. Me voy al Olimpo para una reunión de urgencia. Si el chico sigue aquí cuando vuelva, lo convertiré en delfín. ¿Entendido? Y Perseus Jackson, si tienes algo de cerebro, verás que es una opción más sensata que la que defiende Quirón.

Dioniso tomó una carta y con un gesto la convirtió en un rectángulo de plástico. ¿Una tarjeta de crédito? No. Un pase de seguridad.

Chasqueó los dedos.

El aire pareció envolverlo. Se convirtió en un holograma, después una brisa, después había desaparecido y dejó sólo un leve aroma a uvas recién pisadas.

Quirón me sonrió, pero parecía cansado y en tensión.

—Siéntate, Percy, por favor. Y tú también, Grover.

Obedecimos.

Quirón dejó las cartas sobre la mesa, una mano ganadora que no había llegado a utilizar.

—Dime, Percy, ¿qué pasó con el perro del infierno?

Me estremecí de sólo escuchar el nombre. Quirón quizá quería que dijera: «Bah, no fue nada. Desayuno perros del infierno.» Pero no me apetecía mentir.

—Me dio miedo —admití—. Si usted no le hubiera disparado, yo estaría muerto.

—Vas a encontrarte cosas peores, Percy, mucho peores, antes de que termines.

—Termine... ¿qué?

—Tu misión, por supuesto. ¿La aceptarás?

Miré a Grover y vi que tenía los dedos cruzados.

—Yo... —titubeé—. Señor, aún no me ha dicho en qué consiste.

Quirón hizo una mueca.

—Bueno, ésa es la parte difícil, los detalles.

El trueno retumbó en el valle. Las nubes de tormenta habían alcanzado la orilla de la playa. Por lo que podía ver, el cielo y el mar bullían.

—Poseidón y Zeus están luchando por algo valioso... —dije—. Algo que han robado, ¿no es así?

Quirón y Grover intercambiaron sendas miradas. El primero se inclinó hacia delante e inquirió:

—¿Cómo sabes eso?

Me sonrojé. Ojalá no hubiera abierto mi bocaza.

—El tiempo ha estado muy raro desde Navidad, como si el mar y el cielo libraran un combate. Después hablé con Annabeth, y ella había oído algo de un robo. Y... también he tenido unos sueños.

—¡Lo sabía! —exclamó Grover.

—Cállate, sátiro —ordenó Quirón.

—¡Pero es su misión! —Los ojos de Grover brillaron de emoción—. ¡Tiene que serlo!

—Sólo el Oráculo puede determinarlo. —Quirón se mesó su hirsuta barba—. Aun así, Percy, tienes razón. Tu padre y

Zeus están teniendo la peor pelea de los últimos años. Luchan por algo valioso que ha sido robado. Para ser precisos: un rayo.

Solté una carcajada nerviosa.

—¿Un qué? —pregunté.

—No te lo tomes a la ligera —dijo Quirón—. No estoy hablando del zigzag envuelto en papel de plata que se utiliza en las representaciones teatrales de segundo curso. Estoy hablando de un cilindro de medio metro de purísimo bronce celestial, cargado en ambos extremos con explosivos divinos.

—Ah.

—El rayo maestro de Zeus —prosiguió Quirón, nervioso—. El símbolo de su poder, de donde salen todos los demás rayos. La primera arma construida por los cíclopes en la guerra contra los titanes, el rayo que desvió la cumbre del monte Etna y despojó a Cronos de su trono; el rayo maestro, que contiene suficiente poder para que la bomba de hidrógeno de los mortales parezca un mero petardo.

—¿Y no está?

—Ha sido robado —dijo Quirón.

—¿Quién?

—Mejor dicho, por quién —me corrigió Quirón, maestro siempre—. Por ti.

Me quedé atónito.

—Al menos eso cree Zeus —apostilló Quirón—. Durante el solsticio de invierno, durante el último consejo de los dioses, Zeus y Poseidón tuvieron una pelea. Las tonterías de siempre, que si Rea te quería más a ti, que si las catástrofes del cielo eran más espectaculares que las del mar, etcétera. Cuando terminó, Zeus reparó en que el rayo maestro había desaparecido, se lo habían quitado de la sala del trono bajo sus mismas narices. Inmediatamente culpó a Poseidón. Ahora bien, un dios no puede usurpar el símbolo de poder de otro directamente; eso está prohibido por las más antiguas leyes divinas. Pero Zeus cree que tu padre convenció a un héroe humano para que se lo arrebatara.

—Pero yo no...

—Ten paciencia y escucha, niño. Zeus tiene buenos motivos para sospechar. Verás, las forjas de los cíclopes están bajo el océano, lo que otorga a Poseidón cierta influencia sobre los fabricantes del rayo de su hermano. Zeus cree que Poseidón ha robado el rayo maestro y ahora ha encargado a los cíclopes que construyan un arsenal de copias ilegales, que podrían ser utilizadas para derrocar a Zeus. Lo único que Zeus no sabía seguro es qué héroe habría usado Poseidón para cometer el divino robo. Ahora Poseidón acaba de reconocerte abiertamente como su hijo. Tú estuviste en Nueva York durante las vacaciones de invierno y podrías haberte colado fácilmente en el Olimpo. Por tanto, Zeus cree que ha encontrado a su ladrón.

—¡Pero yo nunca he estado en el Olimpo! ¡Zeus está loco!

Quirón y Grover observaron el cielo, nerviosos. Las nubes no parecían evitarnos, como había prometido Grover; antes bien, se dirigían directamente hacia nuestro valle, y nos estaban cubriendo como la tapa de un ataúd.

—Esto, Percy... —dijo Grover—. No solemos usar ese calificativo para describir al Señor de los Cielos.

—Quizá paranoico... —matizó Quirón—. Además, Poseidón ha intentado destronar a Zeus con anterioridad. Creo que era la pregunta treinta y ocho de tu examen final... —Me miró como si realmente esperara que me acordara de la pregunta treinta y ocho.

¿Cómo podía alguien acusarme de robar el arma de un dios? Ni siquiera era capaz de robar un trozo de pizza de la partida de póquer de Gabe sin que me pillaran. Quirón esperaba una respuesta.

—¿Algo sobre una red dorada? —recordé—. Poseidón, Hera y otros dioses... Creo que atraparon a Zeus y no lo dejaron salir hasta que prometió ser mejor gobernante, ¿no?

—Correcto. Y Zeus no ha vuelto a confiar en Poseidón desde entonces. Por supuesto, Poseidón niega haber robado el rayo maestro. Se ofendió muchísimo ante tal acusación. Ambos llevan meses discutiendo, amenazando con la guerra. Y ahora llegas tú, la proverbial última gota.

—¡Pero si sólo soy un niño!

—Percy —intervino Grover—. Si fueras Zeus y pensaras que tu hermano te la está jugando, y de repente éste admitiera que ha roto el sagrado juramento que hizo tras la Segunda Guerra Mundial, que ha engendrado un nuevo héroe mortal que podría ser utilizado contra ti... ¿no estarías mosqueado?

—Pero yo no hice nada. Poseidón, mi padre, no ha mandado robar el rayo, ¿verdad?

Quirón suspiró.

—Cualquier observador inteligente coincidiría en que el robo no es el estilo de Poseidón, pero el dios del mar es demasiado orgulloso para intentar convencer a Zeus. Éste ha exigido que le devuelva el rayo hacia el solsticio de verano, que cae el veintiuno de junio, dentro de diez días. Por su parte, Poseidón quiere el mismo día una disculpa por haber sido llamado ladrón. Confío en que la diplomacia se imponga, que Hera, Deméter o Hestia hagan entrar en razón a los dos hermanos. Pero tu llegada ha inflamado los ánimos de Zeus. Ahora ningún dios va a echarse atrás. A menos que alguien intervenga y que el rayo original sea encontrado y devuelto a Zeus antes del solsticio, habrá guerra. ¿Y sabes cómo sería una guerra abierta, Percy?

—¿Mala?

—Imagínate el mundo sumido en el caos. La naturaleza en guerra consigo misma. Los Olímpicos obligados a escoger entre Zeus y Poseidón. Destrucción, carnicería, millones de muertos. La civilización occidental convertida en un campo de batalla tan grande que las guerras troyanas parecerán de juguete.

—Mal asunto —dije.

—Y tú, Percy Jackson, serás el primero en sentir la ira de Zeus.

Empezó a llover. Los jugadores de voleibol interrumpieron el partido y miraron al cielo en silencio expectante.

Era yo quien había traído aquella tormenta a la colina Mestiza. Zeus estaba castigando todo el campamento por mi culpa. Sentí rabia.

—Así que tengo que encontrar ese estúpido rayo —concluí— y devolvérselo a Zeus.

—¿Qué mejor ofrecimiento de paz —apostilló Quirón— que sea el propio hijo de Poseidón quien devuelva la propiedad de Zeus?

—Si Poseidón no lo tiene, ¿dónde está ese cacharro?

—Creo que lo sé. —La expresión de Quirón era sombría—. Parte de una profecía que escuché hace años... bueno, algunas frases ahora cobran sentido para mí. Pero antes de que pueda decir más, debes aceptar oficialmente la misión. Tienes que pedirle consejo al Oráculo.

—¿Por qué no puede decirme antes dónde está el rayo?

—Porque, si lo hiciera, tendrías demasiado miedo para aceptar el desafío.

Tragué saliva.

—Buen motivo.

—¿Aceptas, entonces?

Miré a Grover, que asintió animoso. Qué fácil era para él, ya que Zeus no tenía nada en su contra.

—De acuerdo —contesté—. Mejor eso que me conviertan en delfín.

—Pues ha llegado el momento de que consultes con el Oráculo —concluyó Quirón—. Ve arriba, Percy Jackson, al ático. Cuando bajes, si sigues cuerdo, continuaremos hablando.

Cuatro pisos más arriba, las escaleras terminaban debajo de una trampilla verde. Tiré de la cuerda. La portezuela se abrió, y de ella bajó una escalera traqueteando.

El cálido aire que llegaba de arriba olía a moho, madera podrida y algo más... un olor que recordaba de la clase de biología. Reptiles. Olor a serpientes.

Contuve el aliento y subí.

El ático estaba lleno de trastos viejos de héroes griegos: armaduras cubiertas de telarañas; escudos antaño relucientes y ahora manchados de orín; baúles viejos de cuero con pegatinas en las que se leía: «ÍTACA», «ISLA DE CIRCE» y «PAÍS DE LAS AMAZONAS». Había una mesa larga atestada de tarros con cosas encurtidas: garras peludas troceadas, enormes ojos amarillos, distintas partes de monstruo. En la pared destacaba un trofeo polvoriento; parecía la cabeza gigante de una serpiente, pero tenía cuernos y una fila entera de dientes de tiburón. En la placa ponía: «CABEZA N.º 1 DE LA HIDRA, WOODS-TOCK, N.Y., 1969.»

Junto a la ventana, sentada en un taburete de madera de tres patas, estaba el objeto más asqueroso de todos: una momia. No de las que van envueltas con vendas, sino un cadáver de mujer encogido y arrugado como una pasa. Llevaba un vestido teñido con nudos, muchos collares de cuentas y una diadema por encima de una larga melena negra. La piel del rostro era delgada y coriácea, y los ojos eran rajas de cristal blanco, como si hubieran reemplazado los auténticos por piedras de mármol; llevaba muerta muchísimo tiempo.

Mirarla me produjo escalofríos. Y eso fue antes de que se retrepara en el taburete y abriera la boca. De dentro de la momia salió una niebla verde que se enroscó en el suelo con gruesos tentáculos, silbando como veinte mil serpientes juntas. Tropecé intentando llegar a la trampilla, pero se cerró de golpe. Una voz se me coló por un oído y se me enroscó en el cerebro: «Soy el espíritu de Delfos, degollador de la gran Pitón. Acércate, buscador, y pregunta.»

Yo quería decir: «No, gracias, me he equivocado de puerta, sólo estaba buscando el baño», pero me forcé a inspirar.

La momia no estaba viva. Era algún tipo de receptáculo truculento para otra cosa, el poder que ahora me envolvía en forma de niebla verde. Sin embargo, su presencia no transmitía maldad como mi profesora de matemáticas demoníaca o el Minotauro. Era más bien como las tres Moiras que había visto hilando en aquel puesto de frutas: arcaica, poderosa y sin duda no humana, pero tampoco particularmente interesada en matarme.

Reuní valor para preguntar:

—¿Cuál es mi destino?

La niebla se espesó y se aglutinó justo frente a mí y alrededor de la mesa con los tarros de trozos de monstruos en vinagre. De repente aparecieron cuatro hombres sentados a la mesa, jugando a las cartas. Sus rostros se volvieron nítidos: eran Gabe el Apestoso y sus colegas. Apreté los puños, aunque sabía que aquella partida de póquer no podía ser real. Era una ilusión de niebla.

Gabe se volvió hacia mí y habló con la voz áspera del Oráculo: «Irás al oeste, donde te enfrentarás al dios que se ha rebelado.»

El tipo a su derecha levantó la vista y dijo con la misma voz: «Encontrarás lo robado y lo devolverás.»

El de la izquierda subió la apuesta con dos fichas y después dijo: «Serás traicionado por quien se dice tu amigo.»

Por último, Eddie, el portero del edificio, pronunció la peor de todas: «Al final, no conseguirás salvar lo más importante.»

Las figuras empezaron a disolverse. Me quedé alelado contemplando cómo la niebla se retiraba y, enroscándose como una enorme serpiente verde, se deslizaba por la boca de la momia.

—¡Espera! —grité—. ¿Qué quieres decir? ¿Qué amigo? ¿Qué es lo que no podré salvar?

La cola de la serpiente de niebla desapareció por la boca de la momia, que se reclinó de nuevo contra la pared y cerró la boca con fuerza, como si no la hubiera abierto en cien años. El desván quedó otra vez en silencio, abandonado, nada más que una habitación llena de recuerdos.

Me dio la sensación de que podría quedarme allí hasta que tuviera telarañas y aun así no averiguaría nada más.

Mi audiencia con el Oráculo había terminado.

—¿Y bien? —me preguntó Quirón.

Me derrumbé en la silla junto a la mesa de pinacle.

—Me ha dicho que recuperaré lo que ha sido robado.

Grover se adelantó en su silla, mascando nervioso los restos de una lata de Coca-Cola *light*.

—¡Eso es genial!

—¿Qué ha dicho el Oráculo exactamente? —me presionó Quirón—. Es importante.

Aún me resonaba en los oídos el tintineo de la voz de reptil.

—Ha... ha dicho que me dirija al oeste para enfrentarme al dios que se ha rebelado. Recuperaré lo robado y lo devolveré intacto.

—Lo sabía —intervino Grover.

Quirón no parecía satisfecho.

—¿Algo más?

No quería contárselo. ¿Qué amigo me traicionaría? Tampoco tenía tantos. Y la última frase: fracasaría en lo más importante. ¿Qué clase de Oráculo me enviaría a una misión y me diría: «Ah, y por cierto, vas a fracasar»? ¿Cómo podía confesar aquello?

—No —respondí—. Eso es todo.

Estudió mi rostro.

—Muy bien, Percy. Pero debes saber que las palabras del Oráculo tienen con frecuencia doble sentido. No les des demasiadas vueltas. La verdad no siempre aparece evidente hasta que suceden los acontecimientos.

Tuve la impresión de que sabía que me aguardaba algo malo y que intentaba darme ánimos.

—Vale —dije, ansioso por cambiar de tema—. ¿Y adónde tengo que ir? ¿Quién es ese dios del oeste?

—Piensa, Percy. Si Zeus y Poseidón se debilitan mutuamente en una guerra, ¿quién sale ganando?

—Alguien que quiera hacerse con el poder —supuse.

—Pues sí. Alguien que les guarda rencor, que lleva descontento con lo que le ha tocado desde que el mundo fue dividido hace eones, cuyo reino se volvería poderoso con la muerte de millones. Alguien que detesta a sus hermanos por haberle hecho jurar que no tendría más hijos, un juramento que ahora han roto ambos.

Pensé en mis sueños, la voz malvada que había hablado desde las entrañas de la tierra.

—¿Hades?

Quirón asintió.

—El Señor de los Muertos es el candidato seguro.

A Grover se le cayó un pedazo de aluminio de la boca.

—Uau. ¿Q-qué?

—Una Furia fue tras Percy —le recordó Quirón—. Lo observó hasta estar segura de su identidad, y luego intentó matarlo. Las Furias sólo obedecen a un señor: Hades.

—Hades odia a los héroes —comentó Grover—. Y si ha descubierto que Percy es hijo de Poseidón...

—Un perro del infierno se metió en el bosque —prosiguió Quirón—. Sólo pueden ser invocados desde los Campos de Castigo, y tuvo que hacerlo alguien del campamento. Hades debe de tener un espía aquí. Debe de sospechar que Poseidón intentará usar a Percy para limpiar su nombre. A Hades le interesa ver a este joven muerto antes de que pueda acometer su misión.

—Estupendo —murmuré—. Ahora quieren matarme dos de los dioses principales.

—Pero una misión al... —Grover tragó saliva—. Quiero decir, ¿no podría estar el rayo robado en algún lugar como Maine? Maine es muy bonito en esta época del año.

—Hades envió a una de sus criaturas para robar el rayo —insistió Quirón—. Lo ha escondido en el inframundo, sabiendo de sobra que Zeus culparía a Poseidón. No pretendo entender las razones del Señor de los Muertos, o por qué ha elegido este momento para desatar una guerra, pero hay algo que es seguro: Percy tiene que ir al inframundo, encontrar el rayo maestro y revelar la verdad.

Sentí un extraño fuego en mi estómago. Fue lo más raro del mundo: porque no era miedo, sino ganas. El deseo de venganza. Hades había intentado matarme ya tres veces, con la Furia, el Minotauro y el perro del infierno. La desaparición de mi madre en un destello de luz era culpa suya. Ahora intentaba atribuirnos a mi padre y a mí un robo que no habíamos cometido.

Estaba listo para devolvérsela. Además, si mi madre estaba en el inframundo...

«Vamos, chico —dijo la pequeña parte de mi cerebro que aún conservaba un atisbo de cordura—. Eres un crío. Y Hades un dios.»

Grover estaba temblando. Había empezado a comerse las cartas del pinacle como si fueran chips. El pobre tenía que cumplir una misión conmigo para conseguir su licencia de buscador, fuera eso lo que fuese, pero ¿cómo podía yo pedirle que me acompañara en esta misión, sobre todo cuando el Oráculo me había dicho que estaba destinada a fracasar? Era un suicidio.

—Mire, si sabemos que es Hades —le dije a Quirón—, ¿por qué no se lo decimos a los otros dioses y punto? Zeus o Poseidón podrían bajar al inframundo y aplastar unas cuantas cabezas.

—Sospechar y saber no son la misma cosa —repuso él—. Además, aunque los demás dioses sospechen de Hades (y supongo que Poseidón no será la excepción), ellos no podrían recuperar el rayo. Los dioses no pueden cruzar los territorios de los demás salvo si son invitados. Ésa es otra antigua regla. Los héroes, en cambio, poseen ciertos privilegios. Pueden ir a donde quieran y desafiar a quien quieran, siempre y cuando sean lo bastante osados y fuertes para hacerlo. Ningún dios puede ser considerado responsable de las acciones de un héroe. ¿Por qué crees que los dioses operan siempre a través de humanos?

—Me está diciendo que estoy siendo utilizado.

—Estoy diciendo que no es casualidad que Poseidón te haya reclamado ahora. Es una jugada arriesgada, pero el pobre se encuentra en una situación desesperada. Te necesita.

Mi padre me necesita.

Las emociones se arremolinaron en mi interior como pedacitos de cristal en un calidoscopio. No sabía si sentir rencor o agradecimiento, si estar contento o enfadado. Poseidón me había ignorado durante doce años. Y ahora de repente me necesitaba.

Miré a Quirón.

—Usted sabía que era hijo de Poseidón desde el principio, ¿verdad?

—Tenía mis sospechas. Como he dicho... también yo he hablado con el Oráculo.

Intuí que me estaba ocultando buena parte de su profecía, pero decidí que ahora no podía preocuparme por eso. Después de todo, también yo me estaba guardando información.

—Bueno, a ver si lo he entendido —dije—. Se supone que debo bajar al inframundo para enfrentarme al Señor de los Muertos.

—Exacto —contestó Quirón.

—Y encontrar el arma más poderosa del universo.

—Exacto.

—Y regresar al Olimpo antes del solsticio de verano, en diez días.

—Exacto.

Miré a Grover, que se estaba tragando el as de corazones.

—¿He mencionado que Maine está muy bonito en esta época del año? —preguntó con un hilo de voz.

—No tienes que venir —le dije—. No puedo exigirte eso.

—Oh... —Arrastró las pezuñas—. No... es sólo que los sátiros y los lugares subterráneos... Bueno... —Inspiró con fuerza y se puso en pie mientras se sacudía pedacitos de cartas y aluminio de la camiseta—. Me has salvado la vida, Percy. Si... si dices en serio que quieres que vaya contigo, no voy a dejarte tirado.

Me sentí tan aliviado que tuve ganas de llorar, aunque no me parecía un gesto demasiado heroico. Grover era el único amigo que me había durado más de unos meses. No estaba seguro de hasta qué punto podría ayudarme un sátiro contra las fuerzas de los muertos, pero me sentí mejor sabiendo que estaría conmigo.

—Pues claro que sí, súper G. —Me volví hacia Quirón—. ¿Y adónde vamos? El Oráculo sólo ha dicho hacia el oeste.

—La entrada al inframundo está siempre en el oeste. Se desplaza de época en época, como el Olimpo. Justo ahora, por supuesto, está en Estados Unidos.

—¿Dónde?

Quirón pareció sorprendido.

—Pensaba que sería evidente. La entrada al inframundo está en Los Ángeles.

—Ah —dije—. Naturalmente. Así que nos subimos a un avión...

—¡No! —exclamó Grover—. Percy, ¿en qué estás pensando? ¿Has ido en avión alguna vez en tu vida?

Meneé la cabeza, avergonzado. Mamá nunca me había llevado a ningún sitio en avión. Siempre decía que no teníamos suficiente dinero. Además, sus padres habían muerto en un accidente aéreo.

—Percy, piensa —intervino Quirón—. Eres hijo del dios del mar, cuyo rival más enconado es Zeus, Señor del Cielo. Así pues, tu madre fue suficientemente sensata como para no confiarte a un avión. Estarías en los dominios de Zeus y jamás regresarías a tierra vivo.

Por encima de nuestras cabezas, refulgió un rayo. El trueno retumbó.

—Vale —dije, decidido a no mirar la tormenta—. Bueno, pues viajaré por tierra.

—Bien —prosiguió Quirón—. Puedes ir con dos compañeros. Grover es uno. La otra ya se ha ofrecido voluntaria, si aceptas su ayuda.

—Caramba —fingí sorpresa—. ¿Quién puede ser tan tonta como para ofrecerse voluntaria en una misión como ésta?

El aire resplandeció tras Quirón.

Annabeth se volvió visible quitándose la gorra de los Yankees y la guardó en el bolsillo trasero.

—Llevo mucho tiempo esperando una misión, sesos de alga —espetó—. Atenea no es ninguna fan de Poseidón, pero si vas a salvar el mundo, soy la más indicada para evitar que metas la pata.

—Anda, si eso es lo que piensas —repliqué—, será porque tienes un plan, ¿no, chica lista?

Se puso como un tomate.

—¿Quieres mi ayuda o no?

Vaya si la quería. Necesitaba toda la ayuda que pudiera obtener.

—Un trío —dije—. Podría funcionar.

—Excelente —añadió Quirón—. Esta tarde os llevaremos a la terminal de autobús de Manhattan. A partir de ahí estaréis solos.

Refulgió un rayo. La lluvia inundaba los prados que en teoría jamás debían padecer climas violentos.

—No hay tiempo que perder —dijo Quirón—. Deberíais empezar a hacer las maletas.

117

10

Estropeo un autobús en perfecto estado

No tardé mucho en recoger mis cosas. Decidí que el cuerno del Minotauro se quedase en la cabaña, lo que me dejaba sólo una muda y un cepillo de dientes que meter en la mochila que me había buscado Grover.

En la tienda del campamento me prestaron cien dólares y veinte dracmas de oro. Estas monedas, del tamaño de galletas de aperitivo, representaban las imágenes de varios dioses griegos en una cara y el edificio del Empire State en la otra. Los antiguos dracmas que usaban los mortales eran de plata, nos dijo Quirón, pero los Olímpicos sólo utilizaban oro puro. Quirón también dijo que las monedas podrían resultar de utilidad para transacciones no mortales, fueran lo que fuesen. Nos dio a Annabeth y a mí una cantimplora de néctar a cada uno y una bolsa con cierre hermético llena de trocitos de ambrosía, para ser usada sólo en caso de emergencia, si estábamos gravemente heridos. Era comida de dioses, nos recordó Quirón. Nos sanaría prácticamente de cualquier herida, pero era letal para los mortales. Un consumo excesivo nos produciría fiebre. Una sobredosis nos consumiría, literalmente.

Annabeth trajo su gorra mágica de los Yankees, que al parecer había sido regalo de su madre cuando cumplió doce años. Llevaba un libro de arquitectura clásica escrito en griego antiguo, para leer cuando se aburriera, y un largo cuchillo de bronce, oculto en la manga de la camisa. Estaba convencido de que el cuchillo nos delataría en cuanto pasáramos por un detector de metales.

Por su parte, Grover llevaba sus pies falsos y pantalones holgados para pasar por humano. Iba tocado con una gorra verde tipo rasta, porque cuando llovía el pelo rizado se le aplastaba y dejaba ver la punta de los cuernecillos. Su mochila naranja estaba llena de pedazos de metal y manzanas para picotear. En el bolsillo llevaba una flauta de junco que su padre cabra le había hecho, aunque sólo se sabía dos canciones: el *Concierto para piano n.° 12* de Mozart y *So Yesterday* de Hilary Duff, y ninguna de las dos suena demasiado bien con la flauta de Pan.

Nos despedimos de los otros campistas, echamos un último vistazo a los campos de fresas, el océano y la Casa Grande, y subimos por la colina Mestiza hasta el alto pino que antaño fuera Thalia, la hija de Zeus.

Quirón nos esperaba sentado en su silla de ruedas. Junto a él estaba el tipo con pinta de surfero que había visto durante mi pasaje por la enfermería. Según Grover, el colega era el jefe de seguridad del campamento. Al parecer tenía ojos por todo el cuerpo, así que era imposible sorprenderlo. No obstante, como hoy llevaba un uniforme de chófer, sólo le vi unos pocos en manos, rostro y cuello.

—Éste es Argos —me dijo Quirón—. Os llevará a la ciudad y... bueno, os echará un ojo.

Oí pasos detrás de nosotros.

Luke subía corriendo por la colina con unas zapatillas de baloncesto en la mano.

—¡Eh! —jadeó—. Me alegro de pillaros aún. —Annabeth se sonrojó, como siempre que Luke estaba cerca—. Sólo quería desearos buena suerte —me dijo—. Y pensé que... a lo mejor te sirven.

Me tendió las zapatillas, que parecían bastante normales. Incluso olían bastante normal.

—*Maya!* —dijo Luke.

De los talones de los botines surgieron alas de pájaro blancas. Di un respingo y las dejé caer. Las zapatillas revolotearon por el suelo hasta que las alas se plegaron y desaparecieron.

—¡Alucinante! —musitó Grover.

Luke sonrió.

—A mí me fueron muy útiles en mi misión. Me las regaló papá. Evidentemente, estos días no las utilizo demasiado... —Entristeció la expresión.

No sabía qué decir. Luke ya se había enrollado bastante viniendo a despedirse. Me preocupaba que me guardara rencor por haberme llevado tanta atención en los últimos días. Pero allí estaba, entregándome un regalo mágico... Me sonrojé tanto como Annabeth.

—Eh, tío —dije—. Gracias.

—Oye, Percy... —Luke parecía incómodo—. Hay muchas esperanzas puestas en ti. Así que... mata algunos monstruos por mí, ¿vale?

Nos dimos la mano. Luke le dio una palmadita a Grover entre los cuernos y un abrazo de despedida a Annabeth, que parecía a punto de desmayarse.

Cuando Luke se hubo marchado, le dije:

—Estás hiperventilando.

—De eso nada.

—Pero ¿no le dejaste capturar la bandera a él en lugar de ir tú?

—Oh... Me pregunto por qué querré ir a ninguna parte contigo, Percy.

Descendió por el otro lado de la colina con largas zancadas, hacia donde una furgoneta blanca esperaba junto a la carretera. Argos la siguió, haciendo tintinear las llaves del coche.

Recogí las zapatillas voladoras y de pronto tuve un mal presentimiento. Miré a Quirón.

—No me aconsejas usarlas, ¿verdad?

Negó con la cabeza.

—Luke tenía buena intención, Percy. Pero flotar en el aire... no es lo más sensato que puedes hacer.

Meneé la cabeza , pero entonces se me ocurrió una idea.

—Eh, Grover, ¿las quieres tú?

Se le encendió la mirada.

—¿Yo?

En poco tiempo atamos las zapatillas a sus pies falsos, y el primer niño cabra volador del mundo quedó listo para el lanzamiento.

—*Maya!* —gritó.

Despegó sin problemas, pero al poco se cayó de lado, desequilibrado por la mochila. Las zapatillas aladas seguían aleteando como pequeños potros salvajes.

—¡Práctica! —le gritó Quirón por detrás—. ¡Sólo necesitas práctica!

—¡Aaaaah! —Grover siguió volando en zigzag colina abajo, casi a ras del suelo, como un cortador de césped poseso, en dirección a la furgoneta.

Antes de seguirlo, Quirón me agarró del brazo.

—Debería haberte entrenado mejor, Percy —dijo—. Si hubiera tenido más tiempo... Hércules, Jasón... todos recibieron más entrenamiento.

—No pasa nada. Sólo que ojalá... —Me detuve en seco, porque iba a sonar como un mocoso. Ojalá mi padre me hubiera dado un objeto mágico guay que me ayudara en la misión, algo tan bueno como las zapatillas voladoras de Luke o la gorra de invisibilidad de Annabeth.

—Pero ¿dónde tengo la cabeza? —exclamó Quirón—. No puedo dejar que te vayas sin esto.

Sacó algo del bolsillo del abrigo y me lo entregó. Era un bolígrafo desechable normal y corriente, de tinta negra y con tapa. Probablemente costaba treinta centavos.

—Madre mía —dije—. Gracias.

—Es un regalo de tu padre. Lo he guardado durante años, sin saber que te estaba destinado. Pero ahora la profecía se ha manifestado claramente. Eres tú.

Recordé la excursión al Museo Metropolitano de Arte, cuando pulvericé a la señora Dodds. Quirón me había lanzado un boli que se convirtió en espada. ¿Sería aquél...?

Le quité la tapa, y el bolígrafo creció y se volvió más pesado en mi mano. Al instante siguiente sostenía una espada de bronce brillante y de doble filo, con empuñadura plana de cuero tachonado en oro. Era la primera arma equilibrada que empuñaba.

—La espada tiene una larga y trágica historia que no hace falta que repasemos —dijo Quirón—. Se llama *Anaklusmos*.

—Contracorriente —traduje, sorprendido de que el griego clásico me resultara tan sencillo.

—Úsala sólo para emergencias, y sólo contra monstruos. Ningún héroe debe hacer daño a los mortales a menos que sea absolutamente necesario, pero esta espada no los lastimará en ningún caso.

Miré la afiladísima hoja.

—¿Qué quiere decir con que no lastimará a los mortales? ¿Cómo puede no hacerlo?

—La espada está hecha de bronce celestial. Forjado por los cíclopes, templado en el corazón del monte Etna y enfriado en las aguas del río Lete. Es letal para los monstruos y para cualquier criatura del inframundo, siempre y cuando no te maten primero, claro. Sin embargo, a los mortales los atraviesa como una ilusión; sencillamente, no son lo bastante importantes para que la espada los mate. ¡Ah!, y he de advertirte otra cosa: como semidiós, puedes perecer tanto bajo armas celestiales como normales. Eres doblemente vulnerable.

—Es bueno saberlo.

—Ahora tapa el boli.

Toqué la punta de la espada con la tapa del bolígrafo y *Anaklusmos* se encogió hasta convertirse de nuevo en bolígrafo. Me lo metí en el bolsillo, un poco nervioso porque en la escuela era famoso por perder bolis.

—No puedes —dijo Quirón.

—¿Qué no puedo?

—Perderlo —dijo—. Está encantado. Siempre reaparecerá en tu bolsillo. Inténtalo.

Me mostré receloso, pero lancé el bolígrafo tan lejos como pude colina abajo y lo vi desaparecer entre la hierba.

—Puede que tarde unos instantes —dijo Quirón—. Ahora mira en tu bolsillo.

Y, en efecto, el boli estaba allí.

—Vale, esto sí que mola —admití—, pero ¿qué pasa si un mortal me ve sacando la espada?

Quirón sonrió.

—La niebla siempre ayuda, Percy.

—¿La niebla?

—Sí. Lee la *Ilíada*. Está llena de referencias a ese asunto. Cada vez que los elementos monstruosos o divinos se funden con el mundo mortal, generan niebla, y ésta oscurece la visión de los humanos. Tú, siendo mestizo, verás las cosas como son, pero los humanos lo interpretarán de otra manera. Es increíble hasta dónde pueden llegar los humanos con tal que las cosas encajen en su versión de la realidad.

Me metí *Anaklusmos* otra vez en el bolsillo.

Por primera vez sentí que la misión era real. Estaba abandonando la colina Mestiza. Me dirigía al oeste sin supervisión adulta, sin un plan de emergencia alternativo, ni siquiera un teléfono móvil (Quirón nos había contado que los monstruos podían rastrear los móviles; llevar uno sería peor que lanzar una bengala). Yo no tenía otra arma más poderosa que una espada para luchar contra monstruos y llegar al Mundo de los Muertos.

—Quirón, cuando dices que los dioses son inmortales... Me refiero a que... hubo un tiempo antes de ellos, ¿no? —pregunté.

—Hubo cuatro edades antes de ellos. La Era de los Titanes fue la Cuarta Edad, a veces llamada Edad de Oro, nombre que desde luego no le hace justicia. Ésta, la era de la civilización occidental y el mandato de Zeus, es la Quinta.

—¿Y cómo era... antes de los dioses?

Quirón apretó los labios.

—Ni siquiera yo soy tan viejo como para acordarme de eso, niño, pero sé que fue una época de oscuridad y barbarie para los mortales. Cronos, el señor de los titanes, llamó a su reinado la Edad de Oro porque los hombres vivían inocentes y libres de todo conocimiento. Pero eso no era más que propaganda. Al rey de los titanes poco le importaban los de tu especie, salvo como entremeses o como fuente de entretenimiento barato. Hasta los primeros tiempos del reinado de Zeus, cuando Prometeo, el titán bueno, entregó el fuego a la humanidad, tu especie no empezó a progresar, y Prometeo fue considerado un pensador radical incluso entonces. Zeus lo castigó severamente, como recordarás. Por supuesto, al final los humanos empezaron a caer simpáticos a los dioses, y así nació la civilización occidental.

—Pero ahora los dioses no pueden morir, ¿no? Quiero decir, mientras la civilización occidental siga viva, ellos seguirán también. Así que... aunque yo fracase, nada podría ir tan mal como para que se desmadre todo, ¿no?

Quirón me sonrió con melancolía.

—Nadie sabe cuánto tiempo durará la Edad del Oeste, Percy. Los dioses son inmortales, sí. Pero también lo eran los titanes. Y siguen existiendo, encerrados en sus distintas prisiones, obligados a soportar dolor y castigos interminables, reducido su poder, pero aún vivitos y coleando. Que las Parcas impidan que los dioses sufran jamás una condena tal, o que nosotros regresemos a la oscuridad y el caos del pasado. Lo único que podemos hacer, niño, es seguir nuestro destino.

—Nuestro destino... suponiendo que sepamos cuál es.

—Relájate y mantén la cabeza despejada. Y recuerda: puede que estés a punto de evitar la mayor guerra en la historia de la humanidad.

—Relájate —repetí—. Estoy muy relajado.

Cuando llegué al pie de la colina, volví la vista atrás. Bajo el pino que había sido Thalia, hija de Zeus, Quirón se erguía en toda su altura de hombre caballo y nos despidió levantando el arco. La típica despedida de campamento del típico centauro.

Argo nos condujo a la parte oeste de Long Island. Me pareció raro volver a una autopista, con Annabeth y Grover sentados a mi lado como si fuéramos compañeros de coche habituales. Tras dos semanas en la colina Mestiza, el mundo real parecía pura fantasía. Descubrí que me quedaba embobado mirando cada McDonald's, a cada chaval en la parte trasera del coche de sus padres, cada valla publicitaria y cada centro comercial.

—De momento bien —le dije a Annabeth—. Quince kilómetros y ni un solo monstruo.

Me lanzó una mirada de irritación. Luego dijo:

—Da mala suerte hablar de esa manera, sesos de alga.

—Recuérdamelo de nuevo, ¿vale? ¿Por qué me odias tanto?

—No te odio.

—Pues casi me engañas.

Dobló su gorra de invisibilidad.

—Mira... es sólo que se supone que no tenemos que llevarnos bien. Nuestros padres son rivales.

—¿Por qué?

—¿Cuántas razones quieres? —Suspiró—. Una vez mi madre sorprendió a Poseidón con su novia en el templo de Atenea, algo sumamente irrespetuoso. En otra ocasión, Atenea y Poseidón compitieron por ser el patrón de la ciudad de Atenas. Tu padre hizo brotar un estúpido manantial de agua salada como regalo. Mi madre creó el olivo. La gente vio que su regalo era mejor y llamaron a la ciudad con su nombre.

—Deben de gustarles mucho las olivas.

—Eh, pasa de mí.

—Hombre, si hubiera inventado la pizza... eso podría entenderlo.

—¡Te he dicho que pases de mí!

Argo sonrió en el asiento delantero. No dijo nada, pero me guiñó el ojo azul que tenía en la nuca.

El tráfico de Queens empezó a ralentizarnos. Cuando llegamos a Manhattan, el sol se estaba poniendo y había empezado a llover.

Argos nos dejó en la estación de autobuses Greyhound del Upper East Side, no muy lejos del apartamento de Gabe y mi madre. Pegado a un buzón, había un cartel empapado con mi foto: «¿Ha visto a este chico?»

Lo arranqué antes de que Annabeth y Grover se dieran cuenta.

Argos descargó nuestro equipaje, se aseguró de que teníamos nuestros billetes de autobús y luego se marchó, abriendo el ojo del dorso de la mano para echarnos un último vistazo mientras salía del aparcamiento.

Pensé en lo cerca que estaba de mi antiguo apartamento. En un día normal, mi madre ya habría vuelto a casa de la tienda de golosinas. Probablemente Gabe el Apestoso estaría allí en aquel momento, jugando al póquer y sin echarla siquiera de menos.

Grover se cargó al hombro su mochila. Miró hacia donde yo estaba mirando.

—¿Quieres saber por qué se casó con él, Percy?

—¿Me estabas leyendo la mente o qué? —repuse, mirándolo fijamente.

—Sólo tus emociones. —Se encogió de hombros—. Supongo que se me ha olvidado decirte que los sátiros tenemos esa facultad. Estabas pensando en tu madre y tu padrastro, ¿verdad?

Asentí, preguntándome qué más se habría olvidado Grover de contarme.

—Tu madre se casó con Gabe por ti. Lo llamas «apestoso», pero te quedas corto. Ese tipo tiene un aura... ¡Puaj! Lo huelo desde aquí. Huelo restos de él en ti, y ni siquiera has estado cerca desde hace una semana.

—Gracias —respondí—. ¿Dónde está la ducha más cercana?

—Tendrías que estar agradecido, Percy. Tu padrastro huele tan asquerosamente a humano que es capaz de enmascarar la presencia de cualquier semidiós. Lo supe en cuanto olfateé el interior de su Camaro: Gabe lleva ocultando tu esencia durante años. Si no hubieses vivido con él todos los veranos, probablemente los monstruos te habrían encontrado hace mucho tiempo. Tu madre se quedó con él para protegerte. Era una señora muy lista. Debía de quererte mucho para aguantar a ese tipo... por si te sirve de consuelo.

No me servía de ningún consuelo, pero me abstuve de expresarlo. «Volveré a verla —pensé—. No se ha ido.»

Me pregunté si Grover seguiría leyendo mis emociones, mezcladas como estaban. Me alegraba de que él y Annabeth estuvieran conmigo, pero me sentía culpable por no haber sido sincero con ellos. No les había contado el motivo por el que había aceptado aquella loca misión.

La verdad era que me daba igual recuperar el rayo de Zeus, salvar el mundo o siquiera ayudar a mi padre a salir del lío. Cuanto más pensaba en ello, más rencor le guardaba a Poseidón por no haberme visitado nunca, ni haber ayudado a mi madre, ni siquiera habernos enviado un miserable cheque para la pensión. Sólo me reclamaba porque necesitaba que le hicieran un trabajito.

Lo único que me importaba era mamá. Hades se la había llevado injustamente, y Hades iba a devolvérmela.

«Serás traicionado por quien se dice tu amigo —susurró el Oráculo en mi mente—. Al final, no conseguirás salvar lo más importante.»

«Cierra la boca», le ordené.

La lluvia no cesaba.

La espera nos impacientaba y decidimos jugar a darle toquecitos a una manzana de Grover. Annabeth era increíble. Hacía botar la manzana en su rodilla, codo, hombro, lo que fuera. Yo tampoco era muy malo.

El juego terminó cuando le lancé la manzana a Grover demasiado cerca de su boca. En un megamordisco de cabra engulló nuestra pelota. Grover se ruborizó e intentó disculparse, pero Annabeth y yo estábamos muriéndonos de risa.

Por fin llegó el autobús. Cuando nos pusimos en fila para embarcar, Grover empezó a mirar alrededor, olisqueando el aire como si oliera su plato favorito de la cafetería: enchiladas.

—¿Qué pasa? —le pregunté.

—No lo sé. A lo mejor no es nada.

Pero se notaba que sí era algo. Empecé a mirar yo también por encima del hombro.

Me sentí aliviado cuando por fin subimos y encontramos asientos juntos al final del autobús. Guardamos nuestras mochilas en el portaequipajes. Annabeth no paraba de sacudir con nerviosismo su gorra de los Yankees contra el muslo.

Cuando subieron los últimos pasajeros, Annabeth me apretó la rodilla.

—Percy.

Una anciana acababa de subir. Llevaba un vestido de terciopelo arrugado, guantes de encaje y un gorro naranja de punto; también llevaba un gran bolso estampado. Cuando levantó la cabeza, sus ojos negros emitieron un destello, y mi pulso estuvo a punto de pararse.

Era la señora Dodds. Más vieja y arrugada, pero sin duda la misma cara perversa.

Me agaché en el asiento.

Detrás de ella venían otras dos viejas: una con gorro verde y la otra con gorro morado. Por lo demás, tenían exactamente el mismo aspecto que la señora Dodds: las mismas manos nudosas, el mismo bolso estampado, el mismo vestido arrugado. Un trío de abuelas diabólicas.

Se sentaron en la primera fila, justo detrás del conductor. Las dos del asiento del pasillo miraron hacia atrás con un gesto disimulado pero de mensaje muy claro: de aquí no sale nadie.

El autobús arrancó y nos encaminamos por las calles de Manhattan, relucientes a causa de la lluvia.

—No ha pasado muerta mucho tiempo —dije intentando evitar el temblor en mi voz—. Creía que habías dicho que podían ser expulsadas durante una vida entera.

—Dije que si tenías suerte —repuso Annabeth—. Evidentemente, no la tienes.

—Las tres —sollozó Grover—. *Di immortales!*

—No pasa nada —dijo Annabeth, esforzándose por mantener la calma—. Las Furias. Los tres peores monstruos del inframundo. Ningún problema. Escaparemos por las ventanillas.

—No se abren —musitó Grover.

—¿Hay puerta de emergencia?

No la había. Y aunque la hubiera, no habría sido de ayuda. Para entonces, estábamos en la Novena Avenida, de camino al puente Lincoln.

—No nos atacarán con testigos —dije—. ¿Verdad?

—Los mortales no tienen buena vista —me recordó Annabeth—. Sus cerebros sólo pueden procesar lo que ven a través de la niebla.

—Verán a tres viejas matándonos, ¿no?

Pensó en ello.

—Es difícil saberlo. Pero no podemos contar con los mortales para que nos ayuden. ¿Y una salida de emergencia en el techo...?

Llegamos al túnel Lincoln, y el autobús se quedó a oscuras salvo por las bombillitas del pasillo. Sin el repiqueteo de la lluvia contra el techo, el silencio era espeluznante.

La señora Dodds se levantó. Como si lo hubiera ensayado, anunció en voz alta:

—Tengo que ir al aseo.

—Y yo —añadió la segunda furia.

—Y yo —repitió la tercera.

Y las tres echaron a andar por el pasillo.

—Percy, ponte mi gorra —me urgió Annabeth.

—¿Para qué?

—Te buscan a ti. Vuélvete invisible y déjalas pasar. Luego intenta llegar a la parte de delante y escapar.

—Pero vosotros...

—Hay bastantes probabilidades de que no reparen en nosotros. Eres hijo de uno de los Tres Grandes, ¿recuerdas? Puede que tu olor sea abrumador.

—No puedo dejaros.

—No te preocupes por nosotros —insistió Grover—. ¡Ve!

Me temblaban las manos. Me sentí como un cobarde, pero agarré la gorra de los Yankees y me la puse.

Cuando miré hacia abajo, mi cuerpo ya no estaba. Empecé a avanzar poco a poco por el pasillo. Conseguí adelantar diez filas y me escondí en un asiento vacío justo cuando pasaban las Furias.

La señora Dodds se detuvo, olisqueó y se quedó mirándome fijamente. El corazón me latía desbocado. Al parecer no vio nada, pues las tres siguieron avanzando.

Por los pelos, pensé, y continué hasta la parte delantera del autobús. Ya casi salíamos del túnel Lincoln. Estaba a punto de apretar el botón de parada de emergencia cuando oí unos aullidos espeluznantes en la última fila.

Las ancianas ya no eran ancianas. Sus rostros seguían siendo los mismos —supongo que no podían volverse más feas—, pero a partir del cuello habían encogido hasta transformarse en cuerpos de arpía marrones y coriáceos, con alas de murciélago y manos y pies como garras de gárgola. Los bolsos se habían convertido en fieros látigos.

Las Furias rodeaban a Grover y Annabeth, esgrimiendo sus látigos.

—¿Dónde está? ¿Dónde? —silbaban entre dientes.

Los demás pasajeros gritaban y se escondían bajo sus asientos. Bueno, por lo menos veían algo.

—¡No está aquí! —gritó Annabeth—. ¡Se ha ido!

Las Furias levantaron los látigos.

Annabeth sacó el cuchillo de bronce. Grover agarró una lata de su mochila y se dispuso a lanzarla.

Entonces hice algo tan impulsivo y peligroso que deberían haberme nombrado para Niño THDA del Año.

El conductor del autobús estaba distraído, intentando ver qué pasaba por el retrovisor. Aún invisible, le arrebaté el volante y lo giré abruptamente hacia la izquierda. Todo el mundo aulló al ser lanzado hacia la derecha, y yo oí lo que esperaba fuera el sonido de tres Furias aplastándose contra las ventanas.

—¡Eh eh! ¿Qué dem...? —gritó el conductor—. ¡Uaaaah!

Forcejeamos por el volante y el autobús rozó la pared del túnel, chirriando, rechinando y lanzando chispas alrededor. Salimos del túnel Lincoln a toda velocidad y volvimos a la tormenta, hombres y monstruos dando tumbos dentro del autobús, mientras los coches eran apartados o derribados como si fueran bolos.

De algún modo, el conductor encontró una salida. Dejamos la autopista a todo trapo, cruzamos media docena de semáforos y acabamos, aún a velocidad de vértigo, en una de esas carreteras rurales de Nueva Jersey en las que es imposible creer que haya tanta nada justo al otro lado de Nueva York. Había un bosque a la izquierda y el río Hudson a la derecha, hacia donde el conductor parecía dirigirse.

Otra gran idea: tiré del freno de mano.

El autobús aulló, derrapó ciento ochenta grados sobre el asfalto mojado y se estrelló contra los árboles. Se encendieron las luces de emergencia. La puerta se abrió de par en par. El conductor fue el primero en salir, y los pasajeros lo siguieron gritando como enloquecidos. Yo me metí en el asiento del conductor y los dejé pasar.

Las Furias recuperaron el equilibrio. Revolvieron sus látigos contra Annabeth, mientras ésta amenazaba con su cuchillo y les ordenaba que retrocedieran en griego clásico. Grover les lanzaba trozos de lata.

Observé la puerta abierta. Era libre de marcharme, pero no podía dejar a mis amigos. Me quité la gorra de invisibilidad.

—¡Eh!

Las Furias se volvieron, me mostraron sus colmillos amarillos y de repente la salida me pareció una idea fenomenal. La señora Dodds se abalanzó hacia mí por el pasillo, como hacía en clase justo antes de entregarme un muy deficiente en el examen de matemáticas. Cada vez que su látigo restallaba, llamas rojas recorrían la tralla. Sus dos horrendas hermanas se precipitaron saltando por encima de los asientos como enormes y asquerosos lagartos.

—Perseus Jackson —dijo la señora Dodds con tono de ultratumba—, has ofendido a los dioses. Vas a morir.

—Me gustaba más como profesora de matemáticas —le dije.

Gruñó.

Annabeth y Grover se movían tras las Furias con cautela, buscando una salida.

Saqué el bolígrafo de mi bolsillo y lo destapé. *Anaklusmos* se alargó hasta convertirse en una brillante espada de doble filo.

Las Furias vacilaron.

La señora Dodds ya tenía el dudoso placer de conocer la hoja de *Anaklusmos*. Evidentemente, no le gustó nada volver a verla.

—Sométete ahora —silbó entre dientes— y no sufrirás tormento eterno.

—Buen intento —contesté.

—¡Percy, cuidado! —me advirtió Annabeth.

La señora Dodds enroscó su látigo en mi espada mientras las otras dos Furias se me echaban encima.

Sentí la mano como atrapada en plomo fundido, pero conseguí no soltar a *Anaklusmos*. Golpeé a la Furia de la izquierda con la empuñadura y la envié de espaldas contra un asiento. Me volví y le asesté un tajo a la de la derecha. En cuanto la hoja tocó su cuello, gritó y explotó en una nube de polvo. Annabeth aplicó a la señora Dodds una llave de lucha libre y tiró de ella hacia atrás, mientras Grover le arrebataba el látigo.

—¡Ay! —gritó él—. ¡Ay! ¡Quema! ¡Quema!

La Furia a la que le había dado con la empuñadura en el hocico volvió a atacarme, con las garras preparadas, pero le asesté un mandoble y se abrió como una piñata.

La señora Dodds intentaba quitarse a Annabeth de encima. Daba patadas, arañaba, silbaba y mordía, pero Annabeth aguantó mientras Grover le ataba las piernas con su propio látigo. Al final ambos consiguieron tumbarla en el pasillo. Intentó levantarse, pero no tenía espacio para batir sus alas de murciélago, así que volvió a caerse.

—¡Zeus te destruirá! —prometió—. ¡Tu alma será de Hades!

—*Braccas meas vescimini!* —le grité. No estoy muy seguro de dónde salió el latín. Creo que significaba «Y un cuerno».

Un trueno sacudió el autobús. Se me erizó el vello de la nuca.

—¡Salid! —ordenó Annabeth—. ¡Ahora!

No necesité que me lo repitiese.

Salimos corriendo fuera y encontramos a los demás pasajeros vagando sin rumbo, aturdidos, discutiendo con el conductor o dando vueltas en círculos y gritando impotentes.

—¡Vamos a morir! —Un turista con una camisa hawaiana me hizo una foto antes de que pudiera tapar la espada.

—¡Nuestras bolsas! —dijo Grover—. Hemos dejado nues... ¡BUUUUUUM!

Las ventanas del autobús explotaron y los pasajeros corrieron despavoridos. El rayo dejó un gran agujero en el techo, pero un aullido enfurecido desde el interior me indicó que la señora Dodds aún no estaba muerta.

—¡Corred! —exclamó Annabeth—. ¡Está pidiendo refuerzos! ¡Tenemos que largarnos de aquí!

Nos internamos en el bosque bajo un diluvio, con el autobús en llamas a nuestra espalda y nada más que oscuridad ante nosotros.

11

Visitamos el emporio de gnomos de jardín

En cierto sentido, es bueno saber que hay dioses griegos ahí fuera, porque tienes alguien a quien echarle la culpa cuando las cosas van mal. Por ejemplo, si eres un mortal y estás huyendo de un autobús atacado por arpías monstruosas y fulminado por un rayo —y si encima está lloviendo—, es normal que lo atribuyas a tu mala suerte; pero si eres un mestizo, sabes que alguna criatura divina está intentando fastidiarte el día.

Así que allí estábamos, Annabeth, Grover y yo, caminando entre los bosques que hay en la orilla de Nueva Jersey. El resplandor de Nueva York teñía de amarillo el cielo a nuestras espaldas, y el hedor del Hudson nos anegaba la pituitaria.

Grover temblaba y balaba, con miedo en sus enormes ojos de cabra.

—Tres Benévolas —dijo con inquietud—. Y las tres de golpe.

Yo mismo estaba bastante impresionado. La explosión del autobús aún resonaba en mis oídos. Pero Annabeth seguía tirando de nosotros.

—¡Vamos! Cuanto más lejos lleguemos, mejor.

—Nuestro dinero estaba allí dentro —le recordé—. Y la comida y la ropa. Todo.

—Bueno, a lo mejor si no hubieras decidido participar en la pelea...

—¿Qué querías que hiciera? ¿Dejar que os mataran?

—No tienes que protegerme, Percy. Me las habría apañado.

—En rebanadas como el pan de sándwich —intervino Grover—, pero se las habría apañado.

—Cierra el hocico, niño cabra —le espetó Annabeth.

Grover baló lastimeramente.

—Latitas... —se lamentó—. He perdido mi bolsa llena de estupendas latitas para mascar.

Atravesamos chapoteando terreno fangoso, a través de horribles árboles enroscados que olían a colada mohosa.

Al cabo de unos minutos, Annabeth se puso a mi lado.

—Mira, yo... —Le falló la voz—. Aprecio que nos ayudases, ¿vale? Has sido muy valiente.

—Somos un equipo, ¿no?

Se quedó en silencio durante unos cuantos pasos.

—Es sólo que si tú murieras... aparte de que a ti no te gustaría nada, supondría el fin de la misión. Y puede que ésta sea mi única oportunidad de ver el mundo real. ¿Me entiendes ahora?

La tormenta había cesado por fin. El fulgor de la ciudad se desvanecía a nuestra espalda y estábamos sumidos en una oscuridad casi total. No veía a Annabeth, salvo algún destello de su pelo rubio.

—¿No has salido del Campamento Mestizo desde que tenías siete años? —le pregunté.

—No. Sólo algunas excursiones cortas. Mi padre...

—El profesor de historia.

—Sí. Bueno, no funcionó vivir con él en casa. Me refiero a que mi casa es el Campamento Mestizo. En el campamento entrenas y entrenas, y eso está muy bien, pero los monstruos están en el mundo real. Ahí es donde aprendes si sirves para algo o no.

Me pareció detectar cierta duda en su voz.

—Eres muy valiente —le dije.

—¿Eso crees?

—Cualquiera capaz de hacerle frente a una Furia lo es. —Aunque no veía nada, tuve la sensación de que sonreía.

—Mira —dijo—, quizá tendría que decírtelo... Antes, en el autobús, ocurrió algo curioso...

Fuera lo que fuese lo que iba a decir, se vio interrumpido por un sonido agudo, como el de una lechuza al ser torturada.

—¡Eh, mi flauta sigue funcionando! —exclamó Grover—. ¡Si me acordara de alguna canción buscasendas, podríamos salir del bosque! —Tocó unas notas, pero la melodía no se apartó demasiado de Hillary Duff.

En ese momento me estampé contra un árbol y me salió un buen chichón. Añádelo a la lista de superpoderes que no tengo: visión de infrarrojos.

Tras tropezar, maldecir y sentirme un desgraciado en general durante aproximadamente un kilómetro más, empecé a ver luz delante: los colores de un cartel de neón. Olí comida. Comida frita, grasienta y exquisita. Reparé en que no había comido nada poco saludable desde mi llegada a la colina Mestiza, donde vivíamos a base de uvas, pan, queso y barbacoas de carne extrafina preparadas por ninfas. La verdad, estaba necesitando una hamburguesa doble con queso.

Seguimos andando hasta que vi una carretera de dos carriles entre los árboles. Al otro lado había una gasolinera cerrada, una vieja valla publicitaria que anunciaba una peli de los noventa, y un local abierto, que era la fuente de la luz de neón y el buen aroma.

No era el restaurante de comida rápida que había esperado, sino una de esas raras tiendas de carretera donde venden flamencos decorativos para el jardín, indios de madera, ositos de cemento y cosas así. El edificio principal, largo y bajo, estaba rodeado de hileras e hileras de pequeñas estatuas. El letrero de neón encima de la puerta me resultó ilegible, porque si hay algo peor para mi dislexia que el inglés corriente, es el inglés corriente en cursiva roja de neón.

Leí algo como: «MOPERIO DE MONGOS DE RAJDÍN ELATIDA MEE».

—¿Qué demonios pone ahí? —pregunté.

—No lo sé —contestó Annabeth.

Le gustaba tanto leer que había olvidado que también era disléxica.

Grover nos lo tradujo:

—Emporio de gnomos de jardín de la tía Eme.

A cada lado de la entrada, como se anunciaba, había dos gnomos de jardín, unos feos y pequeñajos barbudos de cemento que sonreían y saludaban, como si estuvieran posando para una foto. Crucé la carretera siguiendo el rastro aromático de las hamburguesas.

—Ve con cuidado —me advirtió Grover.

—Dentro las luces están encendidas —dijo Annabeth—. A lo mejor está abierto.

—Un bar —comenté con nostalgia.

—Sí, un bar —coincidió ella.

—¿Os habéis vuelto locos? —dijo Grover—. Este sitio es rarísimo.

No le hicimos caso.

El aparcamiento de delante era un bosque de estatuas: animales de cemento, niños de cemento, hasta un sátiro de cemento tocando la flauta.

—¡Beee-eee! —baló Grover—. ¡Se parece a mi tío Ferdinand!

Nos detuvimos ante la puerta.

—No llaméis —dijo Grover—. Huelo monstruos.

—Tienes la nariz entumecida por las Furias —le dijo Annabeth—. Yo sólo huelo hamburguesas. ¿No tienes hambre?

—¡Carne! —exclamó con desdén—. ¡Yo soy vegetariano!

—Comes enchiladas de queso y latas de aluminio —le recordé.

—Eso son verduras. Venga, vámonos. Estas estatuas me están mirando.

Entonces la puerta se abrió con un chirrido y ante nosotros apareció una mujer árabe; por lo menos eso supuse, porque llevaba una túnica larga y negra que le tapaba todo menos las manos. Los ojos le brillaban tras un velo de gasa negra, pero eso era cuanto podía discernirse. Sus manos color café parecían ancianas, pero eran elegantes y estaban cuidadas, así que supuse que era una anciana que en el pasado había sido una bella dama.

Su acento sonaba ligeramente a Oriente Medio.

—Niños, es muy tarde para estar solos fuera —dijo—. ¿Dónde están vuestros padres?

—Están... esto... —empezó Annabeth.

—Somos huérfanos —dije.

—¿Huérfanos? —repitió la mujer—. ¡Pero eso no puede ser!

—Nos separamos de la caravana —contesté—. Nuestra caravana del circo. El director de pista nos dijo que nos encontraríamos en la gasolinera si nos perdíamos, pero puede que se haya olvidado, o a lo mejor se refería a otra gasolinera. En cualquier caso, nos hemos perdido. ¿Eso que huelo es comida?

—Oh, queridos niños —respondió la mujer—. Tenéis que entrar, pobrecillos. Soy la tía Eme. Pasad directamente al fondo del almacén, por favor. Hay una zona de comida.

Le dimos las gracias y entramos.

—¿La caravana del circo? —me susurró Annabeth.

—¿No hay que tener siempre una estrategia pensada?

—En tu cabeza no hay más que algas.

El almacén estaba lleno de más estatuas: personas en todas las posturas posibles, luciendo todo tipo de indumentaria y distintas expresiones. Pensé que se necesitaría un buen trozo de jardín para poner aquellas estatuas, pues eran todas de tamaño natural. Pero, sobre todo, pensé en comida.

Vale, llámame imbécil por entrar en la tienda de una señora rara sólo porque tenía hambre, pero es que a veces hago cosas impulsivas. Además, tú no has olido las hamburguesas de la tía Eme. El aroma era como el gas de la risa en la silla del dentista: provocaba que todo lo demás desapareciera. Apenas reparé en los sollozos nerviosos de Grover, o en el modo en que los ojos de las estatuas parecían seguirme, o en el hecho de que la tía Eme hubiese cerrado la puerta con llave detrás de nosotros.

Lo único que me importaba era la zona de comida. Y, efectivamente, estaba al fondo del almacén, un mostrador de comida rápida con un grill, una máquina de bebidas, un horno para bollos y un dispensador de nachos con queso. Y unas cuantas mesas de picnic.

—Por favor, sentaos —dijo la tía Eme.

—Alucinante —comenté.

—Hum... —musitó Grover—. No tenemos dinero, señora.

Antes de que yo pudiera darle un codazo en las costillas, tía Eme contestó:

—No, niños. No hace falta dinero. Es un caso especial, ¿verdad? Es mi regalo para unos huérfanos tan agradables.

—Gracias, señora —contestó Annabeth.

Me pareció que la tía Eme se ponía tensa, como si Annabeth hubiera hecho algo mal, pero enseguida pareció relajada de nuevo y supuse que habría sido mi imaginación.

—De nada, Annabeth —respondió—. Tienes unos preciosos ojos grises, niña. —Sólo más tarde me pregunté cómo habría sabido el nombre de Annabeth, porque no nos habíamos presentado.

Nuestra anfitriona se puso a cocinar detrás del mostrador. Antes de que nos diéramos cuenta, había traído bandejas de plástico con hamburguesas, batidos de vainilla y patatas fritas.

Me había comido media hamburguesa cuando me acordé de respirar.

Annabeth sorbió su batido.

Grover pellizcaba patatas y miraba el papel encerado de la bandeja como si le apeteciera comérselo, pero seguía demasiado nervioso.

—¿Qué es ese ruido sibilante? —preguntó.

Yo no oí nada. Annabeth tampoco.

—¿Sibilante? —repitió la tía Eme—. Puede que sea el aceite de la freidora. Tienes buen oído, Grover.

—Tomo vitaminas... para el oído.

—Eso está muy bien —respondió ella—. Pero, por favor, relájate.

La tía Eme no comió nada. No se había descubierto la cabeza ni para cocinar, y ahora estaba sentada con los dedos entrelazados, observándonos comer. Es un poco inquietante tener a alguien mirándote cuando no puedes verle la cara, pero la hamburguesa me había saciado y empezaba a sentir cierta somnolencia, así que supuse que lo mínimo era intentar dar un poco de conversación cortés a nuestra anfitriona.

—Así que vende gnomos —dije, intentando sonar interesado.

—Pues sí —contestó la tía Eme—. Y animales. Y personas. Cualquier cosa para el jardín. Los hago por encargo. Las estatuas son muy populares, ya sabéis.

—¿Tiene mucho trabajo?

—No mucho, no. Desde que construyeron la autopista, casi ningún coche pasa por aquí. Valoro cada cliente que consigo.

Sentí una vibración en el cuello, como si alguien estuviera mirándome. Me volví, pero sólo era la estatua de una chica con una cesta de Pascua. Su detallismo era increíble, mucho más preciso que el que se ve en la mayoría de las estatuas. Pero algo raro le pasaba en la cara. Parecía sorprendida, incluso aterrorizada.

—Ya —dijo la tía Eme con tristeza—. Como ves, algunas de mis creaciones no salen muy bien. Están dañadas y no se venden. La cara es lo más difícil de conseguir. Siempre la cara.

—¿Hace usted las estatuas? —pregunté.

—Oh, desde luego. Antes tenía dos hermanas que me ayudaban en el negocio, pero me abandonaron, y ahora la tía

Eme está sola. Sólo tengo mis estatuas. Por eso las hago. Me hacen compañía. —La tristeza de su voz parecía tan profunda y real que la compadecí.

Annabeth había dejado de comer. Se inclinó hacia delante e inquirió:

—¿Dos hermanas?

—Es una historia terrible. Desde luego, no es para niños. Verás, Annabeth, hace mucho tiempo, cuando yo era joven, una mala mujer tuvo celos de mí. Yo tenía un novio, ya sabéis, y esa mala mujer estaba decidida a separarnos. Provocó un terrible accidente. Mis hermanas se quedaron conmigo. Compartieron mi mala suerte tanto tiempo como pudieron, pero al final nos dejaron. Sólo yo he sobrevivido, pero a qué precio, niños. A qué precio.

No estaba seguro de a qué se refería, pero me apené por su desdicha. Los párpados me pesaban cada vez más, mi estómago saciado me provocaba somnolencia. Pobre mujer. ¿Quién querría hacer daño a alguien tan agradable?

—¿Percy? —Annabeth me estaba sacudiendo—. Tal vez deberíamos marcharnos. Ya sabes... el jefe de pista estará esperándonos.

Por algún motivo parecía tensa. En ese momento Grover se estaba comiendo el papel encerado de la bandeja de plástico, pero si a tía Eme le pareció raro, no dijo nada.

—Qué ojos grises más bonitos —volvió a decirle a Annabeth—. Vaya que sí, hace mucho que no veo unos ojos grises como los tuyos.

Se acercó como para acariciarle la mejilla, pero Annabeth se puso en pie bruscamente.

—Tenemos que marcharnos, de verdad.

—¡Sí! —Grover se tragó el papel encerado y también se puso en pie—. ¡El jefe de pista nos espera! ¡Vamos!

Yo no quería irme. Me sentía ahíto y amodorrado. La tía Eme era muy agradable y quería quedarme con ella un rato.

—Por favor, queridos niños —suplicó—. Tengo muy pocas ocasiones de estar en tan buena compañía. Antes de marcharos, ¿no posaríais para mí?

—¿Posar? —preguntó Annabeth, cautelosa.

—Para una fotografía. Después la utilizaré para un grupo escultórico. Los niños son muy populares. A todo el mundo le gustan los niños.

Annabeth cambiaba el peso del cuerpo de un pie a otro.

—Mire, señora, no creo que podamos. Vamos, Percy.

—¡Claro que podemos! —salté. Estaba irritado con Annabeth por mostrarse tan maleducada con una anciana que acababa de alimentarnos gratis—. Es sólo una foto, Annabeth. ¿Qué daño va a hacernos?

—Claro, Annabeth —ronroneó la mujer—, ningún daño.

A Annabeth no le gustaba, pero al final cedió. La tía Eme nos condujo de nuevo al jardín de las estatuas, por la puerta de delante. Una vez allí, nos llevó hasta un banco junto al sátiro de piedra.

—Ahora voy a colocaros correctamente —dijo—. La chica en el medio, y los dos caballeretes uno a cada lado.

—No hay demasiada luz para una foto —comenté.

—Descuida, hay de sobra —repuso la tía Eme—. De sobra para que nos veamos unos a otros, ¿verdad?

—¿Dónde tiene la cámara? —preguntó Grover.

La mujer dio un paso atrás, como para admirar la composición.

—La cara es lo más difícil. ¿Podéis sonreír todos, por favor? ¿Una ancha sonrisa?

Grover miró al sátiro de cemento junto a él y murmuró:

—Se parece mucho al tío Ferdinand.

—Grover —le riñó tía Eme—, mira a este lado, cariño.

Seguía sin cámara.

—Percy... —dijo Annabeth.

Algún instinto me indicó que escuchara a Annabeth, pero estaba luchando contra la somnolencia surgida de la comida y la voz de la anciana.

—Sólo será un momento —añadió tía Eme—. Es que no os veo muy bien con este maldito velo...

—Percy, algo no va bien —insistió Annabeth.

—¿Que no va bien? —repitió la tía Eme mientras levantaba los brazos para quitarse el velo—. Te equivocas, querida. Esta noche tengo una compañía exquisita. ¿Qué podría ir mal?

—¡Es el tío Ferdinand! —balbució Grover.

—¡No la mires! —gritó Annabeth, y al punto se encasquetó la gorra de los Yankees y desapareció. Sus manos invisibles nos empujaron a Grover y a mí fuera del banco.

Estaba en el suelo, mirando las sandalias de la tía Eme. Grover se escabulló en una dirección y Annabeth en la otra, pero yo estaba demasiado aturdido para moverme. Entonces oí un extraño y áspero sonido encima de mí. Alcé la mirada hasta las manos de la tía Eme, que ahora eran nudosas y estaban llenas de verrugas, con afiladas garras de bronce en lugar de uñas.

Me dispuse a levantar la cabeza, pero en algún lugar a mi izquierda Annabeth gritó:

—¡No! ¡No lo hagas!

El sonido áspero de nuevo: pequeñas serpientes justo encima de mí, allí donde... donde debía estar la cabeza de la tía Eme.

—¡Huye! —baló Grover, y lo oí correr por la grava, mientras gritaba «*Maya!*», a fin de que sus zapatillas echaran a volar.

No podía moverme. Me quedé mirando las garras nudosas de la anciana e intenté luchar contra el trance en que me había sumido.

—Qué pena destrozar una cara tan atractiva y joven —me susurró—. Quédate conmigo, Percy. Sólo tienes que mirar arriba.

Me resistí al impulso de obedecer y miré a un lado. Entonces vi una de esas esferas de cristal que la gente pone en los jardines. Se veía el reflejo oscuro de la tía Eme en el cristal naranja; se había quitado el tocado, revelando un rostro como un círculo pálido y brillante. El pelo se le movía, retorciéndose como serpientes.

Tía Eme. Tía «M»...

¿Cómo podía haber estado tan ciego? Piensa, me ordené. ¿Cómo moría Medusa en el mito? Pero no podía pensar. Algo me dijo que en el mito Medusa estaba dormida cuando fue atacada por mi tocayo Perseo. Pero en aquel momento yo no la veía muy dormida. Si quería, habría podido arrancarme la cabeza con sus garras en un instante.

—Esto me lo hizo la de los ojos grises, Percy —dijo Medusa, y no sonaba en absoluto como un monstruo. Su voz me invitaba a mirar, a simpatizar con una pobre abuelita—. La madre de Annabeth, la maldita Atenea, transformó a una mujer hermosa en esto.

—¡No la escuches! —exclamó Annabeth desde algún sitio entre las estatuas—. ¡Corre, Percy!

—¡Silencio! —gruñó Medusa, y volvió a modular la voz hasta alcanzar un cálido ronroneo—. Ya ves por qué tengo que destruir a la chica, Percy. Es la hija de mi enemiga. Desmenuzaré su estatua. Pero tú, querido Percy, no tienes por qué sufrir.

—No —murmuré. Intenté mover las piernas.

—¿De verdad quieres ayudar a los dioses? —me preguntó Medusa—. ¿Entiendes qué te espera en esta búsqueda insensata, Percy? ¿Qué te sucederá si llegas al inframundo? No seas un peón de los Olímpicos, querido. Estarás mejor como estatua. Sufrirás menos daño. Mucho menos.

—¡Percy! —Detrás de mí oí una especie de zumbido, como un colibrí de cien kilos lanzándose en picado. Grover gritó—: ¡Agáchate!

Me di la vuelta y allí estaba Grover en el cielo nocturno, llegando en picado con sus zapatos alados, con una rama de árbol del tamaño de un bate de béisbol. Tenía los ojos apretados y movía la cabeza de lado a lado. Navegaba guiándose por el oído y el olfato.

—¡Agáchate! —volvió a gritar—. ¡Voy a atizarle!

Eso me puso por fin en acción. Conociendo a Grover, seguro que no le acertaría a Medusa y me daría a mí. Así pues, me arrojé hacia un lado.

¡Zaca! Supuse que sería el sonido de Grover al chocar contra un árbol, pero Medusa rugió de dolor.

—¡Sátiro miserable! —masculló—. ¡Te añadiré a mi colección!

—¡Ésa por el tío Ferdinand! —le respondió Grover.

Me escabullí en cuclillas y me oculté entre las estatuas mientras Grover se volvía para hacer otra pasadita.

¡Tracazás!

—¡Aaargh! —aulló Medusa, y su melena de serpientes silbaba y escupía.

—¡Percy! —dijo la voz de Annabeth junto a mí.

Di un respingo tan grande que casi tiro un gnomo de jardín con un pie.

—¡Por Dios! ¡No puedes fallar! —Annabeth se quitó la gorra de los Yankees y se volvió visible—. Tienes que cortarle la cabeza.

—¿Qué? ¿Te has vuelto loca? Larguémonos de aquí.

—Medusa es una amenaza. Es mala. La mataría yo misma, pero... —tragó saliva, como si le costase admitirlo— pero tú vas mejor armado. Además, nunca conseguiría acercarme. Me rebanaría por culpa de mi madre. Tú... tú tienes una oportunidad.

—¿Qué? Yo no puedo...

—Mira, ¿quieres que siga convirtiendo a más gente inocente en estatuas? —Señaló una pareja de amantes abrazados, convertidos en piedra por el monstruo.

Annabeth agarró una bola verde de un pedestal cercano.

—Un escudo pulido iría mejor. —Estudió la esfera con aire crítico—. La convexidad causará cierta distorsión. El tamaño del reflejo disminuirá en una proporción...

—¿Quieres hablar claro?

—¡Eso hago! —Me entregó la bola—. Bueno, ten, mira al monstruo a través del cristal, nunca directamente.

—¡Eh! —gritó Grover desde algún lugar por encima de nosotros—. ¡Creo que está inconsciente!

—¡Groaaaaaaar!

—Puede que no —se corrigió Grover. Se abalanzó para hacer otro barrido con su improvisado bate.

—Date prisa —me dijo Annabeth—. Grover tiene buen olfato, pero al final acabará cayéndose.

Saqué mi boli y lo destapé. La hoja de bronce de *Anaklusmos* salió disparada. Seguí el ruido sibilante y los escupitajos del pelo de Medusa.

Mantuve la mirada fija en la bola de cristal para ver sólo el reflejo de Medusa, no el bicho real. Cuando la vi, Grover llegaba para atizarla otra vez con el bate, pero esta vez volaba demasiado bajo. Medusa agarró la rama y lo apartó de su trayectoria. Grover tropezó en el aire y se estrelló contra un oso de piedra con un doloroso quejido.

Medusa iba a abalanzarse sobre él cuando grité:

—¡Eh! ¡Aquí!

Avancé hacia ella, cosa que no era tan fácil, teniendo en cuenta que sostenía una espada en una mano y una bola de cristal en la otra. Si la bruja cargaba, no me sería fácil defenderme. Sin embargo, dejó que me acercara: seis metros, cinco, tres...

Entonces vi el reflejo de su cara. No podía ser tan fea. Aquel cristal verde debía de distorsionar la imagen, afeándola incluso más.

—No le harías daño a una viejecita, Percy —susurró—. Sé que no lo harías.

Vacilé, fascinado por el rostro que veía reflejado en el cristal: los ojos, que parecían arder a través del vidrio verde, me debilitaban los brazos.

Desde el oso de cemento, Grover gimió:

—¡No la escuches, Percy!

Medusa estalló en carcajadas.

—Demasiado tarde.

Se me abalanzó con las garras por delante.

Yo le rebané el cuello de un único mandoble. Oí un siseo asqueroso y un silbido como de viento en una caverna: el sonido del monstruo desintegrándose.

Algo cayó al suelo junto a mis pies. Necesité toda mi fuerza de voluntad para no mirar. Noté un líquido viscoso y caliente empapándome el calcetín, pequeñas cabecitas de serpiente mordisqueando los cordones de mis zapatillas.

—Puaj, qué asco —dijo Grover. Aún seguía con los ojos bien cerrados, pero supongo que oía al bicho borbotear y despedir vapor—. ¡Megapuaj!

Annabeth se materializó a mi lado con la mirada vuelta hacia el cielo. Sostenía el velo negro de Medusa.

—No te muevas —dijo.

Con mucho cuidado, sin mirar abajo ni un instante, se arrodilló, envolvió la cabeza del monstruo en el paño negro y la recogió. Aún chorreaba un líquido verdoso.

—¿Estás bien? —me preguntó con voz temblorosa.

—Sí —mentí, a punto de vomitar mi hamburguesa doble con queso—. ¿Por qué... por qué no se ha desintegrado la cabeza?

—En cuanto la cercenas se convierte en trofeo de guerra —me explicó—, como tu cuerno de minotauro. Pero no la desenvuelvas. Aún puede petrificar.

Grover se quejó mientras bajaba de la estatua del oso. Tenía un buen moratón en la frente. La gorra rasta verde le colgaba de uno de sus cuernecitos de cabra y los pies falsos se le habían salido de las pezuñas. Las zapatillas mágicas volaban sin rumbo alrededor de su cabeza.

—Pareces el Barón Rojo —dije—. Buen trabajo.

Sonrió tímidamente.

—No me ha molado nada. Bueno, darle con la rama en la cabeza sí ha molado, pero estrellarme contra ese oso no.

Cazó las zapatillas al vuelo y yo volví a tapar mi espada. Luego regresamos al almacén.

Encontramos unas bolsas de plástico detrás del mostrador y envolvimos varias veces la cabeza de Medusa. La colocamos encima de la mesa en que habíamos cenado y nos sentamos alrededor, demasiado cansados para hablar. Al final dije:

—¿Así que tenemos que darle las gracias a Atenea por este monstruo?

Annabeth me lanzó una mirada de irritación.

—A tu padre, de hecho. ¿No te acuerdas? Medusa era la novia de Poseidón. Decidieron verse en el templo de mi madre. Por eso Atenea la convirtió en monstruo. Ella y sus dos hermanas, que la habían ayudado a meterse en el templo, se convirtieron en las tres gorgonas. Por eso Medusa quería hacerme picadillo, pero también pretendía conservarte a ti como bonita estatua. Aún le gusta tu padre. Probablemente le recordabas a él.

Me ardía la cara.

—Vaya, así que ha sido culpa mía que nos encontráramos con Medusa.

Annabeth se irguió e imitó mi voz en falsete:

—«Tan sólo es una foto, Annabeth. ¿Qué daño puede hacernos?»

—Vale, vale —respondí—. Eres imposible.

—Y tú insufrible.

—Y tú...

—¡Eh! —nos interrumpió Grover—. Me estáis dando migraña, y los sátiros no tienen migraña. ¿Qué vamos a hacer con la cabeza?

Miré el bulto. De un agujero en el plástico salía una pequeña serpiente. En la bolsa estaba escrito: «CUIDAMOS SU NEGOCIO.»

Me enfadé, no sólo con Annabeth o su madre, sino con todos los dioses por aquella absurda misión, por sacarnos de la carretera con un rayo y por habernos enfrentado en dos grandes batallas el primer día que salíamos del campamento. A ese ritmo, jamás llegaríamos a Los Ángeles vivos, mucho menos antes del solsticio de verano.

¿Qué había dicho Medusa? «No seas un peón de los Olímpicos, querido. Estarás mejor como estatua. Sufrirás menos daño. Mucho menos.»

Me puse en pie.

—Ahora vuelvo.

—Percy —me llamó Annabeth—. ¿Qué estás...?

En el fondo del almacén encontré el despacho de Medusa. Sus libros de contabilidad mostraban sus últimos encargos, todos envíos al inframundo para decorar el jardín de Hades y Perséfone. Según una factura, la dirección del inframundo era Estudios de Grabación El Otro Barrio, West Hollywood, California. Doblé la factura y me la metí en el bolsillo.

En la caja registradora encontré veinte dólares, unos cuantos dracmas de oro y unos embalajes de envío rápido del Hermes Nocturno Express. Busqué por el resto del despacho hasta que encontré una caja adecuada.

Regresé a la mesa de picnic, metí dentro la cabeza de Medusa y rellené el formulario de envío.

Los Dioses
Monte Olimpo
Planta 600
Edificio Empire State
Nueva York, NY

Con mis mejores deseos,
Percy Jackson

—Eso no va a gustarles —me avisó Grover—. Te considerarán un impertinente.

Metí unos cuantos dracmas de oro en la bolsita. En cuanto la cerré, se oyó un sonido de caja registradora. El paquete flotó por encima de la mesa y desapareció con un suave «pop».

—Es que soy un impertinente —respondí. Miré a Annabeth, a ver si se atrevía a criticarme.

No se atrevió. Parecía resignada al hecho de que yo tenía un notable talento para fastidiar a los dioses.

—Vamos —murmuró—. Necesitamos un nuevo plan.

12

Nos asesora un caniche

Esa noche nos sentimos bastante desgraciados.

Acampamos en el bosque, a unos cien metros de la carretera principal, en un claro que los chicos de la zona al parecer utilizaban para sus fiestas. El suelo estaba lleno de latas aplastadas, envoltorios de comida rápida y otros desechos.

Habíamos sacado algo de comida y unas mantas de casa de la tía Eme, pero no nos atrevimos a encender una hoguera para secar nuestra ropa. Las Furias y la Medusa nos habían proporcionado suficientes emociones por un día. No queríamos atraer nada más.

Decidimos dormir por turnos. Yo me ofrecí voluntario para hacer la primera guardia.

Annabeth se acurrucó entre las mantas y empezó a roncar en cuanto su cabeza tocó el suelo. Grover revoloteó con sus zapatos voladores hasta la rama más baja de un árbol, se recostó contra el tronco y observó el cielo nocturno.

—Duerme —le dije—. Te despertaré si surge algún problema.

Asintió, pero siguió con los ojos abiertos.

—Me pone triste, Percy.

—¿El qué? ¿Haberte apuntado a esta estúpida misión?

—No. Esto es lo que me entristece. —Señaló toda la basura del suelo—. Y el cielo. Ni siquiera se pueden ver las estrellas. Han contaminado el cielo. Es una época terrible para ser sátiro.

—Ya. Debería haber supuesto que eres ecologista.

Me lanzó una mirada iracunda.

—Sólo un humano no lo sería. Tu especie está obstruyendo tan rápidamente el mundo... Bueno, no importa. Es inútil darle lecciones a un humano. Al ritmo que van las cosas, jamás encontraré a Pan.

—¿Pan? ¿En barra?

—¡Pan! —exclamó airado—. P-a-n. ¡El gran dios Pan! ¿Para qué crees que quiero la licencia de buscador?

Una brisa extraña atravesó el claro, anulando temporalmente el olor de basura y porquería. Trajo el aroma de bayas, flores silvestres y agua de lluvia limpia, cosas que en algún momento hubo en aquellos bosques. De repente, sentí nostalgia de algo que nunca había conocido.

—Háblame de la búsqueda —le pedí.

Grover me miró con cautela, como temiendo que pudiera estar gastándole una broma.

—El dios de los lugares vírgenes desapareció hace dos mil años —me contó—. Un marinero junto a la costa de Éfeso oyó una voz misteriosa que gritaba desde la orilla: «¡Diles que el gran dios Pan ha muerto!» Cuando los humanos oyeron la noticia, la creyeron. Desde entonces no han parado de saquear el reino de Pan. Pero, para los sátiros, Pan era nuestro señor y amo. Nos protegía a nosotros y a los lugares vírgenes de la tierra. Nos negamos a creer que haya muerto. En todas las generaciones, los sátiros más valientes consagran su vida a buscar a Pan. Lo buscan por todo el mundo y exploran la naturaleza virgen, confiando en encontrar su escondite y despertarlo de su sueño.

—Y tú quieres ser un buscador de ésos.

—Es el sueño de mi vida. Mi padre era buscador. Y mi tío Ferdinand, la estatua que has visto ahí atrás...

—Ah, sí. Lo siento.

Grover sacudió la cabeza.

—El tío Ferdinand conocía los riesgos, como mi padre. Pero yo lo conseguiré. Seré el primer buscador que regrese vivo.

—Espera, espera... ¿El primero?

Grover sacó la flauta del bolsillo.

—Ningún buscador ha regresado jamás. En cuanto son enviados, desaparecen. Nunca vuelven a verlos vivos.

—¿Ni uno en dos mil años?

—No.

—¿Y tu padre? ¿Sabes qué le ocurrió?

147

—Lo ignoro.

—Pero aun así quieres ir —dije asombrado—. Me refiero a que... ¿en serio crees que serás el que encuentre a Pan?

—Tengo que creerlo, Percy. Todos los buscadores lo creen. Es lo único que mantiene la esperanza cuando observamos lo que han hecho los humanos con el mundo. Tengo que creer que Pan aún puede despertar.

Miré el resplandor naranja del cielo polucionado y me asombré de que Grover persiguiese un sueño que a simple vista parecía un imposible.

—¿Cómo vamos a entrar en el inframundo? —le pregunté—. Quiero decir, ¿qué oportunidades tenemos contra un dios?

—No lo sé. Pero en casa de Medusa, mientras tú rebuscabas en el despacho, Annabeth me dijo...

—Oh, se me había olvidado, claro. Annabeth ya debe de tener un plan.

—No seas tan duro con ella, Percy. Ha tenido una vida difícil, pero es una buena persona. Después de todo, me ha perdonado... —Le falló la voz.

—¿Qué quieres decir? Te ha perdonado ¿qué?

De repente, Grover pareció muy interesado en tocar la flauta.

—Un momento —insistí—. Tu primer trabajo de guardián fue hace cinco años. Y Annabeth lleva en el campo también cinco años. ¿No sería ella... tu primer encargo que fue mal...?

—No puedo hablar de eso —repuso él, y el temblor de su labio inferior me indicó que se echaría a llorar si lo presionaba—. Pero como iba diciendo, en casa de Medusa, Annabeth y yo coincidimos en que está pasando algo raro en esta misión. Hay algo que no es lo que aparenta.

—Vale, lumbrera. Me culpan por robar un rayo que se llevó Hades, ¿recuerdas?

—No me refiero a eso. Las Fur... las Benévolas parecían contenerse. Igual que la señora Dodds en la academia Yancy... ¿Por qué esperó tanto para matarte? Y después, en el autobús, no estaban tan agresivas como suelen ponerse.

—A mí me parecieron agresivas de sobra.

Grover meneó la cabeza.

—Nos gritaban: «¿Dónde está? ¿Dónde?»

—Os preguntaban por mí —le dije.

—Puede... pero tanto Annabeth como yo tuvimos la sensación de que no preguntaban por una persona. Cuando preguntaron dónde está, parecían referirse a un objeto.

—Eso es absurdo.

—Ya lo sé. Pero si hemos pasado por alto algo importante, y sólo tenemos nueve días para encontrar el rayo maestro... —Me miró como si esperara respuestas, pero yo no las tenía.

Pensé en las palabras de Medusa: estaba siendo utilizado por los dioses. Lo que tenía ante mí era peor que la petrificación.

—No he sido sincero contigo —admití—. No me importa nada el rayo maestro. Accedí a ir al inframundo para rescatar a mi madre.

Grover hizo sonar una nota suave en la flauta.

—Ya lo sé, Percy, pero ¿estás seguro de que es el único motivo?

—No lo hago por ayudar a mi padre. No le importo, y a mí él tampoco me importa.

Grover me miró desde su rama.

—Oye, Percy, no soy tan listo como Annabeth ni tan valiente como tú, pero soy muy bueno en analizar emociones. Te alegras de que tu padre esté vivo. Te hace sentir bien que te haya reclamado, y parte de ti quiere que se sienta orgulloso. Por eso enviaste la cabeza de Medusa al Olimpo. Querías que se enterara de lo que has hecho.

—¿Sí? A lo mejor las emociones de los sátiros no funcionan como las de los humanos. Porque estás equivocado. No me importa lo que él piense.

Grover subió los pies a la rama.

—Vale, Percy. Lo que tú digas.

—Además, no he hecho nada meritorio. Apenas hemos salido de Nueva York y ya estamos aquí atrapados, sin dinero ni posibilidad de ir al oeste.

Grover miró el cielo nocturno, como meditando en nuestros problemas.

—¿Qué tal si yo hago el primer turno? —propuso—. Duerme un poco.

Quería protestar, pero comenzó a tocar Mozart, muy suavemente, y me di la vuelta. Los ojos me escocían. A los pocos compases del *Concierto para piano n.º 12*, me quedé dormido.

149

• • •

En mis sueños, me encontré en una oscura caverna frente a un foso insondable. Criaturas de niebla gris se arremolinaban alrededor de mí susurrando jirones de humo, de modo que sabía que eran los espíritus de los muertos.

Me tiraban de la ropa, intentando apartarme, pero yo me sentía obligado a caminar hasta el borde mismo del abismo.

Mirar abajo me mareaba. El foso, ancho y negro, carecía de fondo. Aun así, tenía la impresión de que algo intentaba alzarse desde el abismo, algo enorme y malvado.

—El pequeño héroe —reverberaba una voz divertida desde la lejana oscuridad—. Demasiado débil, demasiado joven, pero puede que sirvas. —La voz sonaba muy antigua, fría y grave. Me envolvía como un pesado manto—. Te han engañado, chico —añadía—. Haz un trato conmigo. Yo te daré lo que quieres.

Se formaba una imagen sobre el abismo: mi madre, congelada en el momento en que se había disuelto en aquel resplandor dorado. Tenía el rostro desencajado por el dolor, como si el Minotauro siguiera retorciéndole el cuello. Me miraba fijamente y sus ojos suplicaban «¡Márchate!».

Yo intentaba gritar, pero no me salía la voz.

Una risotada fría sacudía el abismo. Una fuerza invisible me empujaba, pretendía arrastrarme hacia el abismo. Debía mantenerme firme.

—Ayúdame a salir, chico. —La voz sonaba más insistente—. Tráeme el rayo. ¡Juégasela a esos traicioneros dioses!

Los espíritus de los muertos susurraron alrededor de mí:

—¡No lo hagas! ¡Despierta!

La imagen de mi madre empezaba a desvanecerse. La cosa del foso se aferraba aún más a mí. No pretendía arrastrarme al abismo, sino valerse de mí para salir fuera.

—Bien —murmuraba—. Bien.

—¡Despierta! —susurraban los muertos—. ¡Despierta!

Alguien me estaba sacudiendo.

Abrí los ojos y era de día.

—Vaya —dijo Annabeth—. El zombi vive.

El sueño me había dejado temblando. Aún sentía el contacto del monstruo del abismo en el pecho.

—¿Cuánto he dormido?

—Suficiente para darme tiempo de preparar un desayuno. —Me lanzó un paquete de cortezas de maíz del bar de la tía Eme—. Y Grover ha salido a explorar. Mira, ha encontrado un amigo.

Tenía problemas para enfocar la vista.

Grover, sentado con las piernas cruzadas encima de una manta, tenía algo peludo en el regazo, un animal disecado, sucio y de un rosa artificial. No, no se trataba de un animal disecado. Era un caniche rosa.

El chucho me ladró, cauteloso.

Grover dijo:

—No, qué va.

Parpadeé.

—¿Estás hablando con... eso?

El caniche gruñó.

—Eso —me avisó Grover— es nuestro billete al oeste. Sé amable con él.

—¿Sabes hablar con los animales?

Grover no me hizo caso.

—Percy, éste es *Gladiolus*. *Gladiolus*, Percy.

Miré a Annabeth, convencido de que empezaría a reírse con la broma que me estaban gastando, pero ella estaba muy seria.

—No voy a decirle hola a un caniche rosa —dije—. Olvidadlo.

—Percy —intervino Annabeth—. Yo le he dicho hola al caniche. Tú le dices hola al caniche.

El caniche gruñó.

Le dije hola al caniche.

Grover me explicó que había encontrado a *Gladiolus* en los bosques y habían iniciado una conversación. El caniche se había fugado de una rica familia local, que ofrecía una recompensa de doscientos dólares a quien lo devolviera. No tenía muchas ganas de volver con su familia, pero estaba dispuesto a hacerlo para ayudar a Grover.

—¿Cómo sabe *Gladiolus* lo de la recompensa? —pregunté.

—Ha leído los carteles, lumbrera —contestó Grover.

—Claro —respondí—. Cómo he podido ser tan tonto.

—Así que devolvemos a *Gladiolus* —explicó Annabeth con su mejor voz de estratega—, conseguimos el dinero y compramos unos billetes a Los Ángeles. Es fácil.

Pensé en mi sueño: en las voces susurrantes de los muertos, en la cosa del abismo, en el rostro de mi madre, reluciente al disolverse en oro. Todo aquello podría estar esperándome en el oeste.

—Otro autobús no —dije con recelo.

—No —me tranquilizó Annabeth.

Señaló colina abajo, hacia unas vías de tren que no había visto por la noche en la oscuridad.

—Hay una estación de trenes Amtrak a ochocientos metros. Según *Gladiolus*, el que va al oeste sale a mediodía.

13

Me aboco a mi muerte

Pasamos dos días viajando en el tren Amtrak, a través de colinas, ríos y mares de trigo ámbar. No nos atacaron ni una vez, pero tampoco me relajé. Me daba la sensación de que viajábamos en un escaparate, que nos observaban desde arriba y puede que también desde abajo, que había algo acechando, a la espera de la oportunidad adecuada.

Intenté pasar inadvertido porque mi nombre y mi foto aparecían en varios periódicos de la costa Este. El *Trenton Register-News* mostraba la fotografía que me hizo un turista al bajar del autobús Greyhound. Tenía la mirada ida. La espada era un borrón metálico en mis manos. Habría podido ser un bate de béisbol o un palo de lacrosse.

En el pie de foto se leía: «Percy Jackson, de doce años de edad, buscado para ser interrogado acerca de la desaparición de su madre hace dos semanas. Aquí se le ve huyendo del autobús en que abordó a varias ancianas. El autobús explotó en una carretera al este de Nueva Jersey poco después de que Jackson abandonara el lugar. Según las declaraciones de los testigos, la policía cree que el chico podría estar viajando con dos cómplices adolescentes. Su padrastro, Gabe Ugliano, ha ofrecido una recompensa en metálico por cualquier información que conduzca a su captura.»

—No te preocupes —me dijo Annabeth—. Los policías son mortales, no podrán encontrarnos. —Pero no parecía muy segura de sus palabras.

Pasé el resto del día paseando por el tren (lo pasaba fatal sentado quieto) o mirando por las ventanillas.

Una vez vi una familia de centauros galopar por un campo de trigo, con los arcos tensados, mientras cazaban el almuerzo. El hijo centauro, que sería del tamaño de un niño de segundo curso montado en poni, me vio y saludó con la mano. Miré alrededor en el vagón, pero nadie más los había visto. Todos los adultos estaban absortos en sus ordenadores portátiles o revistas.

En otra ocasión, por la tarde, vi algo enorme moviéndose por un bosque. Habría jurado que era un león, sólo que no hay leones sueltos en América, y aquel bicho era del tamaño de un todoterreno militar. Su melena refulgía dorada a la luz de la tarde. Después saltó entre los árboles y desapareció.

El dinero de la recompensa por devolver al caniche nos había dado sólo para comprar billetes hasta Denver. No nos alcanzaba para literas, así que dormitábamos en nuestros asientos. El cuello se me quedó hecho un cuatro. Intenté no babear, ya que Annabeth se sentaba a mi lado.

Grover no paraba de roncar, balar y despertarme. Una vez se revolvió en el asiento y se le cayó un pie de pega. Annabeth y yo tuvimos que ponérselo de nuevo antes de que los otros pasajeros se dieran cuenta.

—Vale —me dijo Annabeth en cuanto terminamos de ponerle la zapatilla a Grover—, ¿quién quiere tu ayuda?

—¿Perdona?

—Hace un momento, cuando estabas durmiendo, murmurabas «No voy a ayudarte». ¿Con quién soñabas?

No quería contárselo. Era la segunda vez que soñaba con la voz maligna del foso, pero me preocupaba tanto que al final se lo dije.

Annabeth reflexionó un rato.

—No parece que se trate de Hades —dijo por fin—. Siempre aparece encima de un trono negro, y nunca ríe.

—Me ofreció a mi madre a cambio. ¿Quién más podría hacer eso?

—Supongo... pero si lo que quería es que lo ayudaras a salir del inframundo, si lo que busca es desatar una guerra contra los Olímpicos, ¿por qué te pide que le lleves el rayo maestro si ya lo tiene?

Negué con la cabeza, deseando conocer la respuesta. Pensé en lo que Grover me había contado, que las Furias del autobús parecían buscar algo. «¿Dónde está? ¿Dónde?» Quizá Grover presentía mis emociones. Roncó en sueños, murmuró algo sobre verduras y volvió la cabeza. Annabeth le remetió la gorra para que le tapara los cuernos.

—Percy, no puedes hacer un trato con Hades. Ya lo sabes, ¿verdad? Es mentiroso, no tiene corazón y sí mucha avaricia. No me importa que sus Benévolas no se mostraran tan agresivas esta vez...

—¿Esta vez? ¿Quieres decir que ya te habías encontrado con ellas antes?

Se sacó su collar y me mostró una cuenta blanca pintada con la imagen de un pino, uno de sus premios por concluir un nuevo verano.

—Digamos que no tengo ningún aprecio por el Señor de los Muertos. No puede tentarte para hacer un trato a cambio de tu madre.

—¿Qué harías tú si fuera tu padre?

—Eso es fácil —contestó—. Lo dejaría pudrirse.

—¿A qué viene eso?

Annabeth me miró fijamente con sus ojos grises. Tenía la misma expresión que le había visto en el bosque cuando desenvainó la espada contra el perro del infierno.

—A mi padre le molesto desde el día que nací, Percy —dijo—. Nunca le gustaron los niños. Cuando me tuvo, le pidió a Atenea que me recogiera y me criara en el Olimpo, porque él estaba demasiado ocupado con su trabajo. A ella no le hizo mucha gracia. Le dijo que los héroes tienen que ser criados por su padre mortal.

—Pero ¿cómo...? Es decir, supongo que no naciste en un hospital.

—Aparecí en la puerta de mi padre, en una cesta de oro, transportada desde el Olimpo por Céfiro, el Viento del Oeste. Cualquiera recordaría el momento como un milagro, ¿no? Y hasta sacaría unas fotos digitales o algo así. Pues bien, siempre hablaba de mi llegada como si fuera lo más molesto que le hubiera sucedido en la vida. Cuando cumplí cinco años, se casó y se olvidó por completo de Atenea. Se buscó una mujer mortal «normal» y un par de hijos mortales «normales», e intentó fingir que yo no existía.

Miré por la ventanilla del tren. Vi las luces de una ciudad dormida a toda velocidad. Quería que Annabeth se sintiera mejor, pero no sabía cómo lograrlo.

—Mi madre se casó con un hombre absolutamente espantoso —le conté—. Grover dice que lo hizo para protegerme, para ocultarme tras el aroma de una familia humana. A lo mejor tu padre intentaba hacer lo mismo.

Annabeth seguía jugueteando con su collar. No dejaba de pellizcar el anillo de oro de la universidad, que colgaba entre las cuentas. Se me ocurrió que el anillo probablemente era de su padre. Me pregunté por qué lo llevaba si lo odiaba tanto.

—No le importo —dijo—. Su mujer, mi madrastra, me trataba como a un monstruo. No me dejaba jugar con sus hijos. A mi padre le parecía bien. Cada vez que pasaba algo peligroso (lo típico, que llegaban los monstruos), los dos me miraban con resentimiento, como diciéndome: «¿Cómo te atreves a poner en peligro a nuestra familia?» Al final lo entendí: no me querían. Así que me escapé.

—¿Cuántos años tenías?

—Los mismos que cuando entré en el campamento. Siete.

—Pero... no podías llegar sola hasta la colina Mestiza.

—No, sola no. Atenea me vigilaba, me guió hasta conseguir ayuda. Hice un par de amigos inesperados que cuidaron de mí, al menos durante un tiempo.

Quería preguntar qué había ocurrido, pero Annabeth parecía absorta en sus recuerdos. Así que escuché los ronquidos de Grover y miré por la ventanilla del tren, mientras los campos oscuros de Ohio pasaban a toda velocidad.

Hacia el final de nuestro segundo día en el tren, el 13 de junio, ocho días antes del solsticio de verano, cruzamos unas colinas doradas y el río Misisipi hasta San Luis.

Annabeth estiró el cuello para ver el famoso arco, el Gateway Arch, que a mí me pareció una enorme asa de bolsa de la compra en medio de la ciudad.

—Quiero hacer eso —suspiró.

—¿El qué? —pregunté.

—Construir algo como eso. ¿Has visto alguna vez el Partenón, Percy?

—Sólo en fotos.

—Algún día iré a verlo en persona. Voy a construir el mayor monumento a los dioses que se haya hecho nunca. Algo que dure mil años.

Me reí.

—¿Tú? ¿Arquitecta? —No sé por qué, la idea de una Annabeth quietecita y dibujando todo el día me hizo gracia.

Se ruborizó.

—Sí, arquitecta. Atenea espera de sus hijos que creen cosas, no sólo que las rompan, como cierto dios de los terremotos que me sé muy bien.

Observé los remolinos en el agua marrón del Misisipi.

—Perdona —dijo Annabeth—. Eso ha sido una maldad.

—¿No podríamos colaborar un poquito? —propuse—. Quiero decir... ¿es que Atenea y Poseidón nunca han cooperado?

Annabeth tuvo que pensarlo.

—Supongo que... en el tema del carro —dijo, vacilante—. Lo inventó mi madre, pero Poseidón creó los caballos con las crestas de las olas. Así que tuvieron que trabajar juntos para completarlo.

—Entonces también podemos hacerlo nosotros, ¿no?

Llegamos a la ciudad, Annabeth seguía mirando el arco mientras desaparecía detrás de un edificio.

—Supongo —dijo al final.

Entramos en la estación Amtrak del centro de la ciudad. La megafonía nos indicó que había tres horas de espera antes de partir hacia Denver.

Grover se estiró. Antes de despertarse por completo, dijo:

—Comida.

—Venga, chico cabra —dijo Annabeth—. Vamos a hacer turismo cultural.

—¿Turismo?

—El Gateway Arch. Puede que sea mi única oportunidad de subir. ¿Venís o no?

Grover y yo intercambiamos miradas.

Yo quería decir que no, pero supuse que si Annabeth pensaba ir de todos modos, no podíamos dejarla sola tan tranquilamente.

Grover se encogió de hombros.

—Si hay un bar sin monstruos, vale.

El arco estaba a un kilómetro y medio de la estación. A última hora, las colas para entrar no eran tan largas. Nos abrimos paso por el museo subterráneo, vimos vagones cubiertos y otras antiguallas del mil ochocientos. No era muy emocionante, pero Annabeth no dejó de contarnos cosas interesantes de cómo se había construido el arco, y Grover no dejó de pasarme gominolas, así que tampoco me aburrí.

No obstante, no dejé de mirar alrededor, a las demás personas de la fila.

—¿Hueles algo? —le susurré a Grover.

Sacó la nariz de la bolsa de gominolas lo suficiente para inspirar.

—Estamos bajo tierra —dijo con cara de asco—. El aire bajo tierra siempre huele a monstruos. Probablemente no signifique nada.

Pero yo tenía un mal presentimiento, la impresión de que no deberíamos estar allí.

—Chicos —les dije—, ¿sabéis los símbolos de poder de los dioses?

Annabeth estaba intentando leer la historia del arco, pero levantó la vista.

—¿Sí?

—Bueno, Hade... —Grover se aclaró la garganta—. Estamos en un lugar público... ¿Te refieres a nuestro amigo de abajo?

—Esto... sí, claro —contesté—. Nuestro amigo de muy abajo. ¿No tiene un gorro como el de Annabeth?

—¿El yelmo de oscuridad? —dijo ella—. Sí, ése es su símbolo de poder. Lo vi junto a su asiento durante el concilio del solsticio de invierno.

—¿Estaba allí? —pregunté.

Asintió.

—Es el único momento en que se le permite visitar el Olimpo: el día más oscuro del año. Pero si lo que he oído es cierto, su casco es mucho más poderoso que mi gorra de invisibilidad.

—Le permite convertirse en oscuridad —confirmó Grover—. Puede fundirse con las sombras o atravesar paredes. No se le puede tocar, ver u oír. Y es capaz de irradiar un miedo tan intenso que puede volverte loco o paralizarte el corazón. ¿Por qué crees que todas las criaturas racionales temen la oscuridad?

—Pero entonces... ¿cómo sabemos que no está aquí justo ahora, vigilándonos? —pregunté.

Annabeth y Grover intercambiaron sendas miradas.

—No lo sabemos —repuso Grover.

—Gracias, eso me hace sentir mucho mejor —respondí—. ¿Te quedan gominolas azules?

Casi había conseguido dominar mis frágiles nervios cuando vi el curioso ascensor que iba a llevarnos hasta la cima del arco y supe que tendría problemas. No soporto los lugares cerrados. Me vuelven loco.

Nos apretujaron en una de las cabinas, junto a una señora gorda y su perro, un chihuahua con collar de estrás. Supuse que debía de ser un chihuahua lazarillo, porque ningún guardia le dijo nada a la señora.

Empezamos a subir por el interior del arco. Nunca había estado en un ascensor curvo, y a mi estómago no le entusiasmó la experiencia.

—¿No tenéis padres? —preguntó la gorda.

Tenía ojos negros y brillantes; dientes puntiagudos y manchados de café; llevaba un sombrero tejano de ala fláccida, y un vestido que le sacaba tantos michelines que parecía un zepelín vaquero.

—Se han quedado abajo —respondió Annabeth—. Les asustan las alturas.

—Oh, pobrecillos.

El chihuahua gruñó y la mujer le dijo:

—Venga, hijito, ahora compórtate. —El perro tenía los mismos ojos brillantes de su dueña, inteligentes y malvados.

—¿Se llama *Igito*? —pregunté.

—No —contestó la señora y sonrió, como si eso lo aclarara todo.

Encima del arco, la plataforma de observación me recordó a una lata de refresco enmoquetada. Filas de pequeñas ventanitas daban a la ciudad por un lado y al río por el otro. La vista no estaba mal, pero si hay algo que me guste menos que un espacio reducido, es un espacio reducido a ciento ochenta metros de altura. No tardé en sentirme mal.

Annabeth no dejó de hablar de los soportes estructurales, y de que ella habría hecho más grandes las ventanas y el suelo transparente. Probablemente habría podido quedarse horas allí arriba, pero, por suerte para mí, el guarda anunció que la plataforma de observación cerraría en pocos minutos.

Conduje a Grover y Annabeth hacia la salida, los hice subir a una cabina del ascensor y, cuando estaba a punto de entrar yo también, reparé en que ya había dos turistas dentro. No quedaba espacio para mí.

—Siguiente coche, señor —dijo el guarda.

—¿Bajamos y esperamos contigo? —dijo Annabeth.

Pero eso iba a ser un lío y tardaríamos aún más tiempo, así que dije:

—No, no pasa nada. Nos vemos abajo, chicos.

Grover y Annabeth parecían algo nerviosos, pero dejaron que la puerta se cerrara. Su cabina desapareció por la rampa.

En la plataforma sólo quedábamos yo, un crío con sus padres, el guarda y la gorda del chihuahua. Le sonreí incómodo y ella me devolvió la sonrisa y se pasó la lengua bífida por los dientes.

Un momento.

¿Lengua bífida?

Antes de que pudiese decidir que efectivamente había visto eso, el chihuahua saltó hacia mí y empezó a ladrarme.

—Bueno, bueno, hijito —dijo la señora—. ¿Te parece éste un buen momento? Tenemos delante a esta gente tan amable.

—¡Perrito! —dijo el niño pequeño—. ¡Mira, un perrito!

Sus padres lo apartaron.

El chihuahua me enseñó los dientes y de su hocico negro empezó a salir espuma.

—Bueno, hijo —susurró la gorda—. Si insistes.

El estómago se me congeló.

—Oiga, perdone, ¿acaba de llamar hijo a este chihuahua?

—Quimera, querido —me corrigió la gorda—. No es un chihuahua. Es fácil confundirlos.

Se remangó las mangas vaqueras y reveló una piel azulada y escamosa. Cuando sonrió, sus dientes eran colmillos. Las pupilas de sus ojos eran rajitas como de reptil.

El chihuahua ladró más alto, y con cada ladrido crecía. Primero hasta adoptar el tamaño de un doberman, después hasta el de un león. Entonces el ladrido se convirtió en rugido.

El niño pequeño gritó. Sus padres lo arrastraron hacia la salida, detrás del guarda, que se quedó atónito, mirando al monstruo con la boca abierta.

Quimera era ahora tan alta que tenía la peluda espalda pegada al techo. La melena de la cabeza de león estaba cubierta de sangre seca, el cuerpo y las pezuñas eran de cabra gigante, y por cola tenía una serpiente, tres metros de cola de cascabel. El collar de estrás aún le colgaba del cuello, y la medalla para perros del tamaño de una matrícula era fácilmente legible: «Quimera: tiene la rabia, escupe fuego, es venenoso. Si lo encuentran, por favor, llamen al Tártaro, extensión 954.»

Reparé en que ni siquiera había destapado el bolígrafo. Tenía las manos entumecidas. Estaba a tres metros de las fauces sangrientas de Quimera y sabía que, en cuanto me moviera, la criatura se abalanzaría sobre mí.

La señora serpiente dejó escapar un silbido que bien podría haber sido una risa.

—Siéntete honrado, Percy Jackson. El señor Zeus rara vez me permite probar un héroe con uno de los de mi estirpe. ¡Pues yo soy la madre de los monstruos, la terrible Equidna!

Me quedé mirándola y sólo atiné a decir:

—¿Eso no es una especie de oso hormiguero?

Aulló y su rostro ofidio se volvió marrón verdoso de la rabia.

—¡Detesto que la gente diga eso! ¡Odio Australia! Mira que llamar a ese ridículo animal como yo. Por eso, Percy Jackson, ¡mi hijo va a destruirte!

Quimera cargó, sus dientes de león rechinando. Conseguí saltar a un lado y evitar el mordisco. Acabé junto a la familia y el guarda, todos gritando e intentando abrir las puertas de emergencia.

No podía consentir que les hiciera daño. Destapé la espada, corrí al otro lado de la plataforma y grité:

—¡Ey, chihuahua!

Quimera se volvió con insólita rapidez y, antes de que mi espada estuviese dispuesta, abrió su pestilente boca y me lanzó directamente un chorro de fuego. Logré arrojarme a un lado y la moqueta se incendió, desprendiendo un calor tan intenso que casi me deja sin cejas. Por detrás de donde me encontraba un instante antes, en uno de los lados del arco había ahora un boquete. Se veía el metal fundido por los bordes. «Fantástico —pensé—. Acabamos de cargarnos un monumento nacional.»

Anaklusmos ya estaba preparada y cuando Quimera se dio la vuelta, le lancé un mandoble al cuello. Ése fue mi error: la hoja chisporroteó contra el collar de perro y la inercia del impulso me desequilibró. Intenté recuperarme al tiempo que me defendía de la fiera boca de león, pero descuidé por completo la cola de serpiente, que se sacudió y me hincó los colmillos en la pantorrilla.

161

Sentí la pierna entera arder. Intenté clavarle la espada en la boca, pero la cola se revolvió y me hizo trastabillar. La espada se me escurrió entre las manos y cayó por el boquete a las aguas del Misisipi.

Conseguí ponerme en pie, pero sabía que había perdido. Estaba desarmado. Sentía el veneno mortal subiéndome hacia el pecho. Recordé que Quirón había dicho que la espada siempre regresaría a mí, pero no había bolígrafo alguno en mi bolsillo. Quizá había ido a parar demasiado lejos, o tal vez sólo regresaba en forma de bolígrafo. No lo sabía, y tampoco iba a vivir lo suficiente para averiguarlo.

Retrocedí hacia el muro y Quimera avanzó, gruñendo y exhalando vaho por su asquerosa boca. La serpiente, Equidna, se carcajeó.

—Ya no hacen héroes como los de antes, ¿eh, hijo?

El monstruo gruñó. No parecía tener prisa por acabar conmigo, ahora que me había vencido.

Miré al guarda y a la familia. El chavalín se escondía tras las piernas de su padre. Tenía que proteger a aquella gente. No podía morir sin más. Intenté pensar, pero me dolía todo el cuerpo y la cabeza me daba vueltas. Me enfrentaba a un monstruo enorme que escupía fuego y a su madre, y tenía miedo.

No podía huir, así que me acerqué al borde del boquete y miré. Allá abajo, el río brillaba. Si moría, ¿se marcharían los monstruos? ¿Dejarían en paz a los humanos?

—Si eres hijo de Poseidón —silbó Equidna—, no debes tener miedo al agua. Salta, Percy Jackson. Demuéstrame que el agua no te hará daño. Salta y recupera tu espada. Demuestra tu linaje.

Sí, vale, pensé. En alguna parte había leído que saltar al agua desde dos pisos de altura es como saltar sobre asfalto sólido. Desde allí, el impacto me espachurraría.

La boca de Quimera empezó a ponerse incandescente, calentándose antes de soltar otra vaharada de fuego.

—No tienes fe —me retó Equidna—. No confías en los dioses. Pero no puedo culparte, pequeño cobarde. Los dioses son desleales. Será mejor para ti morir ahora. El veneno ya está en tu corazón.

Tenía razón: estaba muriendo. Mi respiración se ralentizaba. Nadie podía salvarme, ni siquiera los dioses. Retrocedí y miré hacia abajo, al agua. Recordé la cálida sonrisa de mi padre cuando yo era un bebé. Tenía que haberme visto. Seguramente me visitó cuando yo estaba en la cuna. Recordé el tridente verde que se había formado encima de mi cabeza la noche de la captura de la bandera, cuando Poseidón me reclamó como su hijo.

Pero aquello no era el mar. Era el Misisipi, en el centro de Estados Unidos de América. No había ningún dios del mar.

—¡Muere, descreído! —rugió Equidna, y Quimera me lanzó un chorro de llamas a la cara.

—Padre, ayúdame —recé.

Me volví y salté al vacío. Mi ropa estaba ardiendo, el veneno recorría mis venas y estaba cayendo al río.

14

Me convierto en un fugitivo conocido

Me encantaría contarte que tuve una profunda revelación durante mi caída, que acepté mi propia mortalidad, que me reí en la cara de la muerte, etcétera.

Pero mi único pensamiento era: ¡Aaaaaaaaahhhhh!

El río se acercaba a la velocidad de un camión. El viento me arrancaba el aire de los pulmones. Torres, rascacielos y puentes entraban y salían de mi campo de visión.

Y entonces: ¡Zaaaaa-buuumm!

Un fundido en negro de burbujas.

Me hundí en el lodo, seguro de que acabaría atrapado bajo treinta metros de barro y me perdería para siempre. Sin embargo, el impacto contra el agua no me había dolido. En ese momento me hundía lentamente hacia el fondo, las burbujas me hacían cosquillas entre los dedos. Me posé suavemente sobre el lecho del río. Un siluro del tamaño de mi padrastro se ocultó en la oscuridad. Nubes de limo y basura —botellas, zapatos viejos, bolsas de plástico— giraban alrededor de mí.

En ese punto reparé en unas cuantas cosas: primero, no me había convertido en una tortita al estrellarme; segundo, no me habían asado a la parrilla; y, tercero, ni siquiera sentía ya el veneno de Quimera en las venas. Simplemente estaba vivo, y era genial.

Sin embargo, constaté algo muy curioso: no estaba mojado. Quiero decir, sentía el agua fría y veía dónde se habían quemado mis ropas. Pero cuando me toqué la camisa, parecía perfectamente seca.

Miré la basura flotante y agarré un viejo encendedor. Imposible, pensé. Le di al mechero e hizo chispa. Apareció una llamita, justo allí, en el fondo del Misisipi.

Alcancé un envoltorio de hamburguesas arrastrado por la corriente y el papel se secó de inmediato. Lo encendí sin problemas, pero en cuanto lo solté las llamas se apagaron y el envoltorio se convirtió otra vez en un desecho fangoso. Rarísimo.

Hasta el final no me di cuenta de lo más extraño: estaba respirando. Estaba debajo del agua y respiraba normalmente.

Me puse en pie, manchado de lodo hasta el muslo. Me temblaban las piernas y las manos. Debería estar muerto. El hecho de que no lo estuviera parecía... bueno, un milagro. Imaginé la voz de una mujer, una voz que sonaba un poco como la de mi madre: «Percy, ¿qué se dice?»

—Esto... gracias. —Debajo del agua mi voz sonaba a chico mucho mayor—. Gracias... padre.

No hubo respuesta. Sólo la oscura corriente de basura, el enorme siluro siguiendo su rastro, el reflejo del atardecer en la superficie del agua, allá arriba, volviéndolo todo de color caramelo.

¿Por qué me había salvado Poseidón? Cuanto más lo pensaba, más vergüenza sentía. Así que antes sólo había tenido suerte. No tenía ninguna oportunidad contra un monstruo como Quimera. Probablemente aquella pobre gente en el arco ya era sólo ceniza. No había podido protegerlos, no era ningún héroe. Quizá tendría que quedarme allí abajo con el siluro para siempre, unirme a los animales del fondo del río.

Encima, la hélice de una embarcación batió el agua, removiendo el limo alrededor. Y allí, a un metro y medio de distancia, estaba mi espada, la empuñadura brillante sobresaliendo del barro.

Volví a oír la voz de mujer: «Percy, agarra la espada. Tu padre cree en ti.»

Esta vez supe que la voz no venía de mi cabeza. No eran imaginaciones mías. Las palabras parecían provenir de todas partes, transmitiéndose por el agua como el sonar de un delfín.

—¿Dónde estás? —grité en voz alta.

Entonces, a través de la oscuridad líquida, la vi: una mujer del color del agua, un fantasma en la corriente, flotando

165

justo encima de la espada. Tenía el pelo largo y ondulado; los ojos, apenas visibles, verdes como los míos.

Se me formó un nudo en la garganta.

—¿Mamá? —musité.

«No, niño, sólo soy una mensajera, aunque el destino de tu madre no es tan negro como crees. Ve a la playa de Santa Mónica.»

—¿Qué?

«Es la voluntad de tu padre. Antes de descender al inframundo tienes que ir a Santa Mónica. Venga, Percy, no puedo quedarme mucho tiempo. El río está demasiado sucio para mi presencia.»

—Pero... —Seguía convencido de que aquella mujer era mi madre, o una visión de ella—. ¿Quién...? ¿Cómo...? —Tenía tantas preguntas que las palabras se me atascaron en la garganta.

«No puedo quedarme, valiente —dijo ella. Estiró una mano y fue como si la corriente me acariciara la cara—. ¡Ve a Santa Mónica! Y no confíes en los regalos de...»

Su voz se desvaneció.

—¿Regalos? —repetí—. ¿Qué regalos? ¡Espera!

Intentó volver a hablar, pero tanto el sonido como la imagen habían desaparecido. Si era realmente mi madre, había vuelto a perderla. Quise ahogarme, pero era inmune al ahogamiento.

«Tu padre cree en ti», había dicho. También me había llamado valiente... a menos que hablara con el siluro.

Me acerqué a la espada y la así por la empuñadura. Quimera aún podía seguir ahí arriba con la bicha gorda de su madre, esperando para rematarme. Como mínimo, estaría llegando la policía mortal, intentando averiguar quién había abierto el agujero en el arco. Si me encontraban, tendrían algunas preguntas que hacerme.

Tapé la espada y me metí el boli en el bolsillo.

—Gracias, padre —volví a decirle al agua oscura.

Después me sacudí el barro con dos patadas y subí nadando a la superficie.

Salí al lado de un McDonald's flotante.

Una manzana más allá, todos los vehículos de emergencias de San Luis estaban rodeando el arco. Los helicópteros de la policía daban vueltas en círculo. La multitud de curiosos me recordó Times Square la noche de Fin de Año.

—¡Mamá! —dijo una niña—. Ese chico ha salido del río.

—Eso está muy bien, cariño —dijo su madre mientras estiraba el cuello para ver las ambulancias.

—¡Pero está seco!

—Eso está muy bien, cariño.

Una mujer de las noticias hablaba para la cámara:

—Probablemente no ha sido un ataque terrorista, nos dicen, pero la investigación acaba de empezar. El daño, como ven, es muy grave. Intentamos llegar a alguno de los supervivientes para interrogarlos sobre las declaraciones de testigos presenciales que indican que alguien cayó del arco.

«Supervivientes.» Me sentí súbitamente aliviado. Quizá el guarda y la familia habían salvado la vida. Confié en que Grover y Annabeth estuvieran bien.

Intenté abrirme paso entre el gentío para ver qué estaba pasando dentro del cordón policial.

—... un adolescente —estaba diciendo otro reportero—. Canal Cinco ha sabido que las cámaras de vigilancia muestran a un adolescente volverse loco en la plataforma de observación, y de algún modo consiguió activar esta extraña explosión. Difícil de creer, John, pero es lo que nos dicen. Sigue sin haber víctimas mortales...

Me aparté, intentando mantener la cabeza gacha. Tenía que recorrer un buen trecho para rodear el perímetro policial. Había agentes de policía y periodistas por todas partes.

Casi había perdido la esperanza de encontrar a Annabeth y a Grover cuando una voz familiar baló:

—¡Peeeer-cy! —Al volverme, el abrazo de oso (más bien de cabra) de Grover me atrapó en el sitio—. ¡Creíamos que habías llegado al Hades de la manera mala!

Annabeth estaba de pie tras él tratando de parecer enfadada, pero también ella sentía alivio por verme.

—¡No podemos dejarte solo ni cinco minutos! ¿Qué ha pasado?

—Más o menos me he caído.

—¡Percy! ¿Desde ciento noventa y dos metros?

Detrás de nosotros, un policía gritó:

—¡Abran paso!

La multitud se separó, y un par de enfermeros salieron disparados, conduciendo a una mujer en una camilla. La reconocí inmediatamente como la madre del niño que estaba en la plataforma de observación. Iba diciendo:

—Y cuando aquel perro enorme, un chihuahua que escupía fuego...

—Vale, señora —decía el enfermero—. Usted cálmese. Su familia está bien. La medicación empieza a hacer efecto.

—¡No estoy loca! El chico saltó por el agujero y el monstruo desapareció. —Entonces me vio—. ¡Ahí está! ¡Ése es el chico!

Me volví de inmediato y tiré de Annabeth y Grover. Nos mezclamos entre la multitud.

—¿Qué está pasando? —quiso saber Annabeth—. ¿Estaba hablando del chihuahua del ascensor?

Les conté la historia de Quimera, Equidna, mi zambullida y el mensaje de la dama subacuática.

—¡Uau! —exclamó Grover—. ¡Tenemos que llevarte a Santa Mónica! No puedes ignorar una llamada de tu padre.

Antes de que Annabeth pudiera responder, nos cruzamos con otro periodista que daba una noticia y casi me quedo helado cuando dijo:

—Percy Jackson. Eso es, Dan. El Canal Doce acaba de saber que el chico que podría haber causado esta explosión coincide con la descripción de un joven buscado por las autoridades en relación con un grave accidente de autobús en Nueva Jersey, hace tres días. Y se cree que el chico viaja en dirección al oeste. Aquí ofrecemos una foto de Percy Jackson para nuestros telespectadores.

Nos agachamos junto a la furgoneta de los informativos y nos metimos en un callejón.

—Primero tenemos que largarnos de la ciudad —le contesté a Grover.

De algún modo, conseguimos regresar a la estación del Amtrak sin que nos vieran. Subimos al tren justo antes de que saliera para Denver. El tren traqueteó hacia el oeste mientras caía la oscuridad y las luces de la policía seguían latiendo a nuestras espaldas en el cielo de San Luis.

15

Un dios nos invita a hamburguesas

La tarde siguiente, el 14 de junio, siete días antes del solsticio, nuestro tren llegó a Denver. No habíamos comido desde la noche anterior en el coche restaurante, en algún lugar de Kansas. Y no nos duchábamos desde la colina Mestiza. Desde luego tenía que notarse, pensé.

—Intentaremos contactar con Quirón —dijo Annabeth—. Quiero hablarle de tu charla con el espíritu del río.

—No podemos usar el teléfono, ¿verdad?

—No estoy hablando de teléfonos.

Caminamos sin rumbo por el centro durante una media hora, aunque no estaba seguro de lo que Annabeth iba buscando. El aire era seco y caluroso, y nos parecía raro tras la humedad de San Luis. Dondequiera que miráramos, nos rodeaban las montañas Rocosas, como si fueran un tsunami gigantesco a punto de estrellarse contra la ciudad.

Al final encontramos un lavacoches con mangueras vacío. Nos metimos en la cabina más alejada de la calle, con los ojos bien abiertos por si aparecían coches de policía. Éramos tres adolescentes rondando en un lavacoches sin coche; cualquier policía que se ganara sus dónuts se imaginaría que no tramábamos nada bueno.

—¿Qué estamos haciendo exactamente? —pregunté mientras Grover agarraba una manguera.

—Son setenta y cinco centavos —murmuró—. A mí sólo me quedan dos cuartos de dólar. ¿Annabeth?

—A mí no me mires —contestó—. El coche restaurante me ha desplumado.

Rebusqué el poco cambio que me quedaba y le pasé a Grover un cuarto de dólar, lo que me dejó dos monedas de cinco centavos y un dracma de Medusa.

—Fenomenal —dijo Grover—. Podríamos hacerlo con un espray, claro, pero la conexión no es tan buena, y me canso de apretar.

—¿De qué estás hablando?

Metió las monedas y puso el selector en la posición «LLUVIA FINA».

—Mensajería I.

—¿Mensajería instantánea?

—Mensajería Iris —corrigió Annabeth—. La diosa del arco iris, Iris, transporta los mensajes para los dioses. Si sabes cómo pedírselo, y no está muy ocupada, también lo hace para los mestizos.

—¿Invocas a la diosa con una manguera?

Grover apuntó el pitorro al aire y el agua salió en una fina lluvia blanca.

—A menos que conozcas una manera más fácil de hacer un arco iris.

Y vaya que sí, la luz de la tarde se filtró entre el agua y se descompuso en colores.

Annabeth me tendió una palma.

—El dracma, por favor.

Se lo di.

Levantó la moneda por encima de su cabeza.

—Oh, diosa, acepta nuestra ofrenda. —Lanzó el dracma dentro del arco iris, que desapareció con un destello dorado—. Colina Mestiza —pidió Annabeth.

Por un instante, no ocurrió nada.

Después tuve ante mí la niebla sobre los campos de fresas, y el canal de Long Island Sound en la distancia. Era como si estuviéramos en el porche de la Casa Grande. De pie, dándonos la espalda, había un tipo de pelo rubio apoyado en la barandilla, vestido con pantalones cortos y camiseta naranja. Tenía una espada de bronce en la mano y parecía estar mirando fijamente algo en el prado.

—¡Luke! —lo llamé.

Se volvió, sorprendido. Habría jurado que estaba a un metro delante de mí a través de una pantalla de niebla, salvo que sólo podía verle la parte del cuerpo que cubría el arco iris.

—¡Percy! —Su rostro marcado se ensanchó en una sonrisa—. ¿Y ésa es Annabeth? ¡Alabados sean los dioses! Eh, chicos, ¿estáis bien?

—Estamos... bueno... Sí, bien —balbuceó Annabeth. Se alisaba la camiseta sucia y se peinaba para apartarse el pelo de la cara—. Pensábamos que Quirón... bueno...

—Está abajo en las cabañas. —La sonrisa de Luke desapareció—. Estamos teniendo algunos problemas con los campistas. Escuchad, ¿va todo bien? ¿Le ha pasado algo a Grover?

—¡Estoy aquí! —gritó Grover. Apartó el pitorro y entró en el campo de visión de Luke—. ¿Qué clase de problemas?

En aquel momento un enorme Lincoln Continental se metió en el lavacoches con la radio emitiendo hip hop a tope. Cuando el coche entró en la cabina de al lado, el bajo vibró tanto que hizo temblar el suelo.

—Quirón tenía que... ¿Qué es ese ruido? —preguntó Luke.

—¡Yo me encargo! —exclamó Annabeth, aparentemente aliviada por tener una excusa para apartarse de en medio—. ¡Venga, Grover!

—¿Qué? —dijo Grover—. Pero...

—¡Dale a Percy la manguera y ven! —le ordenó.

Grover murmuró algo sobre que las chicas eran más difíciles de entender que el oráculo de Delfos, después me entregó la manguera y siguió a Annabeth.

Ajusté el pitorro para mantener el arco iris y seguir viendo a Luke.

—¡Quirón ha tenido que detener una pelea! —me aulló Luke por encima de la música—. Las cosas están muy tensas aquí, Percy. Se ha corrido la voz de la disputa entre Zeus y Poseidón. Aún no sabemos cómo; probablemente el mismo desgraciado que invocó al perro del infierno. Ahora los campistas están empezando a tomar partido. Se están organizando otra vez como en la guerra de Troya. Afrodita, Ares y Apolo apoyan a Poseidón, más o menos. Atenea está con Zeus.

Me estremecí al pensar que la cabaña de Clarisse se pusiera del lado de mi padre para nada. En la cabina contigua oía a Annabeth discutir con un tipo, después el volumen de la música descendió drásticamente.

—¿Y en qué situación estás? —me preguntó Luke—. Quirón sentirá no haber podido hablar contigo.

Se lo conté todo, incluidos mis sueños. Me sentí tan bien al verlo, al tener la impresión de que regresaba al campamento aunque fuera por unos minutos, que no me di cuenta de cuánto tiempo llevaba hablando, hasta que sonó el pitido de la manguera y advertí que sólo me quedaba un minuto antes de que se cortara el agua.

—Ojalá estuviera ahí —dijo Luke—. Me temo que no podemos ayudarte demasiado desde aquí, pero escucha... Tiene que ser Hades el que robó el rayo maestro. Estaba en el Olimpo en el solsticio de invierno. Yo acompañaba una excursión y lo vimos.

—Pero Quirón dijo que los dioses no pueden tocar los objetos mágicos de los demás directamente.

—Eso es cierto —convino Luke, y parecía agobiado—. Aun así... Hades tiene el yelmo de oscuridad. Si no, ¿cómo es posible entrar en la sala del trono y robar el rayo maestro? Hay que ser invisible.

Ambos nos quedamos callados, hasta que Luke pareció darse cuenta de lo que acababa de decir.

—Un momento —protestó—. No estoy diciendo que haya sido Annabeth. La conozco desde siempre. Ella jamás... quiero decir que es como una hermana pequeña para mí.

Me pregunté si a Annabeth le gustaría esa descripción. En la cabina contigua la música cesó por completo. Un hombre gritó horrorizado, se oyeron cerrarse las portezuelas del coche y el Lincoln salió del lavacoches a toda velocidad.

—Será mejor que vayas a ver qué ha sido eso —dijo Luke—. Oye, ¿estás usando las zapatillas voladoras? Me sentiré mejor si sé que te sirven de algo.

—¡Oh... sí, claro! —mentí con desfachatez—. Me han venido muy bien.

—¿En serio? —Sonrió—. ¿Te van bien?

El agua se terminó. La lluvia fina empezó a evaporarse.

—¡Bueno, cuidaos ahí en Denver! —gritó Luke, y su voz fue amortiguándose—. ¡Y dile a Grover que esta vez irá mejor! Que nadie se convertirá en pino si...

Pero la lluvia había desaparecido y la imagen de Luke se desvaneció por completo. Estaba solo en una cabina mojada y vacía de un lavacoches.

Annabeth y Grover aparecieron por la esquina, riendo, pero se detuvieron al verme la cara. La sonrisa de Annabeth desapareció.

—¿Qué ha pasado, Percy? ¿Qué te ha dicho Luke?

—No demasiado —mentí. Sentía el estómago tan vacío como la enorme cabaña 3—. Bueno, vamos a buscar algo de cenar.

Unos minutos más tarde estábamos sentados en el reservado de un comedor de cromo brillante, rodeados por un montón de familias que zampaban hamburguesas y bebían refrescos.

Al final vino la camarera. Arqueó una ceja con aire escéptico e inquirió:

—¿Y bien?

—Bueno... queríamos pedir la cena —dije.

—¿Tenéis dinero para pagar, niños?

El labio inferior de Grover tembló. Me preocupaba que empezara a balar, o peor aún, a comerse el linóleo. Annabeth parecía a punto de fenecer de hambre.

Intentaba pergeñar una historia tristísima para la camarera cuando un rugido sacudió el edificio: una motocicleta del tamaño de un elefante pequeño acababa de parar junto al bordillo.

Todas las conversaciones se interrumpieron. El faro de la motocicleta era rojo. El depósito de gasolina tenía llamas pintadas y a los lados llevaba fundas para escopetas... con escopetas incluidas. El asiento era de cuero, pero un cuero que parecía... piel humana.

El tipo de la motocicleta habría conseguido que un luchador profesional llamase a gritos a su mamá. Iba vestido con una camiseta de tirantes roja, tejanos negros y un guardapolvo de cuero negro, y llevaba un cuchillo de caza sujeto al muslo. Tras sus gafas rojas tenía la cara más cruel y brutal que he visto en mi vida —guapo, supongo, pero de aspecto implacable—; el pelo, cortísimo y negro brillante, y las mejillas surcadas de cicatrices sin duda fruto de muchas, muchas peleas. Lo raro era que su cara me sonaba.

Al entrar en el restaurante produjo una corriente de aire cálido y seco. Los comensales se levantaron como hipnotizados, pero el motorista hizo un gesto con la mano y todos volvieron a sentarse. Regresaron a sus conversaciones. La camarera parpadeó, como si alguien acabara de apretarle el botón de rebobinado.

—¿Tenéis dinero para pagar, niños? —volvió a preguntarnos.

—Ponlo en mi cuenta —respondió el motorista. Se metió en el reservado, que era demasiado pequeño para él, y acorraló a Annabeth contra la ventana. Levantó la vista hacia la camarera, la miró a los ojos y dijo—: ¿Aún sigues aquí?

La muchacha se puso rígida, se volvió como una autómata y regresó a la cocina.

El motorista se quedó mirándome. No le veía los ojos tras las gafas rojas, pero empezaron a hervirme malos sentimientos. Ira, rencor, amargura. Quería darle un golpe a una pared, empezar una pelea con alguien. ¿Quién se creía que era aquel tipo?

Me dedicó una sonrisa pérfida.

—Así que tú eres el crío del viejo Alga, ¿eh?

Debería haberme sorprendido o asustado, pero sólo sentí que me hallaba ante mi padrastro Gabe. Quería arrancarle la cabeza a aquel tipejo.

—¿Y a ti qué te importa?

Annabeth me advirtió con la mirada.

—Percy, éste es...

El motorista levantó la mano.

—No pasa nada —dijo—. No está mal una pizca de carácter. Siempre y cuando te acuerdes de quién es el jefe. ¿Sabes quién soy, primito?

Entonces caí en la cuenta. Tenía la misma risa malvada de algunos críos del Campamento Mestizo, los de la cabaña 5.

—Eres el padre de Clarisse —respondí—. Ares, el dios de la guerra.

Ares sonrió y se quitó las gafas. Donde tendrían que estar los ojos, había sólo fuego, cuencas vacías en las que refulgían explosiones nucleares en miniatura.

—Has acertado, pringado. He oído que le has roto la lanza a Clarisse.

—Lo estaba pidiendo a gritos.

—Probablemente. No intervengo en las batallas de mis críos, ¿sabes? He venido para... He oído que estabas en la ciudad y tengo una proposición que hacerte.

La camarera regresó con bandejas repletas de comida: hamburguesas con queso, patatas fritas, aros de cebolla y batidos de chocolate.

Ares le entregó unos dracmas.

Ella miró con nerviosismo las monedas.

—Pero éstos no son...

Ares sacó su enorme cuchillo y empezó a limpiarse las uñas.

—¿Algún problema, chata?

La camarera se tragó las palabras y se marchó sin rechistar.

—Eso está muy mal —le dije a Ares—. No puedes ir amenazando a la gente con un cuchillo.

Ares soltó una risotada y luego dijo:

—¿Estás de broma? Adoro este país. Es el mejor lugar del mundo desde Esparta. ¿Tú no vas armado, pringado? Pues deberías. Ahí fuera hay un mundo peligroso. Y eso nos lleva a mi proposición. Necesito que me hagas un favor.

—¿Qué favor puedo hacerle yo a un dios?

—Algo que un dios no tiene tiempo de hacer. No es demasiado. Me dejé el escudo en un parque acuático abandonado aquí en la ciudad. Tenía cita con mi novia pero nos interrumpieron. En la confusión me dejé el escudo. Así que quiero que vayas por él.

—¿Por qué no vas tú?

El fuego en las cuencas de sus ojos brilló con mayor intensidad.

—También podrías preguntarme por qué no te convierto en una ardilla y te atropello con la Harley. La respuesta sería la misma: porque de momento no me apetece. Un dios te está dando la oportunidad de demostrar qué sabes hacer, Percy Jackson. ¿Vas a quedar como un cobardica? —Se inclinó hacia mí—. O a lo mejor es que sólo peleas bajo el agua, para que papaíto te proteja.

Tuve el irreprimible impulso de darle un puñetazo en la cara, aunque sabía que era lo que él estaba buscando. El poder de Ares causaba mi ira y le habría encantado que lo atacara. No pensaba darle el gusto.

—No estamos interesados —repuse—. Ya tenemos una misión.

Los fieros ojos de Ares me hicieron ver cosas que no quería ver: sangre, humo y cadáveres en la batalla.

—Lo sé todo sobre tu misión, pringado. Cuando ese objeto mortífero fue robado, Zeus envió a los mejores a buscarlo: Apolo, Atenea, Artemisa y yo, naturalmente. Ahora bien, si yo no percibí ni un tufillo de un arma tan poderosa... —se relamió, como si el pensamiento del rayo maestro le diera hambre— pues entonces tú no tienes ninguna posibilidad. Aun así, estoy intentando concederte el beneficio de la duda. Pero tu padre y yo nos conocemos desde hace tiempo. Después de todo, yo soy el que le transmitió las sospechas acerca del viejo Aliento de Muerto.

—¿Tú le dijiste que Hades robó el rayo?

—Claro. Culpar a alguien de algo para empezar una guerra es el truco más viejo del mundo. En cierto sentido, tienes que agradecerme tu patética misión.

—Gracias —farfullé.

—Eh, ya ves que soy un tío generoso. Tú hazme ese trabajito, y yo te ayudaré en el tuyo. Os prepararé el resto del viaje.

—Nos las arreglamos bien por nuestra cuenta.

—Sí, seguro. Sin dinero. Sin coche. Sin ninguna idea de a qué os enfrentáis. Ayúdame y quizá te cuente algo que necesitas saber. Algo sobre tu madre.

—¿Mi madre?

Sonrió.

—Eso te interesa, ¿eh? El parque acuático está a un kilómetro y medio al oeste, en Delancy. No puedes perderte. Busca la atracción del Túnel del Amor.

—¿Qué interrumpió tu cita? —le pregunté—. ¿Te asustó algo?

Ares me enseñó los dientes, pero ya había visto esa mirada amenazante en Clarisse. Había algo falso en ella, casi como si traicionara cierto nerviosismo.

—Tienes suerte de haberme encontrado a mí, pringado, y no a algún otro Olímpico. Con los maleducados no son tan comprensivos como yo. Volveremos a vernos aquí cuando termines. No me defraudes.

Después de eso, debí de desmayarme o caer en trance, porque cuando volví a abrir los ojos Ares había desaparecido. Habría creído que aquella conversación había sido un sueño, pero las expresiones de Annabeth y Grover me indicaron lo contrario.

—No me gusta —dijo Grover—. Ares ha venido a buscarte, Percy. No me gusta nada de nada.

Miré por la ventana. La motocicleta había desaparecido.

¿Sabría Ares de verdad algo sobre mi madre, o sólo estaba jugando conmigo? En cuanto se hubo ido, la ira desapareció por completo de mí. Supuse que a Ares le encantaba embarullar las emociones de la gente. Ése era su poder: confundir las emociones al extremo de que te nublaran la capacidad de pensar.

—Quizá no fue más que un espejismo —dije—. Olvidaos de Ares. Nos vamos y punto.

—No podemos —contestó Annabeth—. Mira, yo detesto a Ares como el que más, pero no se puede ignorar a los dioses a menos que quieras buscarte la ruina. No bromeaba cuando hablaba de convertirte en un roedor.

Miré mi hamburguesa con queso, que de repente no parecía tan apetecible.

—¿Por qué nos necesita para una tarea tan sencilla?

—A lo mejor es un problema que requiere cerebro —observó Annabeth—. Ares tiene fuerza, pero nada más. Y a veces la fuerza debe doblegarse ante la inteligencia.

—Pero ¿qué habrá en ese parque acuático? Ares parecía casi asustado. ¿Qué haría interrumpir al dios de la guerra una cita con su novia y huir?

Annabeth y Grover se miraron nerviosos.

—Me temo que tendremos que ir a descubrirlo —dijo Annabeth.

El sol se hundía tras las montañas cuando encontramos el parque acuático. A juzgar por el cartel, originalmente se llamaba «WATERLAND», pero algunas letras habían desaparecido, así que se leía: «WAT R A D».

La puerta principal estaba cerrada con candado y protegida con alambre de espino. Dentro, enormes y secos toboganes, tubos y tuberías se enroscaban por todas partes, en dirección a las piscinas vacías. Entradas viejas y anuncios revoloteaban por el asfalto. Al anochecer, aquel lugar tenía un aspecto triste y daba escalofríos.

—Si Ares trae aquí a su novia para una cita —dije mirando el alambre de espino—, no quiero imaginarme qué aspecto tendrá ella.

—Percy —me avisó Annabeth—, tienes que ser más respetuoso.

—¿Por qué? Creía que odiabas a Ares.

—Sigue siendo un dios. Y su novia es muy temperamental.

—No insultes su aspecto —añadió Grover.

—¿Quién es? ¿Equidna?

—No; Afrodita... —repuso Grover y suspiró con embeleso—. La diosa del amor.

—Pensaba que estaba casada con alguien —dije—. ¿Con Hefesto?

—¿Y qué si fuera así?

—Bueno... —Mejor cambiar de tema—. ¿Y cómo entramos?

—*Maya!* —Al punto surgieron las alas de los zapatos de Grover.

Voló por encima de la valla, dio un involuntario salto mortal y aterrizó en una plataforma al otro lado. Se sacudió los vaqueros, como si lo hubiera previsto todo.

—Vamos, chicos.

Annabeth y yo tuvimos que escalar a la manera tradicional, aguantándonos uno a otro el alambre de espino para pasar por debajo.

Las sombras se alargaron mientras recorríamos el parque, examinando las atracciones. Pasamos frente a la Isla de los Mordedores de Tobillos, Pulpos Locos y Encuentra tu Bañador.

Ningún monstruo nos atacó y no oímos el menor ruido.

Encontramos una tienda de souvenirs que había quedado abierta. Aún había mercancía en las estanterías: bolas de nieve artificial, lápices, postales e hileras de...

—Ropa —dijo Annabeth—. Ropa limpia.

—Sí —dije—. Pero no puedes ir y...

—¿Ah, no?

Agarró una hilera llena de cosas y desapareció en el vestidor. A los pocos minutos salió con unos pantalones cortos de flores de Waterland, una gran camiseta roja de Waterland y unas zapatillas surferas del aniversario de Waterland. También llevaba una mochila Waterland colgada del hombro, llena con más cosas.

—Qué demonios. —Grover se encogió de hombros.

En pocos minutos estuvimos los cuatro engalanados como anuncios andantes del difunto parque temático. Seguimos buscando el Túnel del Amor. Tenía la sensación de que el parque entero contenía la respiración.

—Así que Ares y Afrodita —dije para mantener mi mente alejada de la oscuridad creciente— tienen un asuntillo.

—Ese chisme es muy viejo, Percy —dijo Annabeth—. Tiene tres mil años.

—¿Y el marido de Afrodita?

—Bueno, ya sabes... Hefesto, el herrero, se quedó tullido cuando era pequeño, Zeus lo tiró monte Olimpo abajo. Así que digamos que no es muy guapo. Habilidoso con las manos, sí, pero a Afrodita no le van los listos con talento, ¿comprendes?

—Le gustan los motoristas.

—Lo que sea.

—¿Hefesto lo sabe?

—Oh, claro —repuso Annabeth—. Una vez los pilló juntos, quiero decir in franganti. Entonces los atrapó en una red de oro e invitó a todos los dioses a que fueran a reírse de ellos. Hefesto siempre está intentando ridiculizarlos. Por eso se ven en lugares remotos como... —se detuvo, mirando al frente—. Como ése.

Era una piscina que habría sido alucinante para patinar, de por lo menos cuarenta y cinco metros de ancho y con forma de cuenco. Alrededor del borde, una docena de estatuas de Cupido montaba guardia con las alas desplegadas y los arcos listos para disparar. Al otro lado se abría un túnel, por el que probablemente corría el agua cuando la piscina estaba llena. Tenía un letrero que rezaba: «EMOCIONANTE ATRACCIÓN DEL AMOR: ¡ÉSTE NO ES EL TÚNEL DEL AMOR DE TUS PADRES!»

Grover se acercó al borde.

—Chicos, mirad.

En el fondo de la piscina había un bote de dos plazas blanco y rosa con un dosel lleno de corazones. En el asiento izquierdo, reflejando la luz menguante, estaba el escudo de Ares, una circunferencia de bronce bruñido.

—Esto es demasiado fácil —dije—. ¿Así que bajamos y lo tomamos y ya está?

Annabeth pasó los dedos por la base de la estatua de Cupido más cercana.

—Aquí hay una letra griega grabada —dijo—. Eta. Me pregunto...

—Grover —pregunté—, ¿hueles monstruos?

Olisqueó el viento.

—Nada.

—¿Nada como cuando estábamos en el arco y no olfateaste a Equidna, o nada de verdad?

Grover pareció molesto.

—Aquello estaba bajo tierra —refunfuñó.

—Vale, olvídalo. —Inspiré hondo—. Voy a bajar.

—Te acompaño. —Grover no parecía demasiado entusiasta, pero me dio la impresión de que intentaba enmendarse por lo sucedido en San Luis.

—No —repuse—. Te quedarás arriba con las zapatillas voladoras. Eres el Barón Rojo, un as del aire, ¿recuerdas? Cuento contigo para que me cubras, por si algo sale mal.

A Grover se le hinchó el pecho.

—Claro. Pero ¿qué puede ir mal?

—No lo sé. Es un presentimiento. Annabeth, ven conmigo.

—¿Estás de broma?

—¿Y ahora qué pasa? —quise saber.

—¿Yo, contigo en... —se ruborizó levemente— en la «emocionante atracción del amor»? Me da vergüenza. ¿Y si me ve alguien?

—¿Quién te va a ver? —Pero yo también me ruboricé un poco. Las chicas siempre le buscan tres pies al gato—. Vale —le dije—. Lo haré solo. —Pero cuando empecé a bajar a la piscina, me siguió, murmurando algo sobre que los chicos siempre lo embarullan todo.

Llegamos al bote. Junto al escudo había un chal de seda de mujer. Intenté imaginarme a Ares y Afrodita allí, una pareja de dioses que se encontraban en una atracción abandonada de un parque de atracciones. ¿Por qué? Entonces reparé en algo que no había visto desde arriba: espejos por todo el borde de la piscina, orientados hacia aquel lugar. Podíamos vernos en cualquier dirección que miráramos. Eso debía de ser. Mientras Ares y Afrodita se daban besitos podían mirar a sus personas favoritas: ellos mismos.

Recogí el chal. Reflejaba destellos rosa y su aroma era una exquisita mezcla floral. Algo embriagador. Sonreí con aire de ensoñación, y estaba a punto de frotarme la mejilla con el chal cuando Annabeth me lo arrebató y se lo metió en el bolsillo.

—Ah, no, de eso nada. Apártate de esa magia de amor.

—¿Qué?

—Tú recoge el escudo, sesos de alga, y larguémonos de aquí.

En el momento en que toqué el escudo supe que teníamos problemas. Mi mano rompió algo que lo unía al tablero de mandos. Una telaraña, pensé, pero lo examiné en la palma y vi que era un delgado filamento de metal. Estaba puesto ahí para tropezar con él.

—Espera —dijo Annabeth.

—Demasiado tarde.

—Hay otra letra griega a este lado del bote, otra eta. Esto es una trampa.

Se produjo el chirriante ruido de un millón de engranajes que comenzaban a funcionar, como si la piscina estuviera convirtiéndose en una máquina gigante.

—¡Cuidado, chicos! —gritó Grover.

Arriba, en el borde, las estatuas de Cupido tensaban sus arcos en posición de disparo. Sin darnos tiempo de ponernos a cubierto, dispararon, pero no hacia nosotros sino unas a otras, a ambos lados de la piscina. Las flechas arrastraban cables sedosos que describían arcos sobre la piscina y se clavaban en el borde, formando un enorme entramado dorado. Entonces, por arte de magia, empezaron a tejerse hilos metálicos más pequeños, entrelazándose hasta formar una red.

—Tenemos que salir de aquí —dije.

—¡Menudo lumbrera! —ironizó Annabeth.

Agarré el escudo y echamos a correr, pero salir de la piscina no era tan fácil como bajar.

—¡Venga! —nos urgió Grover.

Intentaba rasgar la red para abrirnos una salida, pero cada vez que la tocaba los hilos de oro le envolvían las manos. De repente, las cabezas de los cupidos se abrieron y de su interior salieron videocámaras y focos que nos cegaron al encenderse. Un altavoz retumbó:

«Retransmisión en directo para el Olimpo dentro de un minuto... Cincuenta y nueve segundos, cincuenta y ocho...»

—¡Hefesto! —gritó Annabeth—. ¡Cómo no me di cuenta antes! Eta es hache. Fabricó esta trampa para sorprender a su mujer con Ares. ¡Ahora van a retransmitirnos en vivo al Olimpo y quedaremos como idiotas totales!

Casi habíamos llegado al borde, cuando de pronto los espejos en hilera se abrieron como trampillas y de ellas emergió un torrente de diminutas cosas metálicas...

Annabeth soltó un grito de horror.

Parecía un ejército de bichitos de cuerda: cuerpos de bronce, patas puntiagudas y afiladas pinzas, y se dirigían hacia nosotros como una marabunta, en una oleada de chasquidos y zumbidos metálicos.

—¡Arañas! —exclamó Annabeth, despavorida—. ¡A-aaa-raaaaa...!

Nunca la había visto así. Trastabilló y cayó hacia atrás, presa del pánico, y las arañas robot casi la cubrieron completamente antes de que lograse levantarla y tirar de ella hacia el bote.

Aquellas cosas seguían apareciendo por doquier, miles de ellas, bajando sin cesar a la piscina y rodeándonos. Me dije que probablemente no estaban programadas para matar, sólo para acorralarnos, mordernos y hacernos parecer idiotas. Entonces caí en la cuenta de que era una trampa para dioses. Y nosotros no éramos dioses.

Subimos al bote y empecé a apartar arañas a patadas a medida que trepaban. Le grité a Annabeth que me ayudara, pero estaba como paralizada y sólo podía gritar.

«Treinta, veintinueve, veintiocho...», proseguía el altavoz.

Las arañas empezaron a escupir filamentos de metal buscando amarrarnos. Al principio fue fácil zafarnos, pero había demasiados y las arañas no dejaban de llegar. Le aparté una a Annabeth de la pierna, y otra se llevó un trocito de mis zapatillas surferas con las pinzas.

Grover revoloteaba por encima de la piscina con las zapatillas voladoras, intentando perforar la red, pero no cedía.

«Piensa —me dije—. Piensa.»

Podríamos haber huido por la entrada del Túnel del Amor, de no haber estado bloqueada por un millón de arañas robot.

«Quince, catorce, trece...», contaba sin pausa el altavoz.

«Agua... ¿De dónde sale el agua?»

Y entonces las vi: los espejos trampilla eran el desagüe de gruesas tuberías de agua, y por allí habían venido las arañas. Encima de la red, junto a uno de los cupidos, había una cabina de cristal que debía de contener los mandos.

—¡Grover! —grité—. ¡Ve a la cabina y busca el botón de encendido!

—Pero...

—¡Hazlo! —Era una esperanza loca, pero nuestra única oportunidad. Las arañas ya rodeaban el bote por completo y Annabeth seguía gritando como una posesa. Teníamos que salir allí.

Grover se metió en la cabina y empezó a pulsar botones a la desesperada.

«Cinco, cuatro...»

Me hizo señas con las manos, dándome a entender que había apretado todos los botones pero seguía sin pasar nada.

Cerré los ojos y pensé en olas, agua desbordante, el río Misisipi... Sentí un tirón familiar en el estómago. Intenté imaginar que arrastraba todo el océano hasta Denver.

«Dos, uno, ¡cero!»

Las tuberías se sacudieron y el agua inundó con un rugido la piscina, arrastrando las arañas. Tiré de Annabeth para sentarla a mi lado y le abroché el cinturón justo cuando la primera ola nos cayó encima y acabó con todas las arañas. El bote viró, se levantó con el nivel del agua y dio vueltas en círculo encima del remolino. El agua estaba llena de arañas que chisporroteaban en cortocircuito, algunas con tanta fuerza que incluso explotaban. Los focos nos iluminaban y las cámaras cupido filmaban en directo para el Olimpo.

Me concentré en controlar el bote y lograr que siguiera la corriente sin estrellarse contra las paredes. Quizá fue mi imaginación, pero el bote pareció responder; por lo menos no se hizo añicos. Dimos una última vuelta cuando el nivel del agua era casi tan alto como para cortarnos en juliana contra la red. Entonces la proa viró en dirección al túnel y nos lanzamos a toda velocidad hacia la oscuridad.

Nos sujetamos fuerte y gritamos al unísono cuando el bote remontó olas, pasó pegado a las esquinas y se escoró cuarenta y cinco grados al paso de imágenes de Romeo y Julieta y otro montón de tonterías de San Valentín. En la recta final del túnel, la brisa nocturna nos revolvió el pelo cuando el bote se lanzó como un bólido hacia la salida.

Si la atracción hubiese estado en funcionamiento, habríamos llegado a una rampa entre las Puertas Doradas del Amor y, de allí, chapoteado sin problemas hasta la piscina de salida. Pero había un problema: las Puertas del Amor estaban cerradas con una cadena. Un par de botes que al parecer habían salido del túnel antes que nosotros se habían estrellado contra las puertas: uno estaba medio sumergido, y el otro partido por la mitad.

—¡Quítate el cinturón! —le grité a Annabeth.

—¿Estás loco?

—A menos que quieras morir aplastada. —Me amarré el escudo de Ares al brazo—. Tendremos que saltar. —Mi idea era tan sencilla como demencial: cuando el bote chocara, aprovecharíamos el impulso como trampolín y saltaríamos por encima de la puerta. Jamás había oído que nadie sobreviviera a impactos de esa índole, arrojados a diez o doce metros del lugar del accidente. Pero nosotros, con un poco de suerte, aterrizaríamos en la piscina.

Annabeth pareció comprender y me aferró la mano. Las puertas se acercaban a gran velocidad.

—Yo doy la señal —dije.

—¡No! ¡La doy yo!

—Pero ¿qué...?

—¡Física sencilla, amiguito! —me gritó—. La fuerza calcula el ángulo de la trayectoria...

—¡Vale! —exclamé—. ¡Tú das la señal!

Vaciló... vaciló... y de repente gritó:

—¡Ahora!

Annabeth tenía razón.

De haber saltado cuando decía yo, nos habríamos estrellado contra las puertas. Consiguió el máximo impulso... más del que necesitábamos: el bote se estrelló contra las barcas estropeadas y salimos despedidos violentamente por el aire, justo por encima de las puertas y la piscina, directos al sólido asfalto.

Algo me agarró por detrás.

—¡Ay! —se quejó Annabeth.

¡Grover! En pleno vuelo nos había atrapado, a mí por la camisa y a Annabeth por el brazo, e intentaba evitarnos un aterrizaje accidentado, pero íbamos embalados.

—¡Pesáis demasiado! —dijo Grover—. ¡Nos caemos!

Descendimos al suelo describiendo espirales, Grover esforzándose por amortiguar la caída. Chocamos contra un tablón de fotografías y la cabeza de Grover se metió directamente en el agujero donde se asomaban los turistas para salir en la foto como *Noo-Noo* la ballena simpática. Annabeth y yo dimos contra el suelo; fue un golpe duro, pero estábamos vivos y el escudo de Ares seguía en mi brazo.

En cuanto recuperamos el aliento, liberamos a Grover del tablón y le dimos las gracias por salvarnos la vida. Me volví para contemplar la Emocionante Atracción del Amor. El agua remitía. Nuestro bote, estrellado contra las puertas, había quedado hecho trizas.

Cien metros más allá, en la piscina, los cupidos seguían filmando. Las estatuas habían girado de manera que las cámaras y las luces nos enfocaban.

—¡La función ha terminado! —grité—. ¡Gracias! ¡Buenas noches!

Los cupidos regresaron a sus posiciones originales y las luces se apagaron. El parque quedó tranquilo y oscuro otra vez, excepto por el suave murmullo del agua en la piscina de salida de la Emocionante Atracción del Amor. Me pregunté si el Olimpo habría pasado a publicidad y si habríamos estado bien de audiencia.

Detestaba que me provocaran y me la jugaran. Y tenía mucha experiencia en el trato con abusones a los que les gustaba hacerme esa clase de cosas. Levanté el escudo que llevaba en el brazo y me volví hacia mis amigos.

—Vamos a tener unas palabritas con Ares.

16

Cebra hasta Las Vegas

El dios de la guerra nos esperaba en el aparcamiento del restaurante.

—Bueno, bueno —dijo—. No os han matado.

—Sabías que era una trampa —le espeté.

Ares sonrió maliciosamente.

—Seguro que ese herrero lisiado se sorprendió al ver en la red a un par de críos estúpidos. Das el pego en la tele, chaval.

Le arrojé su escudo.

—Eres un cretino.

Annabeth y Grover contuvieron el aliento.

Ares agarró el escudo y lo hizo girar en el aire como una masa de pizza. Cambió de forma y se convirtió en un chaleco antibalas. Se lo colocó por la espalda.

—¿Ves ese camión de ahí? —Señaló un tráiler de dieciocho ruedas aparcado en la calle junto al restaurante—. Es vuestro vehículo. Os conducirá directamente a Los Ángeles con una parada en Las Vegas.

El camión llevaba un cartel en la parte trasera, que pude leer sólo porque estaba impreso al revés en blanco sobre negro, una buena combinación para la dislexia: «AMABILIDAD INTERNACIONAL: TRANSPORTE DE ZOOS HUMANOS. PELIGRO: ANIMALES SALVAJES VIVOS.»

—Estás de broma —dije.

Ares chasqueó los dedos. La puerta trasera del camión se abrió.

—Billete gratis, pringado. Deja de quejarte. Y aquí tienes estas cosillas por hacer el trabajo.

Sacó una mochila de nailon azul y me la lanzó. Contenía ropa limpia para todos, veinte pavos en metálico, una bolsa llena de dracmas de oro y una bolsa de galletas Oreo con relleno doble.

—No quiero tus cutres... —empecé.

—Gracias, señor Ares —saltó Grover, dedicándome su mejor mirada de alerta roja—. Muchísimas gracias.

Me rechinaron los dientes. Probablemente era un insulto mortal rechazar algo de un dios, pero no quería nada que Ares hubiese tocado. A regañadientes, me eché la mochila al hombro. Sabía que mi ira se debía a la presencia del dios de la guerra, pero seguía teniendo ganas de aplastarle la nariz de un puñetazo. Me recordaba a todos los abusones a los que me había enfrentado: Nancy Bobofit, Clarisse, Gabe el Apestoso, profesores sarcásticos; todos los cretinos que me habían llamado «idiota» en la escuela o se habían reído de mí cada vez que me expulsaban.

Miré el restaurante, que ahora tenía sólo un par de clientes. La camarera que nos había servido la cena nos miraba nerviosa por la ventana, como si temiera que Ares fuera a hacernos daño. Sacó al cocinero de la cocina para que también mirase. Le dijo algo. Él asintió, levantó una cámara y nos sacó una foto.

«Genial —pensé—. Mañana otra vez en los periódicos.» Ya me imaginaba el titular: «Delincuente juvenil propina paliza a motorista indefenso.»

—Me debes algo más —le dije a Ares—. Me prometiste información sobre mi madre.

—¿Estás seguro de que la soportarás? —Arrancó la moto—. No está muerta.

Todo me dio vueltas.

—¿Qué quieres decir?

—Quiero decir que la apartaron de delante del Minotauro antes de que muriese. La convirtieron en un resplandor dorado, ¿no? Pues eso se llama metamorfosis. No muerte. Alguien la tiene.

—¿La tiene? ¿Qué quieres decir?

—Necesitas estudiar los métodos de la guerra, pringado. Rehenes... Secuestras a alguien para controlar a algún otro.

—Nadie me controla.

Se rió.

—¿En serio? Mira alrededor, chaval.

Cerré los puños.

—Sois bastante presuntuoso, señor Ares, para ser un tipo que huye de estatuas de Cupido.

Tras sus gafas de sol, el fuego ardió. Sentí un viento cálido en el pelo.

—Volveremos a vernos, Percy Jackson. La próxima vez que te pelees, no descuides tu espalda.

Aceleró la Harley y salió con un rugido por la calle Delancy.

—Eso no ha sido muy inteligente, Percy —dijo Annabeth.

—Me da igual.

—No quieras tener a un dios de enemigo. Especialmente ese dios.

—Eh, chicos —intervino Grover—. Detesto interrumpiros, pero...

Señaló al comedor. En la caja registradora, los dos últimos clientes pagaban la cuenta, dos hombres vestidos con idénticos monos negros, con un logo blanco en la espalda que coincidía con el del camión: «AMABILIDAD INTERNACIONAL.»

—Si vamos a tomar el expreso del zoo —prosiguió Grover—, debemos darnos prisa.

No me gustaba, pero no teníamos opción. Además, ya había tenido suficiente Denver. Cruzamos la calle corriendo, subimos a la parte trasera del camión y cerramos las puertas.

Lo primero que me llamó la atención fue el olor. Parecía la caja de arena para gatos más grande del mundo.

El interior del camión estaba oscuro, hasta que destapé a *Anaklusmos*. La espada arrojó una débil luz broncínea sobre una escena muy triste. En una fila de jaulas asquerosas había tres de los animales de zoo más patéticos que había visto jamás: una cebra, un león albino y una especie de antílope raro.

Alguien le había tirado al león un saco de nabos que claramente no quería comerse. La cebra y el antílope tenían una bandeja de polispán de carne picada. Las crines de la cebra tenían chicles pegados, como si alguien se hubiera dedicado a escupírselos. Por su parte, el antílope tenía atado a uno de los cuernos un estúpido globo de cumpleaños plateado que ponía: «¡Al otro lado de la colina!»

Al parecer, nadie había querido acercarse lo suficiente al león, y el pobre bicho se removía inquieto sobre unas mantas raídas y sucias, en un espacio demasiado pequeño, entre jadeos provocados por el calor que hacía en el camión. Tenía moscas zumbando alrededor de los ojos enrojecidos, y los huesos se le marcaban.

—¿Esto es amabilidad? —exclamó Grover—. ¿Transporte zoológico humano?

Seguro que habría salido otra vez a sacudirles a los camioneros con su flauta de juncos, y desde luego yo le habría ayudado, pero justo entonces el camión arrancó y el tráiler empezó a sacudirse, así que nos vimos obligados a sentarnos o caer al suelo.

Nos apiñamos en una esquina junto a unos sacos de comida mohosos, intentando hacer caso omiso del hedor, el calor y las moscas. Grover intentó hablar con los animales mediante una serie de balidos, pero se lo quedaron mirando con tristeza. Annabeth estaba a favor de abrir las jaulas y liberarlos al instante, pero yo señalé que no serviría de nada hasta que el camión parara. Además, me daba la sensación de que teníamos mucho mejor aspecto para el león que aquellos nabos.

Encontré una jarra de agua y les llené los cuencos, después usé a *Anaklusmos* para sacar la comida equivocada de sus jaulas. Le di la carne al león y los nabos a la cebra y el antílope.

Grover calmó al antílope, mientras Annabeth le cortaba el globo del cuerno con su cuchillo. Quería también cortarle los chicles a la cebra, pero decidimos que sería demasiado arriesgado con los tumbos que daba el camión. Le dijimos a Grover que les prometiera a los animales que seguiríamos ayudándolos por la mañana, después nos preparamos para pasar la noche.

Grover se acurrucó junto a un saco de nabos; Annabeth abrió una caja de nuestras Oreos con relleno doble y mordisqueó una sin ganas; yo intenté alegrarme pensando que ya estábamos a medio camino de Los Ángeles. A medio camino de nuestro destino. Sólo estábamos a 14 de junio. El solsticio no era hasta el 21. Teníamos tiempo de sobra.

Por otro lado, no tenía idea de qué debía esperar. Los dioses no paraban de jugar conmigo. Por lo menos Hefesto había tenido la decencia de ser honesto: había puesto cámaras y me había anunciado como entretenimiento. Pero incluso cuando aquéllas aún no estaban rodando, había tenido la impresión de que mi misión era observada. Yo no era más que una fuente de diversión para los dioses.

—Oye —me dijo Annabeth—, siento haber perdido los nervios en el parque acuático, Percy.

—No pasa nada.

—Es que... —Se estremeció—. ¿Sabes?, las arañas...

—¿Por la historia de Aracne? —supuse—. Acabó convertida en araña por desafiar a tu madre a ver quién tejía mejor, ¿verdad?

Annabeth asintió.

—Los hijos de Aracne llevan vengándose de los de Atenea desde entonces. Si hay una araña a un kilómetro a la redonda, me encontrará. Detesto a esos bichejos. De todos modos, te la debo.

—Somos un equipo, ¿recuerdas? —dije—. Además, el vuelo molón lo ha hecho Grover.

Pensaba que estaba dormido, pero desde la esquina murmuró:

—¿A que he estado total?

Annabeth y yo nos reímos. Sacó una Oreo y me dio la mitad.

—En el mensaje Iris... ¿de verdad Luke no dijo nada?

Mordisqueé mi galleta y pensé en cómo responder. La conversación del arco iris me había tenido preocupado durante toda la tarde.

—Luke me dijo que él y tú os conocéis desde hace mucho. También dijo que Grover no fallaría esta vez. Que nadie se convertiría en pino.

Al débil resplandor de la espada era difícil leer sus expresiones.

Grover baló lastimeramente.

—Debería haberte contado la verdad desde el principio. —Le tembló la voz—. Pensaba que si sabías lo bobo que era, no me querrías a tu lado.

—Eras el sátiro que intentó rescatar a Thalia, la hija de Zeus.

Asintió con tristeza.

—Y los otros dos mestizos de los que se hizo amiga Thalia, los que llegaron sanos y salvos al campamento... —Miré a Annabeth—. Erais tú y Luke, ¿verdad?

Annabeth dejó su Oreo sin comer.

—Como tú dijiste, Percy, una mestiza de siete años no habría llegado muy lejos sola. Atenea me guió hacia la ayuda. Thalia tenía doce; Luke, catorce. Los dos habían huido de casa, como yo. Les pareció bien llevarme. Eran... unos luchadores increíbles contra los monstruos, incluso sin entrenamiento. Viajamos hacia el norte desde Virginia, sin ningún plan real, evitando monstruos hasta que Grover nos encontró.

—Se suponía que tenía que escoltar a Thalia al campamento —dijo Grover entre sollozos—. Sólo a Thalia. Tenía órdenes estrictas de Quirón: no hagas nada que ralentice el rescate. Verás, sabíamos que Hades le iba detrás, pero no podíamos dejar a Luke y Annabeth solos. Pensé... que podría llevarlos a los tres sanos y salvos. Fue culpa mía que nos alcanzaran las Benévolas. Me quedé en el sitio. Me asusté de vuelta al campamento y me equivoqué de camino. Si hubiese sido un poquito más rápido...

—Ya basta—lo interrumpió Annabeth—. Nadie te echa la culpa. Thalia tampoco te culpaba.

—Se sacrificó para salvarnos. Murió por mi culpa. Así lo dijo el Consejo de los Sabios Ungulados.

—¿Porque no pensabas dejar a otros dos mestizos atrás? —dije—. Eso es injusto.

—Percy tiene razón —convino Annabeth—. Yo no estaría aquí hoy de no ser por ti, Grover. Ni Luke. No nos importa lo que diga el Consejo.

Grover siguió sollozando en la oscuridad.

—¡Menuda suerte tengo! Soy el sátiro más torpe de todos los tiempos y voy a dar con los dos mestizos más poderosos del siglo, Thalia y Percy.

—No eres torpe —insistió Annabeth—. Y eres más valiente que cualquier otro sátiro que haya conocido. Nómbrame alguno que se atreva a ir al inframundo. Seguro que Percy también se alegra de que estés aquí.

Me dio una patada en la espinilla.

—Sí —contesté, aunque lo habría dicho incluso sin la patada—. No fue la suerte lo que hizo que nos encontraras a Thalia y a mí, Grover. Eres el sátiro con más buen corazón del mundo. Eres un buscador nato. Por eso serás el que encuentre a Pan.

Oí un hondo suspiro de satisfacción. Esperé que Grover dijera algo, pero sólo volvió más pesada su respiración. Cuando empezó a roncar, me di cuenta de que se había dormido.

—¿Cómo lo hará? —me asombré.

—No lo sé —repuso Annabeth—. Pero ha sido muy bonito eso que le has dicho.

—Hablaba en serio.

Guardamos silencio varios kilómetros, zarandeados contra los sacos de comida. La cebra comía nabos. El león lamía lo que quedaba de carne picada y me miraba esperanzado.

Annabeth se frotó el collar como si estuviera concentrada pensando.

—Esa cuenta del pino —le pregunté—, ¿es del primer año?

Miró el collar. No se había dado cuenta de lo que estaba haciendo.

—Sí —contestó—. Cada agosto, los consejeros eligen el evento más importante del verano y lo pintan en las cuentas de ese año. Tengo el pino de Thalia, un trirreme griego en llamas, un centauro con traje de graduación... Bueno, ése sí que fue un verano raro...

—¿Y el anillo universitario es de tu padre?

—Eso no es asunto... —Se detuvo—. Sí. Sí que lo es.

—No tienes que contármelo.

—No... no pasa nada. —Inspiró con dificultad—. Mi padre me lo envió metido en una carta, hace dos veranos. El anillo era... En fin, su mayor recuerdo de Atenea. No habría superado su doctorado en Harvard sin ella... Bueno, es una larga historia. En cualquier caso, dijo que quería que lo tuviera. Se disculpó por haber sido un estúpido, dijo que me quería y me echaba de menos. Quería que volviera a casa y viviera con él.

—Eso no suena tan mal.

—Sí, bueno... El problema es que me lo creí. Intenté volver a casa aquel año académico, pero mi madrastra seguía como siempre. No quería que sus hijos corrieran peligro por vivir con un bicho raro. Los monstruos atacaban. Peleábamos. Los monstruos atacaban. Peleábamos. No llegué a las vacaciones de Navidad. Llamé a Quirón y volví directamente al Campamento Mestizo.

—¿Crees que podrás vivir con tu padre otra vez?

No me miraba a los ojos.

—Por favor. Paso de autoinfligirme daño.

—No deberías desistir —le dije—. Deberías escribirle una carta o algo así.

—Gracias por el consejo —me dijo fríamente—, pero mi padre ha escogido con quién quiere vivir.

Guardamos silencio durante unos cuantos kilómetros.

—Así que si los dioses pelean —dije al cabo—, ¿se alinearán del mismo modo que en la guerra de Troya? ¿Irá Atenea contra Poseidón?

Annabeth apoyó la cabeza en la mochila que Ares nos había dado y cerró los ojos.

—No sé qué hará mi madre. Sólo sé que yo lucharé en tu bando.

—¿Por qué?

—Porque eres mi amigo, sesos de alga. ¿Alguna otra pregunta idiota?

No se me ocurría qué decir. Afortunadamente no tuve que hacerlo. Annabeth se había dormido.

Yo tuve problemas para seguir su ejemplo, con Grover roncando y un león albino mirándome hambriento, pero al final cerré los ojos.

La pesadilla se inició como algo que había soñado antes un millón de veces: me obligaban a realizar un examen oficial metido en una camisa de fuerza. Los demás chicos estaban saliendo al patio y el profesor no paraba de decir: «Venga, Percy. No eres tonto, ¿verdad? Agarra el lápiz.»

Y entonces el sueño se desviaba de su camino habitual.

Miraba hacia el pupitre de al lado y veía a una chica sentada allí, también con camisa de fuerza. Tenía mi edad, el pelo negro y revuelto, peinado a lo punk, los ojos verdes y tormentosos pintados con lápiz oscuro, y pecas en la nariz. De algún modo, sabía quién era: Thalia, hija de Zeus.

Ella forcejeaba con la camisa de fuerza, me lanzaba una airada mirada de frustración y espetaba:

—Bueno, sesos de alga. Uno de los dos tendrá que salir de aquí.

«Tiene razón —pensaba yo en el sueño—. Voy a volver a esa cueva. Voy a darle a Hades mi opinión.»

La camisa de fuerza se desvanecía. Caía a través del suelo de la clase. La voz del maestro se volvía fría y malvada, resonando desde las profundidades de un gran abismo.

—Percy Jackson —decía—. Sí, veo que el intercambio ha funcionado.

Estaba otra vez en la caverna oscura, los espíritus de los muertos vagaban alrededor. Oculta en el foso, la cosa monstruosa hablaba, pero esta vez no se dirigía a mí. El poder entumecedor de su voz parecía dirigido hacia otro lugar.

—¿Y no sospecha nada? —preguntaba.

Otra voz, una que me resultaba conocida, respondía a mi espalda:

—Nada, mi señor. Está totalmente en la inopia.

Yo miraba, pero no había nadie. El que hablaba era invisible.

—Un engaño tras otro —musitaba la cosa del foso—. Excelente.

—En serio, mi señor —decía la voz a mi lado—, hacen bien en llamaros el Retorcido, pero ¿era esto realmente necesario? Podría haberos traído lo que robé directamente...

—¿Tú? —se burlaba el monstruo—. Has mostrado tus límites con creces. Me habrías fallado por completo de no haber intervenido yo.

—Pero, mi señor...

—Haya paz, pequeño sirviente. Estos seis meses nos han rendido mucho. La ira de Zeus ha aumentado. Poseidón ha jugado su carta más desesperada. Ahora la usaremos contra él. Pronto obtendrás la recompensa que deseas, y tu venganza. En cuanto ambos objetos me sean entregados... Pero espera. Está aquí.

—¿Qué? —El sirviente invisible de repente parecía tensarse—. ¿Lo habéis convocado, mi señor?

—No. —El monstruo centraba toda la fuerza de su atención en mí, dejándome inmóvil en el sitio—. Maldita sea la sangre de su padre: es demasiado voluble, demasiado impredecible. El chico ha venido solo.

—¡Imposible! —gritaba el sirviente.

—¡Para un débil como tú, puede! —rugía la voz. Entonces su frío poder se volvía hacia mí—. Así que... ¿quieres soñar con tu misión, joven mestizo? Pues te lo concederé.

La escena cambiaba.

Estaba de pie en un enorme salón del trono con paredes de mármol negro y suelos de bronce. El trono, vacío y horrendo, estaba hecho de huesos humanos soldados. De pie, junto al pedestal, estaba mi madre, helada en una luz dorada reluciente, con los brazos extendidos.

Intentaba acercarme a ella, pero las piernas no me respondían. Estiraba los brazos para alcanzarla, pero sólo para comprobar que se me estaban secando hasta los huesos. Esqueletos sonrientes con armaduras griegas se cernían sobre mí, me envolvían en una túnica de seda y me coronaban con laureles que olían como el veneno de Quimera y me quemaban la piel.

La voz malvada se echaba a reír.

—¡Salve, héroe conquistador!

Desperté con un sobresalto.

Grover me sacudía por el hombro.

—El camión ha parado —dijo—. Creemos que vendrán a ver los animales.

—¡Escóndete! —susurró Annabeth.

Ella lo tenía fácil. Se puso la gorra de invisibilidad y desapareció. Grover y yo tuvimos que escondernos detrás de unos sacos de comida y confiar en parecer nabos.

Las puertas traseras chirriaron al abrirse. La luz del sol y el calor se colaron dentro.

—¡Qué asco! —rezongó uno de los camioneros mientras sacudía la mano por delante de su fea nariz—. Ojalá transportáramos electrodomésticos. —Subió y echó agua de una jarra en los platos de los animales—. ¿Tienes calor, chaval? —le preguntó al león, y le vació el resto del cubo directamente en la cara.

El león rugió, indignado.

—Vale, vale, tranquilo —dijo el hombre.

A mi lado, bajo los sacos de nabos, Grover se puso tenso. Para ser un herbívoro amante de la paz, parecía bastante mortífero, la verdad.

El camionero le lanzó al antílope una bolsa de Happy Meal aplastada. Le dedicó una sonrisita malévola a la cebra.

—¿Qué tal te va, Rayas? Al menos de ti nos deshacemos en esta parada. ¿Te gustan los espectáculos de magia? Éste te va a encantar. ¡Van a serrarte por la mitad!

La cebra, aterrorizada y con los ojos como platos, me miró fijamente.

No emitió sonido alguno, pero la oí decir con nitidez: «Por favor, señor, liberadme.» Me quedé demasiado conmocionado para reaccionar.

Se oyeron unos fuertes golpes a un lado del camión.

El camionero gritó:

—¿Qué quieres, Eddie?

Una voz desde fuera —sería la de Eddie—, gritó:

—¿Maurice? ¿Qué dices?

—¿Para qué das golpes?

Toc, toc, toc.

Desde fuera, Eddie gritó:

—¿Qué golpes?

Nuestro tipo, Maurice, puso los ojos en blanco y volvió fuera, maldiciendo a Eddie por ser tan imbécil.

Un segundo más tarde, Annabeth apareció a mi lado. Debía de haber dado los golpes para sacar a Maurice del camión.

—Este negocio de transporte no puede ser legal —dijo.

—No me digas —contestó Grover. Se detuvo, como si estuviera escuchando—. ¡El león dice que estos tíos son contrabandistas de animales!

«Es verdad», me dijo la voz de la cebra en mi mente.

—¡Tenemos que liberarlos! —sugirió Grover, y tanto él como Annabeth se quedaron mirándome, esperando que los dirigiera.

Había oído hablar a la cebra, pero no al león. ¿Por qué? Quizá se debiera a otra disfunción cognitiva... Quizá sólo podía entender a las cebras. Entonces pensé: caballos. ¿Qué había dicho Annabeth sobre que Poseidón había creado los caballos? ¿Se parecía una cebra lo suficiente a un caballo? ¿Por eso era capaz de entenderla?

La cebra dijo: «Ábreme la jaula, señor. Por favor. Después yo me las apañaré por mi cuenta.»

Fuera, Eddie y Maurice aún seguían gritándose, pero sabía que volverían en cualquier momento para atormentar otra vez a los animales. Empuñé la espada y destrocé el cerrojo de la jaula de la cebra. El pobre animal salió corriendo. Se volvió y me hizo una reverencia con la cabeza. «Gracias, señor.»

Grover levantó las manos y le dijo algo a la cebra en idioma cabra, una especie de bendición.

Justo cuando Maurice volvía a meter la cabeza dentro para ver qué era aquel ruido, la cebra saltó por encima de él y salió a la calle. Se oyeron gritos y bocinas. Nos abalanzamos sobre las puertas del camión a tiempo de ver a la cebra galopar por un ancho bulevar lleno de hoteles, casinos y letreros de neón a cada lado. Acabábamos de soltar una cebra en Las Vegas.

Maurice y Eddie corrieron detrás de ella, y a su vez unos cuantos policías detrás de ellos, que gritaban:

—¡Eh, para eso necesitan un permiso!

—Éste sería un buen momento para marcharnos —dijo Annabeth.

—Los otros animales primero —intervino Grover.

Rompí los cerrojos con la espada. Grover levantó las manos y les dedicó la misma bendición caprina que a la cebra.

—Buena suerte —les dije a los animales. El antílope y el león salieron de sus jaulas con ganas y se lanzaron juntos a la calle.

Algunos turistas gritaron. La mayoría sólo se apartaron y sacaron fotos, probablemente convencidos de que era algún espectáculo publicitario de los casinos.

—¿Estarán bien los animales? —le pregunté a Grover—. Quiero decir, con el desierto y tal...

—No te preocupes —me contestó—. Les he puesto un santuario de sátiro.

—¿Que significa?

—Significa que llegarán a la espesura a salvo —dijo—. Encontrarán agua, comida, sombra, todo lo que necesiten hasta hallar un lugar donde vivir a salvo.

—¿Por qué no nos echas una bendición de ésas a nosotros? —le pregunté.

—Sólo funciona con animales salvajes.

—Así que sólo afectaría a Percy —razonó Annabeth.

—¡Eh! —protesté.

—Es una broma —contestó—. Vamos, salgamos de este camión asqueroso.

Salimos a trompicones a la tarde en el desierto. Debía de haber cuarenta y cinco grados, así que seguramente parecíamos vagabundos refritos, pero todo el mundo estaba demasiado interesado en los animales salvajes para prestarnos atención.

Pasamos junto al Monte Carlo y el MGM. Dejamos atrás unas pirámides, un barco pirata y la estatua de la Libertad, una réplica bastante pequeña pero que me provocó la misma añoranza.

No estaba seguro de qué íbamos buscando. Tal vez sólo un lugar donde librarnos del calor por unos instantes, encontrar un sándwich y un vaso de limonada y trazar un nuevo plan para llegar a Los Ángeles.

Debimos de girar en el lugar equivocado, porque de repente nos encontramos en un callejón sin salida, delante del Hotel Casino Loto. La entrada era una enorme flor de neón cuyos pétalos se encendían y parpadeaban. Nadie salía ni entraba, pero las brillantes puertas cromadas estaban abiertas, y del interior emergía un aire acondicionado con aroma de flores: flores de loto, quizá. Jamás las había olido, así que no estaba seguro.

El portero nos sonrió.

—Ey, chicos. Parecéis cansados. ¿Queréis entrar y sentaros?

Durante la última semana había aprendido a sospechar. Suponía que cualquiera podía ser un monstruo o un dios. No se podía saber. Pero aquel tipo era normal. Saltaba a la vista. Además, me sentí tan aliviado al oír a alguien que parecía comprensivo que asentí y le dije que nos encantaría entrar. Dentro, echamos un vistazo y Grover exclamó:

—¡Uau!

El recibidor entero era una sala de juegos gigante. Y no me refiero a los comecocos cutres o las máquinas tragaperras. Había un tobogán de agua que rodeaba el ascensor de cristal como una serpiente, de una altura de por lo menos cuarenta plantas. Había un muro de escalar a un lado del edificio, así como un puente desde el que hacer puenting. Y cientos de videojuegos, cada uno del tamaño de una televisión gigante. Básicamente, tenía todo lo que se te pueda ocurrir. Vi a otros chicos jugando, pero no muchos. No había que esperar para ningún juego. Por todas partes se veían camareras y bares que servían todo tipo de comida.

—¡Eh! —dijo un botones. Por lo menos eso me pareció. Llevaba una camisa hawaiana blanca y amarilla con dibujos de lotos, pantalones cortos y chanclas—. Bienvenidos al Casino Loto. Aquí tienen la llave de su habitación.

—Esto, pero... —masculló.

—No, no —dijo sonriendo—. La cuenta está pagada. No tienen que pagar nada ni dar propinas. Sencillamente suban a la última planta, habitación cuatro mil uno. Si necesitan algo, como más burbujas para la bañera caliente, o platos en el campo de tiro, lo que sea, llamen a recepción. Aquí tienen sus tarjetas LotusCash. Funcionan en los restaurantes y en todos los juegos y atracciones.

Nos entregó a cada uno una tarjeta de crédito verde.

Sabía que tenía que tratarse de un error. Evidentemente pensaba que éramos los hijos de algún millonario. Pero acepté la tarjeta y pregunté:

—¿Cuánto hay aquí?

—¿Qué quiere decir? —inquirió con ceño.

—Quiero decir que... ¿cuánto se puede gastar aquí?

Se rió.

—Ah, estaba bromeando. Bueno, eso mola. Disfruten de su estancia.

Subimos al ascensor y buscamos nuestra habitación. Era una suite con tres dormitorios separados y un bar lleno de caramelos, refrescos y patatas. Línea directa con el servicio de habitaciones. Toallas mullidas, camas de agua y almohadas de plumas. Una gran pantalla de televisión por satélite e internet de alta velocidad. En el balcón había otra bañera de agua caliente y, como había dicho el botones, una máquina para disparar platos y una escopeta, así que se podían lanzar palomas de arcilla por encima del horizonte de Las Vegas y llenarlas de plomo. Yo no creía que aquello fuera legal, pero desde luego molaba. La vista de la Franja, la calle principal de la ciudad, y el desierto era alucinante, aunque dudaba que tuviera tiempo para admirar la vista con una habitación como aquélla.

—¡Madre mía! —exclamó Annabeth—. Este sitio es...

—Genial —concluyó Grover—. Absolutamente genial.

Había ropa en el armario, de mi talla. Puse cara de extrañeza.

Tiré la mochila de Ares a la basura. Ya no iba a necesitarla. Cuando nos marcháramos, podría apuntar otra a mi cuenta en la tienda del hotel. Me di una ducha, que me sentó fenomenal tras una semana de viaje mugriento. Me cambié de ropa, comí una bolsa de patatas, bebí tres Coca-Colas y acabé sintiéndome mejor que en mucho tiempo. En el fondo de mi mente, algún problemilla seguía incordiándome. Habría tenido un sueño o algo... tenía que hablar con mis amigos. Pero estaba seguro de que podía esperar.

Salí de la habitación y descubrí que Annabeth y Grover también se habían duchado y cambiado de ropa. Grover comía patatas con fruición, mientras Annabeth encendía el canal del *National Geographic*.

—Con todos los canales que hay —le dije—, y tú pones el *National Geographic*. ¿Estás majara?

—Emiten programas interesantes.

—Me siento bien —comentó Grover—. Me encanta este sitio.

Sin que reparara siquiera en ello, las alas de sus zapatillas se desplegaron y por un momento lo levantaron treinta centímetros del suelo.

—¿Y ahora qué? —preguntó Annabeth—. ¿Dormimos?

Grover y yo nos miramos y sonreímos. Ambos levantamos nuestras tarjetas de plástico verde LotusCash.

—Hora de jugar —dije.

No recordaba la última vez que me lo había pasado tan bien. Venía de una familia relativamente pobre. Nuestra idea de derroche era salir a comer a un Burger King y alquilar un vídeo. ¿Un hotel de Las Vegas de cinco estrellas? Ni hablar.

Hice *puenting* en el recibidor cinco o seis veces, bajé por el tobogán, practiqué *snowboard* en la ladera de nieve artificial y jugué a un juego de realidad virtual con pistolas láser y a otro de tiro al blanco del FBI. Vi a Grover unas cuantas veces, pasando de juego en juego. Le encantó el cazador cazado: donde el ciervo sale a disparar a los sureños. Vi a Annabeth jugar a juegos de trivial y otras cosas para cerebritos. Tenían un juego enorme de simulación en 3D en el que construías tu propia ciudad y, de hecho, veías los edificios holográficos levantarse en el tablero. A mí no me pareció gran cosa, pero a ella le encantó.

No sé en qué momento me di cuenta de que algo iba mal.

Probablemente fue cuando reparé en el chico que tenía a mi lado en el tiro al blanco de realidad virtual. Tendría unos trece años, pero llevaba ropa muy rara. Pensé que sería hijo de algún imitador de Elvis. Vestía vaqueros de campana y una camiseta roja con estampado de tubos negros, y llevaba el pelo repeinado con gomina como un chico de Nueva Jersey en la fiesta de principio de curso.

Jugamos una partida juntos y dijo:

—Cómo enrolla, colega. Llevo aquí dos semanas y los juegos no dejan de mejorar.

«¿Cómo enrolla?»

Más tarde, mientras hablábamos, dije que algo «desentonaba» y me miró sorprendido, como si nunca hubiera oído la palabra. Se llamaba Darrin, pero en cuanto empecé a hacerle preguntas, se aburrió de mí y regresó a la pantalla.

—Eh, Darrin.

—¿Qué?

—¿En qué año estamos? —le pregunté.

Puso ceño.

—¿En el juego?

—No. En la vida real.

Tuvo que pararse a pensarlo.

—En mil novecientos setenta y siete.

—No —dije, y empecé a preocuparme—. En serio.

—Oye, tío, me das malas vibraciones. Tengo una partida que atender.

Después de eso, me ignoró por completo.

Empecé a hablar con los demás, y descubrí que no era fácil. Estaban pegados a la pantalla del televisor, o al videojuego, o a su comida, o a lo que fuera. Encontré un tipo que me dijo que estábamos en 1985; otro, que en 1993. Todos aseguraban que no llevaban demasiado tiempo, sólo unos días, como mucho unas semanas. En realidad ni lo sabían ni les importaba.

Entonces se me pasó por la cabeza: ¿cuánto tiempo llevaba yo allí? Parecía sólo un par de horas, pero ¿cuánto había sido? Intenté recordar por qué estábamos allí. Íbamos a Los Ángeles. Teníamos que encontrar la entrada del inframundo. Mi madre... Por un horrible instante me costó recordar su nombre. Sally. Sally Jackson. Tenía que dar con ella. Tenía que evitar que Hades causara la Tercera Guerra Mundial.

Encontré a Annabeth aún construyendo su ciudad.

—Venga —le dije—. Nos marchamos.

No hubo respuesta. La sacudí por los hombros.

—¿Annabeth? —Pareció molestarse.

—¿Qué?

—Tenemos que irnos.

—¿Irnos? ¿De qué estás hablando? Si acabo de construir las torres...

—Este sitio es una trampa.

No respondió hasta que volví a sacudirla.

—¿Qué pasa?

—Escucha. Tenemos una misión, ¿recuerdas?

—Oh, Percy, sólo unos minutos más.

—Annabeth, aquí hay gente desde mil novecientos setenta y siete. Niños que no han crecido más. Te inscribes y te quedas para siempre.

—¿Y qué? —replicó—. ¿Te imaginas un lugar mejor?

La agarré de la muñeca y la aparté del juego.

—¡Eh! —me gritó, e intentó pegarme, pero nadie se molestó siquiera en mirarnos. Estaban demasiado absortos.

La obligué a mirarme a los ojos.

—Arañas. Enormes arañas peludas —le dije.

Eso la estremeció y le aclaró la mirada.

—Oh, santo Olimpo —musitó—. ¿Cuánto tiempo llevamos...?

—No lo sé, pero tenemos que encontrar a Grover.

Tras buscar un buen rato, lo vimos jugando al cazador cazado virtual.

—¡Grover! —llamamos.

Él contestó:

—¡Muere, humano! ¡Muere, asquerosa y contaminante persona!

—¡Grover!

Se volvió con la pistola de plástico y siguió apretando el gatillo, como si sólo fuera otra imagen en la pantalla.

Miré a Annabeth, y entre los dos lo agarramos por los brazos y lo apartamos. Sus zapatos voladores desplegaron las alas y empezaron a tirar de sus piernas en la otra dirección mientras gritaba:

—¡No! ¡Acabo de pasar otro nivel! ¡No!

El botones del Loto se acercó presuroso.

—Bueno, bueno, ¿están listos para las tarjetas platino?

—Nos vamos —le dije.

—Qué lástima —repuso él, y me dio la sensación de que era sincero, como si nuestra partida le doliese en el alma—. Acabamos de abrir una sala nueva entera, llena de juegos para los poseedores de la tarjeta platino.

Nos mostró las tarjetas. Sabía que si aceptaba una, jamás me iría. Me quedaría allí, feliz para siempre, jugando para siempre, y pronto olvidaría a mi madre, mi misión e incluso mi propio nombre. Jugaría al francotirador virtual con Darrin el Enrollado por los siglos de los siglos.

Grover tendió un brazo hacia la tarjeta, pero Annabeth le pegó un tirón y la rechazó.

—No, gracias.

Caminamos hacia la puerta y, a medida que nos acercábamos, el olor a comida y los sonidos de los videojuegos parecían más atractivos. Pensé en nuestra habitación del piso de arriba. Podíamos quedarnos sólo por esa noche, dormir en una cama cómoda y mullida por una vez...

Salimos a toda prisa del Casino Loto y corrimos por la acera. Era por la tarde, aproximadamente la misma hora del día que habíamos entrado en el casino, pero algo no cuadraba. El clima había cambiado por completo. Había tormenta y el desierto rielaba por el calor.

Llevaba la mochila que me había dado Ares colgada del hombro, cosa rara, pues estaba seguro de que la había desechado en la habitación 4001, pero de momento tenía otros problemas de que preocuparme.

Fui hasta el quiosco más cercano, miré la fecha de un periódico. Gracias a los dioses, seguía siendo el mismo año en que habíamos entrado. Después reparé en la fecha: 20 de junio. Habíamos pasado cinco días en el Casino Loto.

Sólo nos quedaba un día para el solsticio de verano. Un día para llevar a buen puerto nuestra misión.

17

Probamos camas de agua

Fue idea de Annabeth.

En Las Vegas nos hizo subir a un taxi como si realmente tuviéramos dinero y le dijo al conductor:

—A Los Ángeles, por favor.

El taxista mordisqueó su puro y nos dio un buen repaso.

—Eso son quinientos kilómetros. Tendréis que pagarme por adelantado.

—¿Acepta tarjetas de débito de los casinos? —preguntó Annabeth.

Se encogió de hombros.

—Algunas. Lo mismo que con las tarjetas de crédito. Primero tengo que comprobarlas.

Annabeth le tendió su tarjeta verde LotusCash. El taxista la miró con escepticismo.

—Pásela —le animó Annabeth.

Lo hizo.

El taxímetro se encendió y las luces parpadearon. Marcó el precio del viaje y, al final, junto al signo del dólar apareció el símbolo de infinito. Al hombre se le cayó el puro de la boca. Volvió a mirarnos, esta vez con los ojos como platos.

—¿A qué parte de Los Ángeles... esto, alteza?

—Al embarcadero de Santa Mónica. —Annabeth se irguió en el asiento, muy ufana con lo de «alteza»—. Si nos lleva rápido, puede quedarse el cambio.

Creo que no debería haberle dicho aquello.

El cuentakilómetros del coche no bajó en ningún momento de ciento cincuenta por el desierto del Mojave.

• • •

En la carretera tuvimos tiempo de sobra para hablar. Les conté mi último sueño, pero los detalles se volvieron borrosos al intentar recordarlos. El Casino Loto parecía haber provocado un cortocircuito en mi memoria. No recordaba de quién era la voz del sirviente invisible, aunque estaba seguro de que era alguien que conocía. El sirviente había llamado al monstruo del foso algo más aparte de «mi señor». Había usado un nombre o título especial...

—¿El Silencioso? —sugirió Annabeth—. ¿Plutón? Ambos son apodos para Hades.

—A lo mejor —dije, pero no parecía ninguno de los dos.

—Ese salón del trono se asemeja al de Hades —intervino Grover—. Así suelen describirlo.

Meneé la cabeza.

—Aquí falla algo. El salón del trono no era la parte principal del sueño. Y la voz del foso... No sé. Es que no sonaba como la voz de un dios.

Los ojos de Annabeth se abrieron como platos.

—¿Qué piensas? —le pregunté.

—Eh... nada. Sólo que... No, tiene que ser Hades. Quizá envió al ladrón, esa persona invisible, por el rayo maestro y algo salió mal...

—¿Como qué?

—No... no lo sé —dijo—. Pero si robó el símbolo de poder de Zeus del Olimpo y los dioses estaban buscándolo... Me refiero a que pudieron salir mal muchas cosas. Así que el ladrón tuvo que esconder el rayo, o lo perdió. En cualquier caso, no consiguió llevárselo a Hades. Eso es lo que la voz dijo en tu sueño, ¿no? El tipo fracasó. Eso explicaría por qué las Furias lo estaban buscando en el autobús. Tal vez pensaron que nosotros lo habíamos recuperado. —Annabeth había palidecido.

—Pero si ya hubieran recuperado el rayo —contesté—, ¿por qué habrían de enviarme al inframundo?

—Para amenazar a Hades —sugirió Grover—. Para hacerle chantaje o sobornarlo para que te devuelva a tu madre.

Dejé escapar un silbido.

—Menudos pensamientos malos tienes para ser una cabra.

—Vaya, gracias.

—Pero la cosa del foso dijo que esperaba dos objetos —repuse—. Si el rayo maestro es uno, ¿cuál es el otro?

Grover meneó la cabeza. Annabeth me miraba como si supiera mi próxima pregunta y deseara que no la hiciese.

—Tú sabes lo que hay en el foso, ¿verdad? —le pregunté—. Vamos, si no es Hades.

—Percy... no hablemos de ello. Porque si no es Hades... No; tiene que ser Hades.

Dejábamos atrás eriales. Cruzamos una señal que ponía: «FRONTERA ESTATAL DE CALIFORNIA, 20 KILÓMETROS.»

Tenía la impresión de que me faltaba una parte de información básica y crucial. Era como cuando miraba una palabra corriente que debía saber, pero no podía entenderla porque un par de letras estaban flotando. Cuanto más pensaba en mi misión, más seguro estaba de que enfrentarme a Hades no era la respuesta. Estaba pasando otra cosa, algo incluso más peligroso.

El problema era que estábamos dirigiéndonos al inframundo a ciento cincuenta kilómetros por hora, convencidos de que Hades tenía el rayo maestro. Si llegábamos allí y descubríamos que no era así, no tendríamos tiempo de corregirnos. La fecha límite del solsticio habría concluido y la guerra empezaría.

—La respuesta está en el inframundo —aseguró Annabeth—. Has visto espíritus de muertos, Percy. Sólo hay un lugar posible para eso. Estamos en el buen camino.

Intentó subirnos la moral sugiriendo estrategias inteligentes para entrar en la tierra de los muertos, pero yo no lograba concentrarme. Había demasiados factores desconocidos. Era como estudiar para un examen del que no conoces la materia. Y créeme, eso lo he hecho unas cuantas veces.

El taxi avanzaba a toda velocidad. Cada golpe de viento por el Valle de la Muerte sonaba como un espíritu. Cada vez que los frenos de un camión chirriaban, me recordaban la voz de reptil de Equidna.

Al anochecer, el taxi nos dejó en la playa de Santa Mónica. Tenía el mismo aspecto que tienen las playas de Los Ángeles en las películas, aunque olía peor. Había atracciones en el embarcadero, palmeras junto a las aceras, vagabundos durmiendo en las dunas y surferos esperando la ola perfecta.

Grover, Annabeth y yo caminamos hasta la orilla.

—¿Y ahora qué? —preguntó Annabeth.

El Pacífico se tornaba oro al ponerse el sol. Pensé en cuánto tiempo había pasado desde la playa de Montauk, en el otro extremo del país, donde contemplaba un océano diferente. ¿Cómo podía haber un dios que controlara todo aquello? Mi profesor de ciencias decía que dos tercios de la superficie de la tierra estaban cubiertos por agua. ¿Cómo podía yo ser el hijo de alguien tan poderoso?

Me metí en las olas.

—¡Percy! —llamó Annabeth—. ¿Qué estás haciendo?

Seguí caminando hasta que el agua me llegó a la cintura, después hasta el pecho.

Ella gritaba a mis espaldas:

—¿No sabes lo contaminada que está el agua? ¡Hay todo tipo de sustancias tóxicas!

En ese momento metí la cabeza bajo el agua.

Al principio aguanté la respiración. Es difícil respirar agua intencionadamente. Al· final ya no pude aguantarlo. Tragué... No había duda, respiraba con normalidad.

Bajé hasta los bancos. No se veía nada con aquella oscuridad, pero de algún modo sabía dónde estaba todo. Sentía la textura cambiante del fondo. Veía las colonias de erizos en las barras de arena. Incluso distinguía las corrientes, las frías y las calientes, así como los remolinos que formaban.

Sentí una caricia en la pierna. Miré hacia abajo y por poco subo hasta la superficie como un misil. Junto a mí había un tiburón mako de un metro y medio de longitud.

Pero el bicho no atacaba. Tan sólo me olisqueaba. Me seguía como un perrito. Le toqué la aleta dorsal con cautela y el tiburón corcoveó un poco, como invitándome a agarrarme con fuerza. Me así a la aleta con las dos manos y el escualo salió disparado, arrastrándome con él. Me condujo hacia la oscuridad y me depositó en el límite mismo del océano, donde el banco de arena se despeñaba hacia un enorme abismo. Era como estar al borde del Gran Cañón a medianoche, sin ver demasiado pero consciente de que el vacío está justo ahí.

La superficie brillaba a unos cincuenta metros por encima. Sabía que la presión debería haberme aplastado y que, desde luego, tampoco debería estar respirando. Sin embargo... Me pregunté si habría algún límite, si podría zambullirme directamente hasta el fondo del Pacífico.

Entonces algo brilló en la oscuridad de abajo, algo que se volvía mayor a medida que ascendía hacia mí. Una voz de mujer muy parecida a la de mi madre me llamó:

—Percy Jackson.

Siguió acercándose y su forma se hizo más clara. La melena negra ondeaba alrededor de la cabeza y llevaba un vestido de seda verde. La luz titilaba en torno a ella, y sus ojos eran tan bonitos y llamativos que apenas reparé en el hipocampo que montaba.

Desmontó. El caballo marino y el tiburón mako se apartaron y empezaron a jugar a algo similar al tú la llevas. La dama submarina me sonrió.

—Has llegado lejos, Percy Jackson. Bien hecho.

No estaba muy seguro de cómo comportarme, así que hice una reverencia.

—¿Sois la mujer que me habló en el río Misisipi?

—Sí, niño. Soy una nereida, un espíritu del mar. No fue fácil aparecer tan río arriba, pero las náyades, mis primas de agua dulce, me ayudaron a mantener mi fuerza vital. Honran al señor Poseidón, aunque no le sirven en su corte.

—¿Y vos sí le servís en su corte?

Asintió.

—Hacía mucho que no nacía un niño del dios del mar. Te hemos observado con gran interés.

De repente recordé los rostros en las olas de la playa de Montauk cuando era un niño, reflejos de mujeres sonrientes. Como en tantas otras cosas raras en mi vida, no había vuelto a pensar en ello.

—Si mi padre está tan interesado en mí —dije—, ¿por qué no está aquí? ¿Por qué no habla conmigo?

Una corriente fría se alzó de las profundidades.

—No juzgues al Señor del Mar demasiado severamente —me aconsejó la nereida—. Se encuentra al borde de una guerra no deseada. Tiene muchos problemas que resolver. Además, se le prohíbe ayudarte directamente. Los dioses no pueden mostrar semejantes favoritismos.

—¿Ni siquiera con sus propios hijos?

—Especialmente con ellos. Los dioses sólo pueden actuar por influencia indirecta. Por eso yo te doy un aviso, y un regalo.

Extendió la mano y en su palma destellaron tres perlas blancas.

—Sé que te diriges al reino de Hades —prosiguió—. Pocos mortales lo han hecho y sobrevivido para contarlo: Orfeo, que tenía una gran habilidad musical; Hércules, dotado de enorme fuerza; Houdini, que podía escapar incluso de las profundidades del Tártaro. ¿Tienes tú alguno de esos talentos?

—Yo... pues no, señora.

—Ah, pero tienes algo más, Percy. Posees dones que sólo estás empezando a descubrir. Los oráculos han predicho un futuro grande y terrible para ti, si sobrevives hasta la edad adulta. Poseidón no va a permitir que mueras antes de tiempo. Así pues, toma esto, y cuando te encuentres en un apuro rompe una perla a tus pies.

—¿Qué pasará?

—Eso dependerá de la necesidad. Pero recuerda: lo que es del mar siempre regresará al mar.

—¿Qué hay de la advertencia?

Sus ojos emitieron destellos verdes.

—Haz lo que te dicte el corazón, o lo perderás todo. Hades se alimenta de la duda y la desesperanza. Te engañará si puede, te hará dudar de tu propio juicio. En cuanto estés en su reino, jamás te dejará marchar voluntariamente. Mantén la fe. Buena suerte, Percy Jackson.

Llamó a su hipocampo, montó y cabalgó hacia el vacío.

—¡Espera! —grité—. En el río me dijisteis que no confiara en los regalos. ¿Qué regalos?

—¡Adiós, joven héroe! —se despidió mientras su voz se desvanecía en las profundidades—. ¡Escucha tu corazón! —Se convirtió en una motita de luz verde y desapareció.

Quise seguirla y conocer la corte de Poseidón, pero miré hacia arriba, al atardecer que oscurecía la superficie. Mis amigos esperaban. Teníamos tan poco tiempo...

Nadé hasta la superficie.

Cuando llegué a la playa, mis ropas se secaron al instante. Les conté a Grover y Annabeth todo lo ocurrido y les enseñé las perlas.

Ella hizo una mueca.

—No hay regalo sin precio.

—Éstas son gratis.

—No. —Sacudió la cabeza—. «No existen los almuerzos gratis.» Es un antiguo dicho griego que se aplica bastante bien hoy en día. Habrá un precio. Ya lo verás.

Con tan feliz pensamiento, le dimos la espalda al mar.

• • •

Con algunas monedas que quedaban en la mochila de Ares subimos a un autobús hasta West Hollywood. Le enseñé al conductor la dirección del inframundo que había sacado del Emporio de Gnomos de Jardín de la tía Eme, pero jamás había oído hablar de los estudios de grabación El Otro Barrio.

—Me recuerdas a alguien que he visto en la televisión —me dijo—. ¿Eres un niño actor o algo así?

—Bueno, actúo como doble en escenas peligrosas... para un montón de niños actores.

—¡Oh! Eso lo explica.

Le dimos las gracias y bajamos rápidamente en la siguiente parada.

Caminamos a lo largo de kilómetros, buscando El Otro Barrio. Nadie parecía saber dónde estaba. Tampoco aparecía en el listín. En un par de ocasiones tuvimos que escondernos en callejones para evitar los coches de policía.

Me quedé atónito delante de una tienda de electrodomésticos: en la televisión estaban emitiendo una entrevista con alguien que me resultaba muy familiar: mi padrastro, Gabe el Apestoso. Estaba hablando con la célebre presentadora Barbara Walters; quiero decir, en plan como si fuera famoso. Ella estaba entrevistándolo en nuestro apartamento, en medio de una partida de póquer, y a su lado había una mujer joven y rubia, dándole palmaditas en la mano.

Una lágrima falsa brilló en su mejilla. Estaba diciendo:

«De verdad, señora Walters, de no ser por Sugar, aquí presente, mi consejera en la desgracia, estaría hundido. Mi hijastro se llevó todo lo que me importaba. Mi esposa... mi Camaro... L-lo siento. Todavía me cuesta hablar de ello.»

«Lo han visto y oído, queridos espectadores. —Barbara Walters se volvió hacia la cámara—. Un hombre destrozado. Un adolescente con serios problemas. Permítanme enseñarles, una vez más, la última foto que se tiene del joven y perturbado fugitivo, tomada hace una semana en Denver.»

En la pantalla apareció una imagen granulada de Grover, Annabeth y yo de pie fuera del restaurante Colorado, hablando con Ares.

«¿Quiénes son los otros niños de esta foto? —preguntó Barbara Walters dramáticamente—. ¿Quién es el hombre que está con ellos? ¿Es Percy Jackson un delincuente, un terrorista o la víctima de un lavado de cerebro a manos de una nueva y espantosa secta? Tras la publicidad, charlaremos con un destacado psicólogo infantil. Sigan sintonizándonos.»

—Vamos —me dijo Grover. Tiró de mí antes de que destrozara el escaparate de un puñetazo.

Cayó la noche y los marginados empezaban a merodear por las calles. A ver, que no se me malinterprete. Soy de Nueva York y no me asusto fácilmente. Pero Los Ángeles es muy distinto de Nueva York, donde todo parece cerca. No importa lo grande que sea la ciudad, se puede llegar a todas partes sin perderte. La disposición de las calles y el metro tienen sentido. Hay un sistema para que las cosas funcionen. En Nueva York, un niño está a salvo mientras no sea idiota.

Los Ángeles no es así. Es una ciudad extensa y caótica en la que resulta difícil moverse. Me recordaba a Ares. No le bastaba con ser grande; tenía que demostrar que era grande siendo además escandalosa, rara y difícil de navegar. No sabía cómo íbamos a encontrar la entrada al inframundo antes del día siguiente, el solsticio de verano.

Nos cruzamos con miembros de bandas, vagabundos y gamberros que nos miraban intentando calibrar si valía la pena atracarnos. Al pasar por delante de un callejón, una voz desde la oscuridad me llamó.

—Eh, tú. —Como un idiota, me paré.

Antes de que nos diéramos cuenta, estábamos rodeados por una banda. Seis chicos con ropa cara y rostros malvados. Como los de la academia Yancy: mocosos ricos jugando a ser chicos malos.

Instintivamente destapé el bolígrafo, y cuando la espada apareció de la nada los chavales retrocedieron, pero el cabecilla era o muy idiota o muy valiente, porque siguió acercándoseme empuñando una navaja automática.

Cometí el error de atacar.

El chico gritó. Debía de ser cien por cien mortal, porque la hoja lo atravesó sin hacerle daño alguno. Se miró el pecho.

—¿Qué demo...?

Supuse que tenía unos tres segundos antes de que la consternación se convirtiera en ira.

—¡Corred! —grité a Annabeth y Grover.

Apartamos a dos chavales de en medio y corrimos por la calle, sin saber adónde nos dirigíamos. Giramos en una esquina.

—¡Allí! —exclamó Annabeth.

Sólo una tienda del edificio parecía abierta, los escaparates deslumbraban de neón. En el letrero encima de la puerta ponía algo como: «ALPACIO LEDAS SACAM DE AUGADE CRSTUY.»

—¿Al Palacio de las Camas de Agua Crusty? —tradujo Grover.

No sonaba como un lugar al que yo iría a menos que me encontrara en un serio aprieto, pero de eso se trataba precisamente. Entramos en estampida por la puerta y corrimos a agacharnos tras una cama de agua. Un segundo más tarde, la banda de chicos pasó corriendo por la acera.

—Los hemos despistado —susurró Grover.

Una voz retumbó a nuestras espaldas.

—¿A quién habéis despistado?

Los tres dimos un respingo.

Detrás de nosotros había un tipo con aspecto de rapaz y ataviado con un traje años setenta. Medía por lo menos dos metros y era totalmente calvo. De piel grisácea, tenía párpados pesados y una sonrisa reptiloide y fría. Se acercaba lentamente, pero daba a entender que podía moverse con rapidez si era preciso.

El traje, del todo propio de los setenta, habría podido salir del Casino Loto. La camisa era de seda estampada de cachemira, y la llevaba desabrochada hasta la mitad del pecho, también lampiño. Las solapas de terciopelo eran casi pistas de aterrizaje y llevaba varias cadenas de plata alrededor del cuello.

—Soy Crusty —gruñó con una sonrisa manchada de sarro.

—Perdone que hayamos entrado en tropel —le dije—. Sólo estábamos... mirando.

—Quieres decir escondiéndoos de esos gamberros —rezongó—. Merodean por aquí todas las noches. Gracias a ellos entra mucha gente en mi negocio. Decidme, ¿os interesa una cama de agua?

Iba a decir «no, gracias», pero él me puso una zarpa en el hombro y nos condujo a la zona de exposición. Había toda una colección de camas de agua de las más diversas formas, cabezales, ornamentos y colores; tamaño grande, tamaño supergrande, tamaño emperador del universo...

—Éste es mi modelo más popular. —Orgulloso, Crusty nos enseñó una cama cubierta con sábanas de satén negro y antorchas de lava incrustadas en el cabezal. El colchón vibraba, así que parecía de gelatina—. Masaje a cien manos —informó—. Venga, probadlo. Tiraos en plancha, echad una cabezadita. No me importa, total hoy no hay clientes.

—Pues... —musité— no creo que...

—¡Masaje a cien manos! —exclamó Grover, y se lanzó en picado—. ¡Eh, tíos! Esto mola.

—Hum —murmuró Crusty, acariciándose la coriácea barbilla—. Casi, casi.

—Casi ¿qué? —pregunté.

Miró a Annabeth.

—Hazme un favor y prueba ésta, cariño. Podría irte bien.

—Pero ¿qué...? —respondió Annabeth.

Él le dio una palmadita en la espalda para darle confianza y la condujo hasta el modelo Safari Deluxe, con leones de madera de teca labrados en la estructura y un edredón de estampado de leopardo. Annabeth no quiso tumbarse y Crusty la empujó.

—¡Eh, oiga! —protestó ella.

Crusty chasqueó los dedos.

—*Ergo!*

Súbitamente, de los lados de la cama surgieron cuerdas que amarraron a Annabeth al colchón. Grover intentó levantarse, pero las cuerdas salieron también de su cama de satén y lo inmovilizaron.

—¡N-n-no m-m-mola-a-a! —aulló, la voz vibrándole a causa del masaje a cien manos—. ¡N-n-no m-m-mola na-a-a-da!

El gigante miró a Annabeth, luego se volvió hacia mí y me enseñó los dientes.

—Casi, mecachis —lamentó. Intenté apartarme, pero su mano me agarró por la nuca—. ¡Venga, chico! No te preocupes. Te encontraremos una en un segundo.

—Suelte a mis amigos.

—Oh, desde luego. Pero primero tienen que caber.

—¿Qué quiere decir?

—Verás, todas las camas miden exactamente ciento ochenta centímetros. Tus amigos son demasiado cortos. Tienen que encajar.

Annabeth y Grover seguían forcejeando.

—No soporto las medidas imperfectas —musitó Crusty—. *Ergo!*

Dos nuevos juegos de cuerdas surgieron de los cabezales y los pies de las camas y sujetaron los tobillos y hombros de

Grover y Annabeth. Las cuerdas empezaron a tensarse, estirando a mis amigos de ambos extremos.

—No te preocupes —me dijo Crusty—. Son ejercicios de estiramiento. A lo mejor con ocho centímetros más a sus columnas... Puede que incluso sobrevivan, ¿sabes? Bien, busquemos una cama que te guste.

—¡Percy! —gritó Grover.

La cabeza me iba a cien por hora. Sabía que no podía enfrentarme solo a aquel grandullón. Me rompería el cuello antes de que la espada se desplegase.

—En realidad usted no se llama Crusty, ¿verdad?

—Legalmente es Procrustes —admitió.

—El Estirador —dije. Recordaba la historia: el gigante que había intentado matar a Teseo con exceso de hospitalidad de camino a Atenas.

—Exacto —respondió el vendedor—. Pero ¿quién es capaz de pronunciar Procrustes? Es malo para el negocio. En cambio, todo el mundo puede decir «Crusty».

—Tiene razón. Suena bien.

Se le iluminaron los ojos.

—¿Eso crees?

—Oh, desde luego —contesté—. Y estas camas parecen fabulosas, las mejores que he visto nunca...

Esbozó una amplia sonrisa, pero no aflojó mi cuello.

—Yo se lo digo a mis clientes. Siempre se lo digo, pero nadie se preocupa por el diseño de las camas. ¿Cuántos cabezales con antorchas de lava incrustadas has visto tú?

—No demasiados.

—¡Pues ahí lo tienes!

—¡Percy! —vociferó Annabeth—. ¿Qué estás haciendo?

—No le hagas caso —le dije a Procrustes—. Es insufrible.

El gigante se echó a reír.

—Todos mis clientes lo son. Jamás miden ciento ochenta exactamente. Son unos desconsiderados. Y después, encima, se quejan del reajuste.

—¿Qué hace si miden más de ciento ochenta?

—Uy, eso pasa a todas horas. Se arregla fácil. —Me soltó, pero antes de que yo pudiera reaccionar, del mostrador de ventas sacó una enorme hacha doble de acero—. Centro al tipo lo mejor que puedo y después rebano lo que sobra por cada lado.

—Ya —dije tragando saliva—. Muy práctico.

—¡Cuánto me alegro de haberme topado con un cliente sensato!

Las cuerdas ya estaban estirando de verdad a mis amigos. Annabeth había enrojecido. Grover hacía ruiditos de asfixia, como un ganso estrangulado.

—Bueno, Crusty... —comenté, intentando sonar indiferente. Miré la etiqueta con forma de corazón de la cama especial Luna de Miel—. ¿Y ésta tiene estabilizadores dinámicos para compensar el movimiento ondulante?

—Desde luego. Pruébala.

—Sí, puede que lo haga. Pero ¿funcionan incluso con un tío grande como tú? ¿No se advierte ni una sola onda?

—Garantizado.

—Venga, hombre.

—Que sí.

—Enséñamelo.

Se sentó gustoso en la cama y le dio unas palmaditas al colchón.

—Ni una onda, ¿ves?

Chasqueé los dedos.

—*Ergo.*

Las cuerdas rodearon a Crusty y lo sujetaron contra el colchón.

—¡Eh! —chilló.

—Centradlo bien —ordené.

Las cuerdas se reajustaron rápidamente. La cabeza de Crusty entera sobresalió por la parte de arriba y sus pies por la de abajo.

—¡No! —dijo—. ¡Espera! ¡Esto es sólo una demostración!

Destapé el bolígrafo y *Anaklusmos* se desplegó.

—Bien, prepárate... —No sentía ningún escrúpulo por lo que iba a hacer. Si Crusty era humano, no podría hacerle daño. Si era un monstruo, merecía convertirse en polvo durante un tiempo.

—Eres un regateador duro, ¿eh? —dijo—. ¡Vale, te hago un treinta por ciento de descuento en modelos especiales!

Levanté la espada.

—¡Sin entrega inicial! ¡Ni intereses durante los seis primeros meses!

Asesté un golpe. Crusty dejó de hacer ofertas.

Corté las cuerdas de las otras camas. Annabeth y Grover se pusieron en pie, entre temblores, gruñidos y maldiciones.

—Parecéis más altos —comenté.

—Uy, qué risa —resopló Annabeth—. La próxima vez date un poquitín más de prisa, ¿vale?

Miré en el tablón de anuncios detrás del mostrador de Crusty. Había un anuncio del servicio de entregas Hermes, y otro del *Nuevo y completo compendio de la Zona Monstruo de Los Ángeles*: «¡Las únicas páginas amarillas monstruosas que necesita!» Debajo, un panfleto naranja de los estudios de grabación El Otro Barrio ofrecía incentivos por las almas de los héroes. «¡Buscamos nuevos talentos!» La dirección de EOB estaba indicada justo debajo con un mapa.

—Vamos —dije.

—Danos un minuto —se quejó Grover—. ¡Por poco nos estiran hasta convertirnos en salchichas!

—Venga, no seáis quejicas. El inframundo está sólo a una manzana de aquí.

18

Annabeth,
escuela de adiestramiento para perros

Estábamos en las sombras del bulevar Valencia, mirando el rótulo de letras doradas sobre mármol negro: «ESTUDIOS DE GRABACIÓN EL OTRO BARRIO.» Debajo, en las puertas de cristal, se leía: «ABOGADOS NO, VAGABUNDOS NO, VIVOS NO.»

Era casi medianoche, pero el recibidor estaba bien iluminado y lleno de gente. Tras el mostrador de seguridad había un guardia con gafas de sol, porra y aspecto de tío duro.

Me volví hacia mis amigos.

—Muy bien. ¿Recordáis el plan?

—¿El plan? —Grover tragó saliva—. Sí. Me encanta el plan.

—¿Qué pasa si el plan no funciona? —preguntó Annabeth.

—No pienses en negativo.

—Vale —dijo—. Vamos a meternos en la tierra de los muertos y no tengo que pensar en negativo.

Saqué las perlas de mi bolsillo, las tres que la nereida me había dado en Santa Mónica. Si algo iba mal, no parecían de mucha ayuda.

Annabeth me puso una mano en el hombro.

—Lo siento, Percy, los nervios me traicionan. Pero tienes razón, lo conseguiremos. Todo saldrá bien. —Y le dio un codazo a Grover.

—¡Oh, claro que sí! —dijo él, asintiendo con la cabeza—. Hemos llegado hasta aquí. Encontraremos el rayo maestro y salvaremos a tu madre. Ningún problema.

Los miré y me sentí agradecido. Sólo unos minutos antes, por poco habían muerto en unas lujosas camas de agua, y ahora intentaban hacerse los valientes por mí, para infundirme ánimos.

Me metí las perlas en el bolsillo.

—Vamos a repartir un poco de leña subterránea.

Entramos en la recepción de EOB.

Una música suave de ascensor salía de altavoces ocultos. La moqueta y las paredes eran gris acero. En las esquinas había cactos como manos esqueléticas. El mobiliario era de cuero negro, y todos los asientos estaban ocupados. Había gente sentada en los sofás, de pie, mirando por las ventanas o esperando el ascensor. Nadie se movía, ni hablaba ni hacía nada. Con el rabillo del ojo los veía a todos bien, pero si me centraba en alguno en particular, parecían transparentes. Veía a través de sus cuerpos.

El mostrador del guarda de seguridad era bastante alto, así que teníamos que mirarlo desde abajo.

Era un negro alto y elegante, de pelo teñido de rubio y cortado estilo militar. Llevaba gafas de sol de carey y un traje de seda italiana a juego con su pelo. También lucía una rosa negra en la solapa bajo una tarjeta de identificación. Intenté leer su nombre.

—¿Se llama Quirón? —dije, confundido.

Él se inclinó hacia delante desde el otro lado del mostrador. En sus gafas sólo vi mi reflejo, pero su sonrisa era dulce y fría, como la de una pitón justo antes de comerte.

—Mira qué preciosidad de muchacho tenemos aquí. —Tenía un acento extraño, británico quizá, pero también como si el inglés no fuera su lengua materna—. Dime, ¿te parezco un centauro?

—N-no.

—Señor —añadió con suavidad.

—Señor —repetí.

Agarró su tarjeta de identificación con dos dedos y pasó otro bajo las letras.

—¿Sabes leer esto, chaval? Pone C-a-r-o-n-t-e. Repite conmigo: Ca-ron-te.

—Caronte.

—¡Impresionante! Ahora di: señor Caronte.

—Señor Caronte.

—Muy bien. —Volvió a sentarse—. Detesto que me confundan con ese viejo jamelgo de Quirón. Y bien, ¿en qué puedo ayudaros, pequeños muertecitos?

La pregunta me golpeó en el estómago como un puño. Miré a Annabeth, vacilante.

—Queremos ir al inframundo —intervino ella.

Caronte emitió un silbido de asombro.

—Vaya, niña, eres toda una novedad.

—¿Sí? —repuso ella.

—Directa y al grano. Nada de gritos. Nada de «tiene que haber un error, señor Caronte». —Se nos quedó mirando—. ¿Y cómo habéis muerto, pues?

Le solté un codazo a Grover.

—Bueno... —respondió él—. Esto... ahogados... en la bañera.

—¿Los tres?

Asentimos.

—Menuda bañera. —Caronte parecía impresionado—. Supongo que no tendréis monedas para el viaje. Veréis, cuando se trata de adultos puedo cargarlo a una tarjeta de crédito, o añadir el precio del ferry a la factura del cable. Pero los niños... Vaya, es que nunca os morís preparados. Supongo que tendréis que esperar aquí sentados unos cuantos siglos.

—No, si tenemos monedas. —Puse tres dracmas de oro en el mostrador, parte de lo encontrado en el despacho de Crusty.

—Bueno, bueno... —Caronte se humedeció los labios—. Dracmas de verdad, de oro auténtico. Hace mucho que no veo una de éstas... —Sus dedos acariciaron codiciosos las monedas.

Entonces Caronte me miró fijamente y su frialdad pareció atravesarme el pecho.

—A ver —dijo—. No has podido leer mi nombre correctamente. ¿Eres disléxico, chaval?

—No —mentí—. Soy un muerto.

Caronte se inclinó hacia delante y olisqueó.

—No eres ningún muerto. Debería haberme dado cuenta. Eres un diosecillo.

—Tenemos que llegar al inframundo —insistí.

Caronte soltó un profundo rugido.

Todo el mundo en la sala de espera se levantó y empezó a pasearse con nerviosismo, a encender cigarrillos, mesarse el pelo o consultar los relojes.

—Marchaos mientras podáis —nos dijo Caronte—. Me quedaré las monedas y olvidaré que os he visto. —Hizo ademán de guardárselas, pero yo se las arrebaté.

—Sin servicio no hay propina. —Intenté parecer más valiente de lo que me sentía.

Caronte volvió a gruñir, esta vez un sonido profundo que helaba la sangre. Los espíritus de los muertos empezaron a aporrear las puertas del ascensor.

—Es una pena —suspiré—. Teníamos más que ofrecer.

Le enseñé la bolsa llena con las cosas de Crusty. Saqué un puñado de dracmas y dejé que las monedas se escurrieran entre mis dedos. El gruñido de Caronte se convirtió en una especie de ronroneo de león.

—¿Crees que puedes comprarme, criatura de los dioses? Oye... sólo por curiosidad, ¿cuánto tienes ahí?

—Mucho —contesté—. Apuesto a que Hades no le paga lo suficiente por un trabajo tan duro.

—Uf, si te contara... Pasar el día cuidando de estos espíritus no es nada agradable, te lo aseguro. Siempre están con «por favor, no dejes que muera», o «por favor, déjame cruzar gratis». Estoy harto. Hace tres mil años que no me aumentan el sueldo. ¿Y te parece que los trajes como éste salen baratos?

—Se merece algo mejor —coincidí—. Un poco de aprecio. Respeto. Buena paga.

A cada palabra, apilaba otra moneda de oro en el mostrador.

Caronte le echó un vistazo a su chaqueta de seda italiana, como si se imaginara vestido con algo mejor.

—Debo decir, chaval, que lo que dices tiene algo de sentido. Sólo un poco, ¿eh?

Apilé unas monedas más.

—Yo podría mencionarle a Hades que usted necesita un aumento de sueldo...

Suspiró.

—De acuerdo. El barco está casi lleno, pero intentaré meteros con calzador, ¿vale? —Se puso en pie, recogió las monedas y dijo—: Seguidme.

Se abrió paso entre la multitud de espíritus a la espera, que intentaron colgarse de nosotros mientras susurraban con voces lastimeras.

Caronte los apartaba de su camino murmurando: «Largo de aquí, gorrones.»

Nos escoltó hasta el ascensor, que ya estaba lleno de almas de muerto, cada una con una tarjeta de embarque verde.

Caronte agarró a dos espíritus que intentaban meterse con nosotros y los devolvió a la recepción.

—Vale. Escuchad: que a nadie se le ocurra pasarse de listo en mi ausencia —anunció a la sala de espera—. Y si alguno vuelve a tocar el dial de mi micrófono, me aseguraré de que paséis aquí mil años más. ¿Entendido?

Cerró las puertas. Metió una tarjeta magnética en una ranura del ascensor y empezamos a descender.

—¿Qué les pasa a los espíritus que esperan? —preguntó Annabeth.

—Nada —repuso Caronte.

—¿Durante cuánto tiempo?

—Para siempre, o hasta que me siento generoso.

—Vaya —dijo Annabeth—. Eso no parece... justo.

Caronte arqueó una ceja.

—¿Quién ha dicho que la muerte sea justa, niña? Espera a que llegue tu turno. Yendo a donde vas, morirás pronto.

—Saldremos vivos —respondí.

—Ja.

De repente sentí un mareo. No bajábamos, sino que íbamos hacia delante. El aire se tornó neblinoso. Los espíritus que nos rodeaban empezaron a cambiar de forma. Sus prendas modernas se desvanecieron y se convirtieron en hábitos grises con capucha. El suelo del ascensor empezó a bambolearse.

Cerré los ojos con fuerza. Cuando los abrí, el traje de Caronte se había convertido en un largo hábito negro, y tampoco llevaba las gafas de carey. Donde tendría que haber habido ojos sólo había cuencas vacías; como las de Ares pero totalmente oscuras, llenas de noche, muerte y desesperación.

Advirtió que lo miraba y preguntó:

—¿Qué pasa?

—No, nada —conseguí decir.

Pensé que estaba sonriendo, pero no era eso. La carne de su rostro se estaba volviendo transparente, y podía verle el cráneo.

El suelo seguía bamboleándose.

—Me parece que me estoy mareando —dijo Grover.

Cuando volví a cerrar los ojos, el ascensor ya no era un ascensor. Estábamos encima de una barcaza de madera. Caronte empujaba una pértiga a través de un río oscuro y aceitoso en el que flotaban huesos, peces muertos y otras cosas más extrañas: muñecas de plástico, claveles aplastados, diplomas de bordes dorados empapados.

—El río Estige —murmuró Annabeth—. Está tan...

—Contaminado —la ayudó Caronte—. Durante miles de años, vosotros los humanos habéis ido tirando de todo mientras lo cruzabais: esperanzas, sueños, deseos que jamás se hicieron realidad. Gestión de residuos irresponsable, si vamos a eso.

La niebla se enroscó sobre la mugrienta agua. Por encima de nosotros, casi perdido en la penumbra, había un techo de estalactitas. Más adelante, la otra orilla brillaba con una luz verdosa, del color del veneno.

El pánico se apoderó de mi garganta. ¿Qué estaba haciendo allí? Toda aquella gente alrededor... estaba muerta.

Annabeth me agarró de la mano. En circunstancias normales, me habría dado vergüenza, pero entendía cómo se sentía. Quería asegurarse de que alguien más estaba vivo en el barco.

Me descubrí murmurando una oración, aunque no estaba muy seguro de a quién se la rezaba. Allí abajo, sólo un dios importaba, y era el mismo al que había ido a enfrentarme.

La orilla del inframundo apareció ante nuestra vista. Unos cien metros de rocas escarpadas y arena volcánica negra llegaban hasta la base de un elevado muro de piedra, que se extendía a cada lado hasta donde se perdía la vista. Llegó un sonido de alguna parte cercana, en la penumbra verde, y reverberó en las rocas: el gruñido de un animal de gran tamaño.

—El viejo Tres Caras está hambriento —comentó Caronte. Su sonrisa se volvió esquelética a la luz verde—. Mala suerte, diosecillos.

La quilla de la barcaza se posó sobre la arena negra. Los muertos empezaron a desembarcar. Una mujer llevaba a una niña pequeña de la mano. Un anciano y una anciana cojeaban agarrados del brazo. Un chico, no mayor que yo, arrastraba los pies en su hábito gris.

—Te desearía suerte, chaval —dijo Caronte—, pero es que ahí abajo no hay ninguna. Pero oye, no te olvides de comentar lo de mi aumento.

Contó nuestras monedas de oro en su bolsa y volvió a agarrar la pértiga. Entonó algo que parecía una canción de

Barry Manilow mientras conducía la barcaza vacía de vuelta al otro lado.

Seguimos a los espíritus por el gastado camino.

No estoy muy seguro de qué esperaba encontrar: puertas nacaradas, una reja negra enorme o algo así. La verdad es que la entrada a aquel mundo subterráneo parecía un cruce entre la seguridad del aeropuerto y la autopista de Nueva Jersey.

Había tres entradas distintas bajo un enorme arco negro en el que se leía: «ESTÁ ENTRANDO EN ÉREBO.» Cada entrada tenía un detector de metales con cámaras de seguridad encima. Detrás había cabinas de aduanas ocupadas por fantasmas vestidos de negro como Caronte.

El rugido del animal hambriento se oía muy alto, pero no vi de dónde procedía. El perro de tres cabezas, Cerbero, que supuestamente guardaba la puerta del Hades, no estaba por ninguna parte.

Los muertos hacían tres filas, dos señaladas como «EN SERVICIO», y otra en la que ponía: «MUERTE RÁPIDA.» La fila de MUERTE RÁPIDA se movía velozmente. Las otras dos iban como tortugas.

—¿Qué te parece? —le pregunté a Annabeth.

—La cola rápida debe de ir directamente a los Campos de Asfódelos —dijo—. No quieren arriesgarse al juicio del tribunal, porque podrían salir mal parados.

—¿Hay un tribunal para los muertos?

—Sí. Tres jueces. Se turnan los puestos. El rey Minos, Thomas Jefferson, Shakespeare; gente de esa clase. A veces estudian una vida y deciden que esa persona merece una recompensa especial: los Campos Elíseos. En otras ocasiones deciden que merecen un castigo. Pero la mayoría... en fin, sencillamente vivieron, son historia. Ya sabes, nada especial, ni bueno ni malo. Así que van a parar a los Campos de Asfódelos.

—¿A hacer qué?

—Imagínate estar en un campo de trigo de Kansas para siempre —contestó Grover.

—Qué agobio —respondí.

—Tampoco es para tanto —murmuró Grover—. Mira. —Un par de fantasmas con hábitos negros habían apartado a un espíritu y lo empujaban hacia el mostrador de seguridad. El rostro del difunto me resultaba vagamente familiar—. Es el predicador de la tele, ¿te acuerdas?

—Anda, sí. —Ya me acordaba. Lo había visto en la televisión un par de veces, en el dormitorio de la academia Yancy. Era un telepredicador pelmazo que había recaudado millones de dólares para orfanatos y después lo habían sorprendido gastándose el dinero en cosas como una mansión con grifos de oro y un minigolf de interior. Durante una persecución policial su Lamborghini se había despeñado por un acantilado.

—Castigo especial de Hades —supuso Grover—. La gente mala, mala de verdad, recibe una atención personal en cuanto llegan. Las Fur... Las Benévolas prepararán una tortura eterna para él.

Pensar en las Furias me hizo estremecer. De pronto caí en la cuenta de que en aquel momento me hallaba en su territorio. La buena de la señora Dodds estaría relamiéndose de la emoción.

—Pero si es predicador y cree en un infierno diferente... —objeté.

Grover se encogió de hombros.

—¿Quién dice que esté viendo este lugar como lo vemos tú y yo? Los humanos ven lo que quieren ver. Sois muy cabezotas... quiero decir, persistentes.

Nos acercamos a las puertas. Los alaridos se oían tan alto que hacían vibrar el suelo bajo mis pies, aunque seguía sin localizar el lugar del que procedían.

Entonces, a unos quince metros delante, la niebla verde resplandeció. Justo donde el camino se separaba en tres había un enorme monstruo envuelto en sombras. No lo había visto antes porque era semitransparente, como los muertos. Si estaba quieto se confundía con cualquier cosa que tuviera detrás. Sólo los ojos y los dientes parecían sólidos. Y estaba mirándome.

Casi se me desencajó la mandíbula. Lo único que se me ocurrió decir fue:

—Es un rottweiler.

Siempre me había imaginado a Cerbero como un enorme mastín negro. Pero evidentemente era un rottweiler de pura raza, salvo por el pequeño detalle de que también era el doble de grande que un mamut, casi del todo invisible, y tenía tres cabezas.

Los muertos caminaban directamente hacia él: no tenían miedo. Las filas EN SERVICIO se apartaban de él cada una a un lado. Los espíritus camino de MUERTE RÁPIDA pasaban justo entre sus patas delanteras y bajo su estómago, cosa que hacían sin necesidad de agacharse.

—Ya lo veo mejor —murmuré—. ¿Por qué pasa eso?

—Creo... —Annabeth se humedeció los labios—. Me temo que es porque nos encontramos más cerca de estar muertos.

La cabeza central del perro se alargó hacia nosotros. Olisqueó el aire y gruñó.

—Huele a los vivos —dije.

—Pero no pasa nada —contestó Grover, temblando a mi lado—. Porque tenemos un plan.

—Ya —musitó Annabeth—. Eso, un plan.

Nos acercamos al monstruo. La cabeza del medio nos gruñó y luego ladró con tanta fuerza que me hizo parpadear.

—¿Lo entiendes? —le pregunté a Grover.

—Sí lo entiendo, sí. Vaya si lo entiendo.

—¿Qué dice?

—No creo que los humanos tengan una palabra que lo exprese exactamente.

Saqué un palo de mi mochila: el poste que había arrancado de la cama de Crusty modelo safari. Lo sostuve en alto, intentando canalizar hacia Cerbero pensamientos perrunos felices: anuncios de exquisiteces para perro, huesos de juguete, piensos apetitosos. Traté de sonreír, como si no estuviera a punto de morir.

—Ey, grandullón —lo llamé—. Seguro que no juegan mucho contigo.

—¡GRRRRRRRRR!

—Buen perro —contesté débilmente.

Moví el palo. Su cabeza central siguió el movimiento y las otras dos concentraron sus ojos en mí, olvidando a los espíritus. Toda su atención se hallaba puesta en mí. No estaba muy seguro de que fuera algo bueno.

—¡Agárralo! —Lancé el palo a la oscuridad, un buen lanzamiento. Oí el chapoteo en el río Estige.

Cerbero me dedicó una mirada furibunda, no demasiado impresionado. Tenía unos ojos temibles y fríos.

Bien por el plan.

Cerbero emitió un nuevo tipo de gruñido, más profundo, multiplicado por tres.

—Esto... —musitó Grover—. ¿Percy?

—¿Sí?

—Creo que te interesará saberlo.

—¿El qué?

—Cerbero dice que tenemos diez segundos para rezar al dios de nuestra elección. Después de eso... bueno... el pobre tiene hambre.

—¡Esperad! —dijo Annabeth, y empezó a hurgar en su bolsa.

«Oh-oh», pensé.

—Cinco segundos —informó Grover—. ¿Corremos ya?

Annabeth sacó una pelota de goma roja del tamaño de un pomelo. En ella ponía: «WATERLAND, DENVER, CO.» Antes de que pudiera detenerla, levantó la pelota y se encaminó directamente hacia Cerbero.

—¿Ves la pelotita? —le gritó—. ¿Quieres la pelotita, Cerbero? ¡Siéntate!

Cerbero parecía tan impresionado como nosotros.

Inclinó de lado las tres cabezas. Se le dilataron las seis narinas.

—¡Siéntate! —volvió a ordenarle Annabeth.

Estaba convencido de que en cualquier momento se convertiría en la galleta de perro más grande del mundo.

En cambio, Cerbero se relamió los tres pares de labios, desplazó el peso a los cuartos traseros y se sentó, aplastando al instante una docena de espíritus que pasaban debajo de él en la fila de MUERTE RÁPIDA. Los espíritus emitieron silbidos amortiguados, como una rueda pinchada.

—¡Perrito bueno! —dijo Annabeth, y le tiró la pelota.

Él la cazó al vuelo con las fauces del medio. Apenas era lo bastante grande para mordisquearla siquiera, y las otras dos cabezas empezaron a lanzar mordiscos hacia el centro, intentando hacerse con el nuevo juguete.

—¡Suéltala! —le ordenó Annabeth.

Las cabezas de Cerbero dejaron de enredar y se quedaron mirándola. Tenía la pelota enganchada entre dos dientes, como un trocito de chicle. Profirió un lamento alto y horripilante y dejó caer la pelota, ahora toda llena de babas y mordida casi por la mitad, a los pies de Annabeth.

—Muy bien. —Recogió la bola, haciendo caso omiso de las babas del monstruo. Luego se volvió hacia nosotros y dijo—: Id ahora. La fila de MUERTE RÁPIDA es la más rápida.

—Pero... —dije.

—¡Ahora! —ordenó, con el mismo tono que usaba para el perro.

Grover y yo avanzamos poco a poco y con cautela.

Cerbero empezó a gruñir.

—¡Quieto! —ordenó Annabeth al monstruo—. ¡Si quieres la pelotita, quieto!

Cerbero gañó, pero permaneció inmóvil.

—¿Qué pasará contigo? —le pregunté a Annabeth cuando cruzamos a su lado.

—Sé lo que estoy haciendo, Percy —murmuró—. Por lo menos, estoy bastante segura...

Grover y yo pasamos entre las patas del monstruo.

«Por favor, Annabeth —recé en silencio—. No le pidas que vuelva a sentarse.»

Conseguimos cruzar. Cerbero no daba menos miedo visto por detrás.

—¡Perrito bueno! —le dijo Annabeth.

Agarró la pelota roja machacada, y probablemente llegó a la misma conclusión que yo: si recompensaba a Cerbero, no le quedaría nada para hacer otro jueguecito. Aun así, se la lanzó y la boca izquierda del monstruo la atrapó al vuelo, pero fue atacada al instante por la del medio mientras la derecha gañía en señal de protesta.

Así distraído el monstruo, Annabeth pasó con presteza bajo su vientre y se unió a nosotros en el detector de metales.

—¿Cómo has hecho eso? —le pregunté alucinado.

—Escuela de adiestramiento para perros —respondió sin aliento, y me sorprendió verla hacer un puchero—. Cuando era pequeña, en casa de mi padre teníamos un doberman...

—Eso ahora no importa —interrumpió Grover, tirándome de la camisa—. ¡Vamos!

Nos disponíamos a adelantar la fila a todo gas cuando Cerbero gimió lastimeramente por las tres bocas. Annabeth se detuvo y se volvió para mirar al perro, que se había girado hacia nosotros. Cerbero jadeaba expectante, con la pelotita roja hecha pedazos en un charco de baba a sus pies.

—Perrito bueno —le dijo Annabeth con voz de pena.

Las cabezas del monstruo se ladearon, como preocupado por ella.

—Pronto te traeré otra pelota —le prometió Annabeth—. ¿Te gustaría?

El monstruo aulló. No necesité entender su idioma para saber que Cerbero se quedaría esperando la pelota.

—Perro bueno. Vendré a verte pronto. Te... te lo prometo. —Annabeth se volvió hacia nosotros—. Vamos.

Grover y yo cruzamos el detector de metales, que de inmediato accionó la alarma y un dispositivo de luces rojas.

«¡Posesiones no autorizadas! ¡Detectada magia!»

Cerbero empezó a ladrar.

Nos lanzamos a través de la puerta de MUERTE RÁPIDA, que disparó aún más alarmas, y corrimos hacia el inframundo.

Unos minutos después estábamos ocultos, jadeantes, en el tronco podrido de un enorme árbol negro, mientras los fantasmas de seguridad pasaban frente a nosotros y pedían refuerzos a las Furias.

—Bueno, Percy —murmuró Grover—, ¿qué hemos aprendido hoy?

—¿Que los perros de tres cabezas prefieren las pelotas rojas de goma a los palos?

—No —contestó Grover—. Hemos aprendido que tus planes son perros, ¡perros de verdad!

Yo no estaba tan seguro. Creía que Annabeth y yo habíamos tenido una buena idea. Incluso en ese mundo subterráneo, todos, incluidos los monstruos, necesitaban un poco de atención de vez en cuando.

Pensé en ello mientras esperaba a que los demonios pasaran. Fingí no darme cuenta de que Annabeth se enjugaba una lágrima de la mejilla mientras escuchaba el lastimero aullido de Cerbero en la distancia, que echaba de menos a su nueva amiga.

19

Descubrimos la verdad, más o menos

Imagínate el concierto más multitudinario que hayas visto jamás, un campo de fútbol lleno con un millón de fans.

Ahora imagina un campo un millón de veces más grande, lleno de gente, e imagina que se ha ido la electricidad y no hay ruido, ni luz, ni globos gigantes rebotando sobre el gentío. Algo trágico ha ocurrido tras el escenario. Multitudes susurrantes que sólo pululan en las sombras, esperando un concierto que nunca empezará.

Si puedes imaginarte eso, te harás una buena idea del aspecto que tenían los Campos de Asfódelos. La hierba negra llevaba millones de años siendo pisoteada por pies muertos. Soplaba un viento cálido y pegajoso como el hálito de un pantano. Aquí y allá crecían árboles negros, y Grover me dijo que eran álamos.

El techo de la caverna era tan alto que bien habría podido ser un gran nubarrón, pero las estalactitas emitían leves destellos grises y tenían puntas afiladísimas. Intenté no pensar que se nos caerían encima en cualquier momento, aunque había varias de ellas desperdigadas por el suelo, incrustadas en la hierba negra tras derrumbarse. Supongo que los muertos no tenían que preocuparse por nimiedades como que te despanzurrara una estalactita tamaño misil.

Annabeth, Grover y yo intentamos confundirnos entre la gente, pendientes por si volvían los demonios de seguridad. No pude evitar buscar rostros familiares entre los que deambulaban por allí, pero los muertos son difíciles de mirar. Sus rostros brillan. Todos parecen enfadados o confusos. Se te acercan y te hablan, pero sus voces suenan a un traqueteo, como a chillidos de murciélagos. En cuanto advierten que no puedes entenderlos, fruncen el entrecejo y se apartan.

Los muertos no dan miedo. Sólo son tristes.

Seguimos abriéndonos camino, metidos en la fila de recién llegados que serpenteaba desde las puertas principales hasta un pabellón cubierto de negro con un estandarte que rezaba: «Juicios para el Elíseo y la condenación eterna. ¡Bienvenidos, muertos recientes!»

Por la parte trasera había dos filas más pequeñas.

A la izquierda, espíritus flanqueados por demonios de seguridad marchaban por un camino pedregoso hacia los Campos de Castigo, que brillaban y humeaban en la distancia, un vasto y agrietado erial con ríos de lava, campos de minas y kilómetros de alambradas de espino que separaban las distintas zonas de tortura. Incluso desde tan lejos, veía a la gente perseguida por los perros del infierno, quemada en la hoguera, obligada a correr desnuda a través de campos de cactos o a escuchar ópera. Vislumbré más que vi una pequeña colina, con la figura diminuta de Sísifo dejándose la piel para subir su roca hasta la cumbre. Y vi torturas peores; cosas que no quiero describir.

La fila que llegaba del lado derecho del pabellón de los juicios era mucho mejor. Ésta conducía pendiente abajo hacia un pequeño valle rodeado de murallas: una zona residencial que parecía el único lugar feliz del inframundo. Más allá de la puerta de seguridad había vecindarios de casas preciosas de todas las épocas, desde villas romanas a castillos medievales o mansiones victorianas. Flores de plata y oro lucían en los jardines. La hierba ondeaba con los colores del arco iris. Oí risas y olor a barbacoa.

El Elíseo.

En medio de aquel valle había un lago azul de aguas brillantes, con tres pequeñas islas como una instalación turística en las Bahamas. Las islas Bienaventuradas, para la gente que había elegido renacer tres veces y tres veces había alcanzado el Elíseo. De inmediato supe que aquél era el lugar al que quería ir cuando muriera.

—De eso se trata —me dijo Annabeth como si me leyera el pensamiento—. Ése es el lugar para los héroes.

Pero entonces pensé que había muy poca gente en el Elíseo, que parecía muy pequeño en comparación con los Campos de Asfódelos o incluso los Campos de Castigo. Qué poca gente hacía el bien en sus vidas. Era deprimente.

Abandonamos el pabellón del juicio y nos adentramos en los Campos de Asfódelos. La oscuridad aumentó. Los colores se desvanecieron de nuestras ropas. La multitud de espíritus parlanchines empezó a menguar.

Tras unos kilómetros caminando, empezamos a oír un chirrido familiar en la distancia. En el horizonte se cernía un reluciente palacio de obsidiana negra. Por encima de las murallas merodeaban tres criaturas parecidas a murciélagos: las Furias. Me dio la impresión de que nos esperaban.

—Supongo que es un poco tarde para dar media vuelta —comentó Grover, esperanzado.

—No va a pasarnos nada. —Intentaba aparentar seguridad.

—A lo mejor tendríamos que buscar en otros sitios primero —sugirió Grover—. Como el Elíseo, por ejemplo...

—Venga, pedazo de cabra. —Annabeth lo agarró del brazo.

Grover emitió un gritito. Las alas de sus zapatillas se desplegaron y lo lanzaron lejos de Annabeth. Aterrizó dándose una buena costalada.

—Grover —lo regañó Annabeth—. Basta de hacer el tonto.

—Pero si yo no...

Otro gritito. Sus zapatos revoloteaban como locos. Levitaron unos centímetros por encima del suelo y empezaron a arrastrarlo.

—*Maya!* —gritó, pero la palabra mágica parecía no surtir efecto—. *Maya!* ¡Por favor! ¡Llamad a emergencias! ¡Socorro!

Evité que su brazo me noqueara e intenté agarrarle la mano, pero llegué tarde. Empezaba a cobrar velocidad y descendía por la colina como un trineo.

Corrimos tras él.

—¡Desátate los zapatos! —vociferó Annabeth.

Era una buena idea, pero supongo que no muy factible cuando tus zapatos tiran de ti a toda velocidad. Grover se revolvió, pero no alcanzaba los cordones.

Lo seguimos, tratando de no perderlo de vista mientras zigzagueaba entre las piernas de los espíritus, que lo miraban molestos. Estaba seguro de que Grover iba a meterse como un torpedo por la puerta del palacio de Hades, pero sus zapatos viraron bruscamente a la derecha y lo arrastraron en la dirección opuesta.

La ladera se volvió más empinada. Grover aceleró. Annabeth y yo tuvimos que apretar el paso para no perderlo. Las paredes de la caverna se estrecharon a cada lado, y yo reparé en que habíamos entrado en una especie de túnel. Ya no había hierba ni árboles negros, sólo roca desnuda y la tenue luz de las estalactitas encima.

—¡Grover! —grité, y el eco resonó—. ¡Agárrate a algo!

—¿Qué? —gritó él a su vez.

Se agarraba a la gravilla, pero no había nada lo bastante firme para frenarlo.

El túnel se volvió aún más oscuro y frío. Se me erizó el vello de los brazos y percibí una horrible fetidez. Me hizo pensar en cosas que ni siquiera había experimentado nunca: sangre derramada en un antiguo altar de piedra, el aliento repulsivo de un asesino.

Entonces vi lo que teníamos delante y me quedé clavado en el sitio.

El túnel se ensanchaba hasta una amplia y oscura caverna, en cuyo centro se abría un abismo del tamaño de un cráter.

Grover patinaba directamente hacia el borde.

—¡Venga, Percy! —chilló Annabeth, tirándome de la muñeca.

—Pero eso es...

—¡Ya lo sé! —gritó—. ¡Es el lugar que describiste en tu sueño! Pero Grover va a caer dentro si no lo alcanzamos. —Tenía razón, por supuesto. La situación de Grover me puso otra vez en movimiento.

Gritaba y manoteaba el suelo, pero las zapatillas aladas seguían arrastrándolo hacia el foso, y no parecía que pudiéramos llegar a tiempo.

Lo que lo salvó fueron sus pezuñas.

Las zapatillas voladoras siempre le habían quedado un poco sueltas, y al final Grover le dio una patada a una roca grande y la izquierda salió disparada hacia la oscuridad del abismo. La derecha seguía tirando de él, pero Grover pudo frenarse aferrándose a la roca y utilizándola como anclaje.

Estaba a tres metros del borde del foso cuando lo alcanzamos y tiramos de él hacia arriba. La otra zapatilla salió sola, nos rodeó enfadada y, a modo de protesta, nos propinó un puntapié en la cabeza antes de volar hacia el abismo para unirse con su gemela.

Nos derrumbamos todos, exhaustos, sobre la gravilla de obsidiana. Sentía las extremidades como de plomo. Incluso la mochila me pesaba más, como si alguien la hubiese llenado de rocas.

Grover tenía unos buenos moratones y le sangraban las manos. Las pupilas se le habían vuelto oblongas, estilo cabra, como cada vez que estaba aterrorizado.

—No sé cómo... —jadeó—. Yo no...

—Espera —dije—. Escucha.

Oí algo: un susurro profundo en la oscuridad.

—Percy, este lugar... —dijo Annabeth al cabo de unos segundos.

—Chist. —Me puse en pie.

El sonido se volvía más audible, una voz malévola y susurrante que surgía desde abajo, mucho más abajo de donde estábamos nosotros. Provenía del foso.

Grover se incorporó.

—¿Q-qué es ese ruido?

Annabeth también lo oía.

—El Tártaro. Ésta es la entrada al Tártaro.

Destapé *Anaklusmos*. La espada de bronce se extendió, emitió una débil luz en la oscuridad y la voz malvada remitió por un momento, antes de retomar su letanía. Ya casi distinguía palabras, palabras muy, muy antiguas, más antiguas que el propio griego. Como si...

—Magia —dije.

—Tenemos que salir de aquí —repuso Annabeth.

Juntos pusimos a Grover sobre sus pezuñas y volvimos sobre nuestros pasos, hacia la salida del túnel. Las piernas no me respondían lo bastante rápido. La mochila me pesaba. A nuestras espaldas, la voz sonó más fuerte y enfadada, y echamos a correr.

Y no nos sobró tiempo.

Un viento frío tiraba de nuestras espaldas, como si el foso estuviera absorbiéndolo todo. Por un momento terrorífico perdí el equilibrio y los pies me resbalaron por la gravilla. Si hubiésemos estado más cerca del borde, nos habría tragado.

Seguimos avanzando con gran esfuerzo, y por fin llegamos al final del túnel, donde la caverna volvía a ensancharse en los Campos de Asfódelos. El viento cesó. Un aullido iracundo retumbó desde el fondo del túnel. Alguien no estaba muy contento de que hubiésemos escapado.

—¿Qué era eso? —musitó Grover, cuando nos derrumbamos en la relativa seguridad de una alameda—. ¿Una de las mascotas de Hades?

Annabeth y yo nos miramos. Estaba claro que tenía alguna idea, probablemente la misma que se le había ocurrido en el taxi que nos había traído a Los Ángeles, pero le daba demasiado miedo para compartirla. Eso bastó para asustarme aún más.

Cerré la espada y me guardé el bolígrafo.

—Sigamos. —Miré a Grover—. ¿Puedes caminar?

Tragó saliva.

—Sí, sí, claro —suspiró—. Bah, nunca me gustaron esas zapatillas.

Intentaba mostrarse valiente, pero temblaba tanto como nosotros. Fuera lo que fuese lo que había en aquel foso, no era la mascota de nadie. Era inenarrablemente arcaico y poderoso. Ni siquiera Equidna me había dado aquella sensación. Casi me alivió darle la espalda al túnel y encaminarme hacia el palacio de Hades.

Casi.

Envueltas en sombras, las Furias sobrevolaban en círculo las almenas. Las murallas externas de la fortaleza relucían negras, y las puertas de bronce de dos pisos de altura estaban abiertas de par en par. Cuando estuve más cerca, aprecié que los grabados de dichas puertas reproducían escenas de muerte. Algunas eran de tiempos modernos —una bomba atómica explotando encima de una ciudad, una trinchera llena de soldados con máscaras antigás, una fila de víctimas de hambrunas africanas, esperando con cuencos vacíos en la mano—, pero todas parecían labradas en bronce hacía miles de años. Me pregunté si eran profecías hechas realidad.

En el patio había el jardín más extraño que he visto en mi vida. Setas multicolores, arbustos venenosos y raras plantas luminosas que crecían sin luz. En lugar de flores había piedras preciosas, pilas de rubíes grandes como mi puño, macizos de diamantes en bruto. Aquí y allí, como invitados a una fiesta, estaban las estatuas de jardín de Medusa: niños, sátiros y centauros petrificados, todos esbozando sonrisas grotescas.

En el centro del jardín había un huerto de granados, cuyas flores naranja neón brillaban en la oscuridad.

—Éste es el jardín de Perséfone —explicó Annabeth—. Seguid andando.

Entendí por qué quería avanzar. El aroma ácido de aquellas granadas era casi embriagador. Sentí un deseo repentino de comérmelas, pero recordé la historia de Perséfone: un bocado de la comida del inframundo y jamás podríamos marcharnos. Tiré de Grover para evitar que agarrara la más grande.

Subimos por la escalinata de palacio, entre columnas negras y a través de un pórtico de mármol negro, hasta la casa de Hades. El zaguán tenía el suelo de bronce pulido, que parecía hervir a la luz reflejada de las antorchas. No había techo, sólo el de la caverna, muy por encima. Supongo que allí abajo no les preocupaba la lluvia.

Cada puerta estaba guardada por un esqueleto con indumentaria militar. Algunos llevaban armaduras griegas; otros, casacas rojas británicas; otros, camuflaje de marines. Cargaban lanzas, mosquetones o M-16. Ninguno nos molestó, pero sus cuencas vacías nos siguieron mientras recorrimos el zaguán hasta las enormes puertas que había en el otro extremo.

Dos esqueletos con uniforme de marine custodiaban las puertas. Nos sonrieron. Tenían lanzagranadas automáticos cruzados sobre el pecho.

—¿Sabéis? —murmuró Grover—, apuesto lo que sea a que Hades no tiene problemas con los vendedores puerta a puerta.

La mochila me pesaba una tonelada. No se me ocurría por qué. Quería abrirla, comprobar si había recogido por casualidad alguna bala de cañón por ahí, pero no era el momento.

—Bueno, chicos —dije—. Creo que tendríamos que... llamar.

Un viento cálido recorrió el pasillo y las puertas se abrieron de par en par. Los guardias se hicieron a un lado.

—Supongo que eso significa *entrez-vous* —comentó Annabeth.

La sala era igual que en mi sueño, salvo que en esta ocasión el trono de Hades estaba ocupado. Era el tercer dios que conocía, pero el primero que me pareció realmente divino.

Para empezar, medía por lo menos tres metros de altura, e iba vestido con una túnica de seda negra y una corona de oro trenzado. Tenía la piel de un blanco albino, el pelo por los hombros y negro azabache. No estaba musculoso como Ares, pero irradiaba poder. Estaba repantigado en su trono de huesos humanos soldados, con aspecto vivaz y alerta. Tan peligroso como una pantera.

Inmediatamente tuve la certeza de que él debía dar las órdenes: sabía más que yo y por tanto debía ser mi amo. Y a continuación me dije que cortase el rollo. El aura hechizante de Hades me estaba afectando, como lo había hecho la de Ares. El Señor de los Muertos se parecía a las imágenes que había visto de Adolph Hitler, Napoleón o los líderes terroristas que teledirigen a los hombres bomba. Hades tenía los mismos ojos intensos, la misma clase de carisma malvado e hipnotizador.

—Eres valiente para venir aquí, hijo de Poseidón —articuló con voz empalagosa—. Después de lo que me has hecho, muy valiente, a decir verdad. O puede que seas sólo muy insensato.

El entumecimiento se apoderó de mis articulaciones, tentándome a tumbarme en el suelo y echarme una siestecita a los pies de Hades. Acurrucarme allí y dormir para siempre.

Luché contra la sensación y avancé. Sabía qué tenía que decir.

—Señor y tío, vengo a haceros dos peticiones.

Hades levantó una ceja. Cuando se inclinó hacia delante, en los pliegues de su túnica aparecieron rostros en sombra, rostros atormentados, como si la prenda estuviera hecha de almas atrapadas en los Campos de Castigo que intentaran escapar. La parte de mí afectada por el THDA se preguntó, distraída, si el resto de su ropa estaría hecho del mismo modo. ¿Qué cosas horribles había que hacer en la vida para acabar convertido en ropa interior de Hades?

—¿Sólo dos peticiones? —preguntó Hades—. Niño arrogante. Como si no te hubieras llevado ya suficiente. Habla, entonces. Me divierte no matarte aún.

Tragué saliva. Aquello iba tan mal como me había temido.

Miré el trono vacío, más pequeño que el que había junto al de Hades. Tenía forma de flor negra ribeteada en oro. Deseé que la reina Perséfone estuviese allí. Recordaba que en los mitos sabía cómo calmar a su marido. Pero era verano.

Claro, Perséfone estaría arriba, en el mundo de la luz con su madre, la diosa de la agricultura, Deméter. Sus visitas, no la traslación del planeta, provocan las estaciones.

Annabeth se aclaró la garganta y me hincó un dedo en la espalda.

—Señor Hades —dije—. Veréis, señor, no puede haber una guerra entre los dioses. Sería... chungo.

—Muy chungo —añadió Grover para echarme una mano.

—Devolvedme el rayo maestro de Zeus —dije—. Por favor, señor. Dejadme llevarlo al Olimpo.

Los ojos de Hades adquirieron un brillo peligroso.

—¿Osas venirme con esas pretensiones, después de lo que has hecho?

Miré a mis amigos, tan confusos como yo.

—Esto... tío —dije—. No paráis de decir «después de lo que has hecho». ¿Qué he hecho exactamente?

El salón del trono se sacudió con un temblor tan fuerte que probablemente lo notaron en Los Ángeles. Cayeron escombros del techo de la caverna. Las puertas se abrieron de golpe en todos los muros, y los guerreros esqueléticos entraron, docenas de ellos, de todas las épocas y naciones de la civilización occidental. Formaron en el perímetro de la sala, bloqueando las salidas.

—¿Crees que quiero la guerra, diosecillo? —espetó Hades.

Quería contestarle «bueno, estos tipos tampoco parecen activistas por la paz», pero la consideré una respuesta peligrosa.

—Sois el Señor de los Muertos —dije con cautela—. Una guerra expandiría vuestro reino, ¿no?

—¡La típica frasecita de mis hermanos! ¿Crees que necesito más súbditos? Pero ¿es que no has visto la extensión de los Campos de Asfódelos?

—Bueno...

—¿Tienes idea de cuánto ha crecido mi reino sólo en este último siglo? ¿Cuántas subdivisiones he tenido que abrir?

Abrí la boca para responder, pero Hades ya se había lanzado.

—Más demonios de seguridad —se lamentó—. Problemas de tráfico en el pabellón del juicio. Jornada doble para todo el personal... Antes era un dios rico, Percy Jackson. Controlo todos los metales preciosos bajo tierra. Pero ¡y los gastos!

—Caronte quiere que le subáis el sueldo —aproveché para decirle, porque me acordé en ese instante. Pero al punto deseé haber tenido la boca cosida.

—¡No me hagas hablar de Caronte! —bramó Hades—. ¡Está imposible desde que descubrió los trajes italianos! Problemas en todas partes, y tengo que ocuparme de todos personalmente. ¡Sólo el tiempo que tardo en llegar desde palacio hasta las puertas me vuelve loco! Y los muertos no paran de llegar. No, diosecillo. ¡No necesito ayuda para conseguir súbditos! Yo no he pedido esta guerra.

—Pero os habéis llevado el rayo maestro de Zeus.

—¡Mentiras! —Más temblores. Hades se levantó del trono y alcanzó una enorme estatura—. Tu padre puede que engañe a Zeus, chico, pero yo no soy tan tonto. Veo su plan.

—¿Su plan?

—Tú robaste el rayo durante el solsticio de invierno —dijo—. Tu padre pensó que podría mantenerte en secreto. Te condujo hasta la sala del trono en el Olimpo y te llevaste el rayo maestro y mi casco. De no haber enviado a mi furia a descubrirte a la academia Yancy, Poseidón habría logrado ocultar su plan para empezar una guerra. Pero ahora te has visto obligado a salir a la luz. ¡Tú confesarás ser el ladrón del rayo, y yo recuperaré mi yelmo!

—Pero... —terció Annabeth, desconcertada—. Señor Hades, ¿vuestro yelmo de oscuridad también ha desaparecido?

—No te hagas la inocente, niña. Tú y el sátiro habéis estado ayudando a este héroe, habéis venido aquí para amenazarme en nombre de Poseidón, sin duda habéis venido a traerme un ultimátum. ¿Cree Poseidón que puede chantajearme para que lo apoye?

—¡No! —repliqué—. ¡Poseidón no ha... no ha...!

—No he dicho nada de la desaparición del yelmo —gruñó Hades—, porque no albergaba ilusiones de que nadie en el Olimpo me ofreciera la menor justicia ni la menor ayuda. No puedo permitirme que se sepa que mi arma más poderosa y temida ha desaparecido. Así que te busqué, y cuando quedó claro que venías a mí para amenazarme, no te detuve.

—¿No nos detuvisteis? Pero...

—Devuélveme mi casco ahora, o abriré la tierra y devolveré los muertos al mundo —amenazó Hades—. Convertiré vuestras tierras en una pesadilla. Y tú, Percy Jackson, tu esqueleto conducirá mi ejército fuera del Hades.

Los soldados esqueléticos dieron un paso al frente y prepararon sus armas.

En ese momento supongo que debería haber estado aterrorizado. Lo raro fue que me ofendió. Nada me enoja más que me acusen de algo que no he hecho. Tengo mucha experiencia en eso.

—Sois tan chungo como Zeus —le dije—. ¿Creéis que os he robado? ¿Por eso enviasteis a las Furias por mí?

—Por supuesto.

—¿Y los demás monstruos?

Hades torció el gesto.

—De eso no sé nada. No quería que tuvieras una muerte rápida: quería que te trajeran vivo ante mí para que sufrieras todas las torturas de los Campos de Castigo. ¿Por qué crees que te he permitido entrar en mi reino con tanta facilidad?

—¿Tanta facilidad?

—¡Devuélveme mi yelmo!

—Pero yo no lo tengo. He venido por el rayo maestro.

—¡Pero si ya lo tienes! —gritó Hades—. ¡Has venido aquí con él, pequeño insensato, pensando que podrías amenazarme!

—¡No lo tengo!

—Abre la bolsa que llevas.

Me sacudió un presentimiento horrible. Mi mochila pesaba como una bala de cañón... No podía ser. Me descolgué la mochila y abrí la cremallera. Dentro había un cilindro de metal de medio metro, con pinchos a ambos lados, que zumbaba por la energía que contenía.

—Percy —dijo Annabeth—, ¿cómo...?

—N-no lo sé. No lo entiendo.

—Todos los héroes sois iguales —apostilló Hades—. Vuestro orgullo os vuelve necios... Mira que creer que podías traer semejante arma ante mí. No he pedido el rayo maestro de Zeus, pero, dado que está aquí, me lo entregarás. Estoy seguro de que se convertirá en una excelente herramienta de negociación. Y ahora... mi yelmo. ¿Dónde está?

Me había quedado sin habla. No tenía ningún yelmo. No tenía idea de cómo había acabado el rayo maestro en mi mochila. De alguna forma, Hades me la estaba jugando. Él era el malo. Pero de repente el mundo se había puesto patas arriba. Reparé en que estaban jugando conmigo. Zeus, Poseidón y Hades se enfrentaban entre sí, pero azuzados por alguien más. El rayo maestro estaba en la mochila, y la mochila me la había dado...

—Señor Hades, esperad —dije—. Todo esto es un error.

—¿Un error? —rugió.

Los esqueletos apuntaron sus armas. Desde lo alto se oyó un aleteo, y las tres Furias descendieron para posarse sobre el respaldo del trono de su amo. La que tenía cara de la señora Dodds me sonrió, ansiosa, e hizo restallar su látigo.

—No se trata de ningún error —prosiguió Hades—. Sé por qué has venido; conozco el verdadero motivo por el que has traído el rayo. Has venido a cambiarlo por ella.

De la mano de Hades surgió una bola de fuego. Explotó en los escalones frente a mí, y allí estaba mi madre, congelada en un resplandor dorado, como en el momento en que el Minotauro empezó a asfixiarla.

No podía hablar. Me acerqué para tocarla, pero la luz estaba tan caliente como una hoguera.

—Sí —dijo Hades con satisfacción—. Yo me la llevé. Sabía, Percy Jackson, que al final vendrías a negociar conmigo. Devuélveme mi casco y puede que la deje marchar. Ya sabes que no está muerta. Aún no. Pero si no me complaces, eso puede cambiar.

Pensé en las perlas en mi bolsillo. A lo mejor podrían sacarme de ésta. Si pudiera liberar a mi madre...

—Ah, las perlas —prosiguió Hades, y se me heló la sangre—. Sí, mi hermano y sus truquitos. Tráemelas, Percy Jackson.

Mi mano se movió en contra de mi voluntad y sacó las perlas.

—Sólo tres —comentó Hades—. Qué pena. ¿Te das cuenta de que cada perla sólo protege a una persona? Intenta llevarte a tu madre, pues, diosecillo. ¿A cuál de tus amigos dejarás atrás para pasar la eternidad conmigo? Venga, elige. O dame la mochila y acepta mis condiciones.

Miré a Annabeth y Grover. Sus rostros estaban sombríos.

—Nos han engañado —les dije—. Nos han tendido una trampa.

—Sí, pero ¿por qué? —preguntó Annabeth—. Y la voz del foso...

—Aún no lo sé —contesté—. Pero tengo intención de preguntarlo.

—¡Decídete, chico! —me apremió Hades.

—Percy —Grover me puso una mano en el hombro—, no puedes darle el rayo.

—Eso ya lo sé.

—Déjame aquí —dijo—. Usa la tercera perla para tu madre.

—¡No!

—Soy un sátiro —repuso Grover—. No tenemos almas como los humanos. Puede torturarme hasta que muera, pero no me tendrá para siempre. Me reencarnaré en una flor o en algo parecido. Es la mejor solución.

—No. —Annabeth sacó su cuchillo de bronce—. Id vosotros dos. Grover, tú debes proteger a Percy. Además, tienes que sacarte la licencia para buscar a Pan. Sacad a su madre de aquí. Yo os cubriré. Tengo intención de caer luchando.

—Ni hablar —respondió Grover—. Yo me quedo.

—Piénsatelo, pedazo de cabra —replicó Annabeth.

—¡Basta ya! —Me sentía como si me partieran en dos el corazón. Ambos me habían dado mucho. Recordé a Grover bombardeando a Medusa en el jardín de estatuas, y a Annabeth salvándonos de Cerbero; habíamos sobrevivido a la atracción de Waterland preparada por Hefesto, al arco de San Luis, al Casino Loto. Había pasado cientos de kilómetros preocupado por un amigo que me traicionaría, pero aquellos amigos jamás podrían hacerlo. No habían hecho otra cosa que salvarme, una y otra vez, y ahora querían sacrificar sus vidas por mi madre.

—Sé qué hacer —dije—. Tomad estas dos. —Les di una perla a cada uno.

—Pero Percy... —protestó Annabeth.

Me volví y miré a mi madre. Quería sacrificarme y usar con ella la última perla, pero ella jamás lo permitiría. Me diría que mi deber era devolver el rayo al Olimpo, contarle a Zeus la verdad y detener la guerra. Nunca me perdonaría si yo optaba por salvarla a ella. Pensé en la profecía que me habían hecho en la colina Mestiza, parecía haber transcurrido un millón de años: «Al final, no conseguirás salvar lo más importante.»

—Lo siento —susurré—. Volveré. Encontraré un modo.

La mirada de suficiencia desapareció del rostro de Hades.

—¿Diosecillo...?

—Encontraré vuestro yelmo, tío —le dije—. Os lo devolveré. No os olvidéis de aumentarle el sueldo a Caronte.

—No me desafíes...

—Y tampoco pasaría nada si jugaras un poco con Cerbero de vez en cuando. Le gustan las pelotas de goma roja.

—Percy Jackson, no vas a...

—¡Ahora, chicos! —grité.

—¡Destruidlos! —exclamó Hades.

El ejército de esqueletos abrió fuego, los fragmentos de perlas explotaron a mis pies con un estallido de luz verde y una ráfaga de aire fresco. Quedé encerrado en una esfera lechosa que empezó a flotar por encima del suelo.

Annabeth y Grover estaban justo detrás de mí. Las lanzas y las balas emitían inofensivas chispas al rebotar contra las burbujas nacaradas mientras seguíamos elevándonos. Hades aullaba con una furia que sacudió la fortaleza entera, y supe que no sería una noche tranquila en Los Ángeles.

—¡Mira arriba! —gritó Grover—. ¡Vamos a chocar!

Nos acercábamos a toda velocidad hacia las estalactitas, que supuse pincharían nuestras pompas y nos ensartarían como brochetas.

—¿Cómo se controlan estas cosas? —preguntó Annabeth a voz en cuello.

—¡No creo que puedan controlarse! —me desgañité.

Gritamos a medida que las burbujas se estampaban contra el techo y... de pronto todo fue oscuridad.

¿Estábamos muertos?

No, aún tenía sensación de velocidad. Subíamos a través de la roca sólida con tanta facilidad como una burbuja en el agua. Caí en la cuenta de que ése era el poder de las perlas: «Lo que es del mar, siempre regresará al mar.»

Por un instante no vi nada fuera de las suaves paredes de mi esfera, hasta que mi perla brotó en el fondo del mar. Las otras dos esferas lechosas, Annabeth y Grover, seguían mi ritmo mientras ascendíamos hacia la superficie. Y de pronto... estallaron al irrumpir en la superficie, en medio de la bahía de Santa Mónica, derribando a un surfero de su tabla, que exclamó indignado:

—¡Eh, tío!

Agarré a Grover y tiré de él hasta una boya de salvamento. Fui por Annabeth e hice lo propio. Un tiburón de más de tres metros daba vueltas alrededor, muerto de curiosidad.

—¡Largo! —le ordené.

El escualo se volvió y se marchó a todo trapo.

El surfero gritó no sé qué de unos hongos chungos y se largó, pataleando tan rápido como pudo.

De algún modo, sabía qué hora era: primera de la mañana del 21 de junio, el día del solsticio de verano.

En la distancia, Los Ángeles estaba en llamas, columnas de humo se alzaban desde todos los barrios de la ciudad. Había habido un terremoto, y había sido culpa de Hades. Probablemente acababa de enviar a un ejército de muertos detrás de mí. Pero de momento el inframundo era el menor de mis problemas.

Tenía que llegar a la orilla. Tenía que devolverle el rayo maestro a Zeus en el Olimpo. Y sobre todo, tenía que mantener una conversación importante con el dios que me había engañado.

20

Me peleo con mi familiar cretino

Una lancha guardacostas nos recogió, pero estaban demasiado ocupados para retenernos mucho tiempo o preguntarse cómo tres chavales vestidos con ropas de calle habían aparecido en medio de la bahía. Había que ocuparse de aquel desastre. Las radios estaban colapsadas con llamadas de socorro.

Nos dejaron en el embarcadero de Santa Mónica con unas toallas en los hombros y botellas de agua en las que se leía: «¡Soy aprendiz de guardacostas!» Luego se marcharon a toda prisa para salvar a más gente.

Teníamos la ropa empapada. Cuando la lancha guardacostas había aparecido, recé en silencio para que no me sacaran del agua con la ropa perfectamente seca, lo que habría provocado incredulidad y preguntas. Así que me esforcé en empaparme, y vaya si mi resistencia mágica al agua me abandonó. También iba descalzo, pues le había dado mis zapatos a Grover. Mejor que los guardacostas se preguntaran por qué uno de nosotros iba descalzo que por qué tenía pezuñas.

Nos desplomamos sobre la arena y observamos la ciudad en llamas, recortada contra el precioso amanecer. Me sentía como si acabara de volver de entre los muertos; cosa que había hecho literalmente. La mochila me pesaba por el rayo maestro, pero el corazón aún me pesaba más después de haber visto a mi madre.

—No puedo creerlo —comentó Annabeth—. Hemos venido hasta aquí para...

—Fue una trampa —dije—. Una estrategia digna de Atenea.

—Eh —me advirtió.

—Pero ¿es que no lo pillas?

Bajó la mirada y se sosegó.

—Sí. Lo pillo.

—¡Bueno, pues yo no! —se quejó Grover—. ¿Va a explicarme alguien...?

—Percy —dijo Annabeth—. Siento lo de tu madre. No te puedes imaginar cuánto...

Fingí no oírla. Si me ponía a hablar de mi madre, me echaría a llorar como un crío.

—La profecía tenía razón —añadí—. «Irás al oeste, donde te enfrentarás al dios que se ha rebelado.» Pero no era Hades. Hades no deseaba una guerra entre los Tres Grandes. Alguien más ha planeado el robo. Alguien ha robado el rayo maestro de Zeus y el yelmo de Hades, y me ha cargado a mí el mochuelo por ser hijo de Poseidón. Le echarán la culpa a Poseidón por ambas partes. Al atardecer de hoy, habrá una guerra en tres frentes. Y la habré provocado yo.

Grover meneó la cabeza, alucinado. Luego preguntó:

—¿Quién podría ser tan malvado? ¿Quién desearía una guerra tan letal?

—Veamos, déjame pensar —dije, mirando alrededor.

Y ahí estaba, esperándonos, enfundado en el guardapolvo de cuero negro y las gafas de sol, un bate de béisbol de aluminio apoyado en el hombro. La moto rugía a su lado, y el faro volvía rojiza la arena.

—Eh, chaval —me llamó Ares, al parecer complacido de verme—. Deberías estar muerto.

—Me has engañado —le dije—. Has robado el yelmo y el rayo maestro.

Ares sonrió.

—Bueno, a ver, yo no los he robado personalmente. ¿Los dioses toqueteando los símbolos de otros dioses? De eso nada. Pero tú no eres el único héroe en el mundo que se dedica a los recaditos.

—¿A quién utilizaste? ¿A Clarisse? Estaba allí en el solsticio de invierno.

La idea pareció divertirle.

—No importa. Mira, chaval, el asunto es que estás impidiendo los esfuerzos en pos de la guerra. Verás, tenías que haber muerto en el inframundo. Entonces el viejo Alga se hubiese cabreado con Hades por matarte. Aliento de Muerto hubiera tenido el rayo maestro y Zeus estaría furioso con él. Pero Hades aún sigue buscando esto... —Se sacó del bolsillo un pasamontañas, del tipo que usan los atracadores de bancos, y lo colocó en medio del manillar de su moto, donde se transformó en un elaborado casco guerrero de bronce.

—El yelmo de oscuridad —dijo Grover, ahogando una exclamación.

—Exacto —repuso Ares—. A ver, ¿por dónde iba? Ah, sí, Hades se pondrá hecho un basilisco tanto con Zeus como con Poseidón, ya que no sabe cuál le robó el yelmo. Muy pronto habremos organizado un bonito y pequeño festival de mamporros.

—¡Pero si son tu familia! —protestó Annabeth.

Ares se encogió de hombros.

—Los enfrentamientos dentro de una misma familia son los mejores, los más sangrientos. No hay como ver reñir a tu familia, es lo que digo siempre.

—Me diste la mochila en Denver —dije—. El rayo maestro ha estado aquí todo el tiempo.

—Sí y no —contestó Ares—. Quizá es demasiado complicado para tu pequeño cerebro mortal, pero debes saber que la mochila es la vaina del rayo maestro, sólo que un poco metamorfoseada. El rayo está conectado a ella, de manera parecida a esa espada tuya, chaval. Siempre regresa a tu bolsillo, ¿no?

No estaba seguro de cómo Ares sabía aquello, pero supongo que un dios de la guerra suele estar informado sobre las armas.

—En cualquier caso —prosiguió Ares—, hice unos pequeños ajustes mágicos a la vaina para que el rayo sólo volviera a ella cuando llegaras al inframundo. De ese modo, si hubieses muerto por el camino no se habría perdido nada y yo seguiría en posesión del arma.

—Pero ¿por qué simplemente no conservaste el rayo maestro? —pregunté—. ¿Para qué enviarlo a Hades?

De repente Ares se quedó absorto y pareció estar escuchando una voz interior.

—¿Por qué no...? Claro... con ese poder de destrucción... —Seguía absorto. Intercambié una mirada con Annabeth, pero de pronto Ares salió de su extraño trance—. Porque no quería problemas. Mejor que te pillaran a ti con las manos en la masa, llevando el trasto.

—Mientes —dije—. Enviar el rayo maestro al inframundo no fue idea tuya.

—¡Claro que sí! —De sus gafas de sol salieron hilillos de humo, como si estuvieran a punto de incendiarse.

—Tú no ordenaste el robo —insistí—. Alguien más envió a un héroe a robar los dos objetos. Entonces, cuando Zeus te envió en su busca, diste con el ladrón. Pero no se lo entregaste a Zeus. Algo te convenció de que lo dejaras ir. Te quedaste los objetos hasta que otro héroe llegara y completara la entrega. La cosa del foso te está mangoneando.

—¡Soy el dios de la guerra! ¡Nadie me da órdenes! ¡No tengo sueños!

Vacilé.

—¿Quién ha hablado de sueños?

Ares parecía agitado, pero intentó disimularlo con una sonrisa.

—Volvamos a lo nuestro, chaval. Estás vivo y no permitiré que lleves ese rayo al Olimpo. Ya sabes, no puedo arriesgarme a que esos imbéciles testarudos te hagan caso. Así que tendré que matarte. Nada personal, claro.

Chasqueó los dedos. La arena estalló a sus pies y de ella surgió un jabalí, aún más grande y amenazador que el que colgaba encima de la cabaña 5 del Campamento Mestizo. El bicho pateó la arena y me miró con ojos encendidos mientras esperaba la orden de matarme. De inmediato me metí en el agua.

—Pelea tú mismo conmigo, Ares —lo desafié.

Se rió con cierta incomodidad.

—Sólo tienes un talento, chaval: salir corriendo. Huiste de Quimera. Huiste del inframundo. No tienes lo que hace falta.

—¿Asustado?

—Qué tonterías dices. —Pero las gafas habían comenzado a fundírsele por el calor que despedían sus ojos—. No me implico directamente. Lo siento, chaval, no estás a mi nivel.

—¡Percy, corre! —exclamó Annabeth.

El jabalí gigante cargó con sus afilados comillos. Pero yo ya estaba harto de correr delante de monstruos. O de Hades, o de Ares, o de quien fuera. Así que destapé el boli y me aparté a un lado un segundo antes de que la bestia me atropellase, al tiempo que le lanzaba un mandoble. El colmillo derecho del jabalí cayó a mis pies, mientras el desorientado animal chapoteaba en el agua.

—¡Ola! —grité.

Una ola repentina surgió de ninguna parte y envolvió al jabalí, que soltó un mugido y se revolvió en vano. Al instante desapareció engullido por el mar.

Me volví hacia Ares.

—¿Vas a pelear conmigo ahora? —le espeté—. ¿O vas a esconderte detrás de otro de tus cerditos?

Ares estaba morado de rabia.

—Ojo, chaval. Podría convertirte en...

—... ¿una cucaracha o una lombriz? Sí, estoy seguro. Eso evitaría que patearan tu divino trasero, ¿verdad?

Las llamas danzaban por encima de sus gafas.

—No te pases, niño. Estás acabando con mi paciencia y te convertiré en una mancha de grasa.

—Si ganas, conviérteme en lo que quieras y te llevas el rayo —propuse—. Si pierdes, el yelmo y el rayo serán míos y tú te apartas de mi camino.

Ares resopló con desdén y esgrimió su bate de béisbol.

—¿Cómo lo prefieres? ¿Combate clásico o moderno?

Le mostré mi espada.

—Para estar muerto tienes mucha gracia —contestó—. Probemos con el clásico.

Entonces el bate se convirtió en una enorme espada cuya empuñadura era un cráneo de plata con un rubí en la boca.

—Percy, no lo hagas... —me advirtió Annabeth—. Es un dios.

—Es un cobarde —repuse.

Ella tragó saliva y dijo:

—Por lo menos lleva esto, para que te dé suerte. —Se quitó el collar de cuentas y el anillo de su padre y me lo puso al cuello—. Reconciliación —añadió—. Atenea y Poseidón juntos.

Me ruboricé un poco, pero conseguí sonreír.

—Gracias.

—Y toma este amuleto de la suerte —terció Grover, y me tendió una lata aplastada que llevaba en el bolsillo—. Los sátiros estamos contigo.

—Grover... no sé qué decir.

Me dio una palmada en el hombro. Me metí la lata en el bolsillo trasero.

—¿Ya has terminado de despedirte? —Ares avanzó hacia mí. El guardapolvo negro ondeaba tras él, su espada refulgía como el fuego al amanecer—. Llevo toda la eternidad luchando, mi fuerza es ilimitada y no puedo morir. ¿Tú que tienes?

«Menos ego», pensé, pero no dije nada. Mantuve los pies en el agua y me adentré un poco hasta que me llegó a los tobillos. Volví a pensar en lo que Annabeth me había dicho hacía ya tanto tiempo: «Ares tiene fuerza, pero nada más. Y a veces la fuerza debe doblegarse ante la inteligencia.»

Un mandoble dirigido a mi cabeza silbó en el aire, pero yo ya no estaba allí. Mi cuerpo pensaba por mí. El agua me hizo botar y me catapultó hacia mi adversario, y cuando bajaba descargué mi espada. Pero Ares era igual de rápido: se retorció y desvió con su empuñadura el golpe que debería haberle dado directamente en la cabeza.

Sonrió socarrón.

—No está mal, no está mal.

Volvió a atacar y me vi obligado a volver a la orilla. Intenté regresar al agua, pero Ares me cortó el paso y me atacó con tal fiereza que tuve que concentrarme al máximo para no acabar hecho trizas. Seguí retrocediendo, alejándome del agua, mi único territorio seguro. No encontraba ningún resquicio para atacar, pues su espada era más larga que *Anaklusmos*.

«Acércate —me había dicho Luke una vez en nuestras clases de esgrima—. Cuando tu espada sea más corta, acércate.»

Me metí en su campo de acción con una estocada, pero Ares estaba esperándolo. Me arrancó la espada de las manos con un brutal mandoble y me dio un golpe en el pecho. Salí despedido hacia atrás, ocho o diez metros. Me habría roto la espalda de no haber caído sobre la blanda arena de una duna.

—¡Percy! —chilló Annabeth—. ¡La policía!

Veía doble y sentía el pecho como si acabaran de atizarme con un ariete, pero conseguí ponerme en pie.

No dejé de mirar a Ares por miedo a que me partiera en dos, pero con el rabillo del ojo vi luces rojas parpadear en el paseo marítimo. Se oyeron frenazos y portezuelas de coche.

—¡Están allí! —gritó alguien—. ¿Lo ve?

Una voz malhumorada de policía:

—Parece ese crío de la tele... ¿Qué diantres...?

—Va armado —dijo otro policía—. Pide refuerzos.

Rodé a un lado mientras la espada de Ares levantaba arena.

Corrí hacia mi espada, la recogí y volví a lanzar una estocada al rostro de Ares, quien volvió a desviarla. Parecía adivinar mis movimientos justo antes de que los ejecutara.

Corrí hacia el agua, obligándolo a seguirme.

—Admítelo, chaval —gruñó Ares—, no tienes ninguna posibilidad. Sólo estoy jugueteando contigo.

Mis sentidos estaban haciendo horas extra. Entendí entonces lo que Annabeth me había dicho sobre que el THDA te mantenía vivo en la batalla. Estaba totalmente despierto, reparaba en el más mínimo detalle. Veía cómo se tensaba Ares e intuía de qué modo atacaría. Asimismo, en todo momento era consciente de que Annabeth y Grover se hallaban a diez metros a mi izquierda. Un segundo coche de policía se acercaba con la sirena aullando. Los espectadores, gente que deambulaba por las calles a causa del terremoto, habían empezado a arremolinarse. Entre la multitud me pareció ver algunos que caminaban con los movimientos raros y trotones de los sátiros disfrazados. También distinguía las formas resplandecientes de los espíritus, como si los muertos hubieran salido del Hades para presenciar el combate. Oí un aleteo coriáceo por encima de mi cabeza.

Más sirenas.

Me metí más en el agua, pero Ares era rápido. La punta de su espada me rasgó la manga y me arañó el antebrazo.

Una voz ordenó por un megáfono:

—¡Tirad las escopetas! ¡Tiradlas al suelo! ¡Ahora!

¿Escopetas?

Miré el arma de Ares, que parecía parpadear: a veces parecía una escopeta, a veces una espada. No sabía qué veían los humanos en mis manos, pero estaba seguro de que, fuera lo que fuese, no iba a ganarme muchas simpatías.

Ares se volvió para lanzar una mirada de odio a nuestro público, lo que me dio un respiro. Había ya cinco coches de policía y una fila de agentes agachados detrás de ellos, apuntándonos con sus armas.

—¡Esto es un asunto privado! —aulló Ares—. ¡Largaos!

Hizo un gesto con la mano y varias lenguas de fuego hicieron presa en los coches patrulla. Los agentes apenas tuvieron tiempo de cubrirse antes de que sus vehículos explotaran. La multitud de mirones se desperdigó al instante.

Ares estalló en carcajadas.

—Y ahora, héroe de pacotilla, vamos a añadirte a la barbacoa.

Atacó. Desvié su espada. Me acerqué lo suficiente para alcanzarlo e intenté engañarlo con una finta, pero paró el golpe. Las olas me golpeaban en la espalda. Ares estaba ya sumergido hasta las rodillas.

Sentí el vaivén del mar, las olas crecer a medida que subía la marea, y de repente tuve una idea. «¡Retrocede y aguanta!», pensé, y el agua detrás de mí así lo hizo. Estaba conteniendo la marea con mi fuerza de voluntad, pero la presión aumentaba como la de una botella de champán agitada.

Ares se adelantó, sonriendo y muy ufano de sí mismo. Bajé la espada fingiendo agotamiento. «Espera, ya casi está», le dije al mar. La presión ya parecía incontenible. Ares levantó su espada y en ese momento dejé ir la marea. Montado en una ola, salí despedido bruscamente por encima del dios.

Un muro de dos metros de agua le dio de lleno y lo dejó maldiciendo y escupiendo algas. Aterricé detrás de él y amagué un golpe a su cabeza, como había hecho antes. Se dio la vuelta a tiempo de levantar la espada, pero esta vez estaba desorientado y no se anticipó a mi truco. Cambié de dirección, salté a un lado y hendí *Anaklusmos* por debajo del agua. Le clavé la punta en el talón.

El alarido que siguió convirtió el terremoto de Hades en un hecho sin relevancia. Hasta el mismo mar se apartó de Ares, dejando un círculo de arena mojada de quince metros de diámetro. Icor, la sangre dorada de los dioses, brotó como un manantial de la bota del dios de la guerra. Su expresión iba más allá del odio. Era dolor, desconcierto, imposibilidad de creer que lo habían herido.

Cojeó hacia mí, murmurando antiguas maldiciones griegas, pero algo lo detuvo. Fue como si una nube ocultase el sol, pero peor. La luz se desvaneció, el sonido y el color se amortiguaron, y entonces una presencia fría y pesada cruzó la playa, ralentizando el tiempo y bajando la temperatura abruptamente. Me recorrió un escalofrío y sentí que en la vida no había esperanza, que luchar era inútil.

La oscuridad se disipó.

Ares parecía aturdido.

Los coches de policía ardían detrás de nosotros. La multitud de curiosos había huido. Annabeth y Grover estaban en la playa, conmocionados, mientras el agua rodeaba de nuevo los pies de Ares y el icor dorado se disolvía en la marea.

Ares bajó la espada.

—Tienes un enemigo, diosecillo —me dijo—. Acabas de sellar tu destino. Cada vez que alces tu espada en la batalla, cada vez que confíes en salir victorioso, sentirás mi maldición. Cuidado, Perseus Jackson. Mucho cuidado.

Su cuerpo empezó a brillar.

—¡Percy, no mires! —gritó Annabeth.

Aparté la cara mientras el dios Ares revelaba su auténtica forma inmortal. De algún modo supe que si miraba acabaría desintegrado en ceniza.

El resplandor se extinguió.

Volví a mirar. Ares había desaparecido. La marea se apartó para revelar el yelmo de oscuridad de Hades. Lo recogí y me dirigí hacia mis amigos, pero antes de llegar oí un aleteo. Tres ancianas con caras furibundas, sombreros de encaje y látigos fieros bajaron del cielo planeando y se posaron frente a mí.

La furia del medio, la que había sido la señora Dodds, dio un paso adelante. Enseñaba los dientes, pero por una vez no parecía amenazadora. Más bien parecía decepcionada, como si hubiera previsto comerme aquella noche y luego hubiese decidido que podía resultar indigesto.

—Lo hemos visto todo —susurró—. Así pues, ¿de verdad no has sido tú?

Le lancé el casco, que agarró al vuelo, sorprendida.

—Devuélvele eso al señor Hades —dije—. Cuéntale la verdad. Dile que desconvoque la guerra.

Vaciló y la vi humedecerse los labios verdes y apergaminados con una lengua bífida.

—Vive bien, Percy Jackson. Conviértete en un auténtico héroe. Porque si no lo haces, si vuelves a caer en mis garras...

Estalló en carcajadas, saboreando la idea. Después las tres hermanas levantaron el vuelo hacia un cielo lleno de humo y desaparecieron.

Grover y Annabeth me miraban flipados.

—Percy... —dijo Grover—. Eso ha sido alucinante...

—Ha sido terrorífico —terció Annabeth.

—¡Ha sido guay! —se obstinó Grover.

Yo no me sentía aterrorizado, pero tampoco me sentía guay. Estaba agotado y me dolía todo.

—¿Habéis sentido eso... fuera lo que fuese? —pregunté.

Los dos asintieron, inquietos.

—Deben de haber sido las Furias —dijo Grover.

Pero yo no estaba tan seguro. Algo o alguien había evitado que Ares me matara, y quienquiera que fuese era mucho más fuerte que las Furias. Observé a Annabeth, y cruzamos una mirada de comprensión. Supe entonces qué había en el foso, qué había hablado desde la entrada del Tártaro.

Le pedí la mochila a Grover y miré dentro. El rayo maestro seguía allí. Vaya menudencia para provocar casi la Tercera Guerra Mundial.

—Tenemos que volver a Nueva York —dije—. Esta noche.

—Eso es imposible —contestó Annabeth—, a menos que vayamos...

—... volando —completé.

Se me quedó mirando.

—¿Volando?... ¿Te refieres a ir en un avión, sabiendo que así te conviertes en un blanco fácil para Zeus si éste decide reventarte, y además transportando un arma más destructiva que una bomba nuclear?

—Sí —dije—. Más o menos eso. Vamos.

21

Saldo cuentas pendientes

Es curioso cómo los humanos ajustan la mente a su versión de la realidad. Quirón ya me lo había dicho hacía mucho. Como de costumbre, en su momento no aprecié su sabiduría.

Según los noticiarios de Los Ángeles, la explosión en la playa de Santa Mónica había sido provocada por un secuestrador loco al disparar con una escopeta contra un coche de policía. Los disparos habían acertado a una tubería de gas rota durante el terremoto.

El secuestrador (alias Ares) era el mismo hombre que nos había raptado a mí y a otros dos adolescentes en Nueva York y nos había arrastrado por todo el país en una aterradora odisea de diez días.

Después de todo, el pobrecito Percy Jackson no era un criminal internacional. Había causado un buen revuelo en el autobús Greyhound de Nueva Jersey al intentar escapar de su captor (*a posteriori* hubo testigos que aseguraron haber visto al hombre vestido de cuero en el autobús: «¿Por qué no lo recordé antes?»). El psicópata había provocado la explosión en el arco de San Luis; ningún chaval habría podido hacer algo así. Una camarera de Denver había visto al hombre amenazar a sus secuestrados delante de su restaurante, había pedido a un amigo que tomara una foto y lo había notificado a la policía. Al final, el valiente Percy Jackson (empezaba a gustarme aquel chaval) se había hecho con un arma de su captor en Los Ángeles y se había enfrentado a él en la playa. La policía había llegado a tiempo. Pero en la espectacular explosión cinco coches de policía habían resultado destruidos y el secuestrador había huido. No había habido bajas. Percy Jackson y sus dos amigos estaban a salvo bajo custodia policial.

Fueron los periodistas quienes nos proporcionaron la historia. Nosotros nos limitamos a asentir, llorosos y cansados (lo cual no fue difícil), y representamos los papeles de víctimas ante las cámaras.

—Lo único que quiero —dije tragándome las lágrimas— es volver con mi querido padrastro. Cada vez que lo veía en la tele llamándome delincuente juvenil, algo me decía que todo terminaría bien. Y sé que querrá recompensar a todas las personas de esta bonita ciudad de Los Ángeles con un electrodoméstico gratis de su tienda. Éste es su número de teléfono.

La policía y los periodistas, conmovidos, recolectaron dinero para tres billetes en el siguiente vuelo a Nueva York. No tenía otra elección que volar, así que confié en que Zeus aflojara un poco, dadas las circunstancias. Pero aun así me costó subir al avión.

El despegue fue una pesadilla. Las turbulencias daban más miedo que los dioses griegos. No solté los reposabrazos hasta que aterrizamos sin problemas en La Guardia. La prensa local nos esperaba fuera, pero conseguimos evitarlos gracias a Annabeth, que los engañó gritándoles con la gorra de los Yankees puesta: «¡Están allí, junto al helado de yogur! ¡Vamos!» Y después volvió con nosotros a recogida de equipajes.

Nos separamos en la parada de taxis. Les dije que volvieran al Campamento Mestizo e informaran a Quirón de lo que había pasado. Protestaron, y fue muy duro verlos marchar después de todo lo que habíamos pasado juntos, pero debía afrontar solo aquella última parte de la misión. Si las cosas iban mal, si los dioses no me creían... quería que Annabeth y Grover sobrevivieran para contarle la verdad a Quirón.

Subí a un taxi y me encaminé a Manhattan.

Treinta minutos más tarde entraba en el vestíbulo del edificio Empire State.

Debía de parecer un niño de la calle, vestido con prendas ajadas y con el rostro arañado. Hacía por lo menos veinticuatro horas que no dormía. Me acerqué al guardia del mostrador y le dije:

—Quiero ir al piso seiscientos.

Leía un grueso libro con un mago en la portada. La fantasía no era lo mío, pero el libro debía de ser bueno, porque le costó lo suyo levantar la mirada.

—Ese piso no existe, chaval.

—Necesito una audiencia con Zeus.

Me dedicó una sonrisa vacía.

—¿Una audiencia con quién?

—Ya me ha oído.

Estaba a punto de decidir que aquel tipo no era más que un mortal normal y corriente, y que mejor me largaba antes de que llamara a los loqueros, cuando dijo:

—Sin cita no hay audiencia, chaval. El señor Zeus no ve a nadie que no se haya anunciado.

—Bueno, me parece que hará una excepción. —Me quité la mochila y la abrí.

El guardia miró dentro el cilindro de metal y, por un instante, no comprendió qué era. Después palideció.

—¿Esa cosa no será...?

—Sí lo es, sí —le dije—. ¿Quiere que lo saque y...?

—¡No! ¡No! —Brincó de su asiento, buscó presuroso un pase detrás del mostrador y me tendió la tarjeta—. Insértala en la ranura de seguridad. Asegúrate de que no haya nadie más contigo en el ascensor.

Así lo hice. En cuanto se cerraron las puertas del ascensor, metí la tarjeta en la ranura. En la consola se iluminó un botón rojo que ponía «600». Lo apreté y esperé, y esperé. Se oía música ambiental y al final «ding». Las puertas se abrieron. Salí y por poco me da un infarto.

Estaba de pie sobre una pequeña pasarela de piedra en medio del vacío. Debajo tenía Manhattan, a altura de avión. Delante, unos escalones de mármol serpenteaban alrededor de una nube hasta el cielo. Mis ojos siguieron la escalera hasta el final, y entonces no di crédito a lo que vi.

«Volved a mirar», decía mi cerebro.

«Ya estamos mirando —insistían mis ojos—. Está ahí de verdad.»

Desde lo alto de las nubes se alzaba el pico truncado de una montaña, con la cumbre cubierta de nieve. Colgados de una ladera de la montaña había docenas de palacios en varios niveles. Una ciudad de mansiones: todas con pórticos de columnas, terrazas doradas y braseros de bronce en los que ardían mil fuegos. Los caminos subían enroscándose hasta el pico, donde el palacio más grande de todos refulgía recortado contra la nieve. En los precarios jardines colgantes florecían olivos y rosales. Vislumbré un mercadillo al aire libre lleno de tenderetes de colores, un anfiteatro de piedra en una ladera de la montaña, un hipódromo y un coliseo en la otra. Era una antigua ciudad griega, pero no estaba en ruinas. Era nueva, limpia y llena de colorido, como debía de haber sido Atenas dos mil quinientos años atrás.

«Este lugar no puede estar aquí», me dije. ¿La cumbre de una montaña colgada encima de Nueva York como un asteroide de mil millones de toneladas? ¿Cómo algo así podía estar anclado encima del Empire State, a la vista de millones de personas, y que nadie lo viera?

Pero allí estaba. Y allí estaba yo.

Mi viaje a través del Olimpo discurrió en una neblina. Pasé al lado de unas ninfas del bosque que se reían y me tiraron olivas desde su jardín. Los vendedores del mercado me ofrecieron ambrosía, un nuevo escudo y una réplica genuina del Vellocino de Oro, en lana de purpurina, como anunciaba la Hefesto Televisión. Las nueve musas afinaban sus instrumentos para dar un concierto en el parque mientras se congregaba una pequeña multitud: sátiros, náyades y un puñado de adolescentes guapos que debían de ser dioses y diosas menores. Nadie parecía preocupado por una guerra civil inminente. De hecho, todo el mundo parecía estar de fiesta. Varios se volvieron para verme pasar y susurraron algo que no pude oír.

Subí por la calle principal, hacia el gran palacio de la cumbre. Era una copia inversa del palacio del inframundo. Allí todo era negro y de bronce; aquí, blanco y con destellos argentados.

Hades debía de haber construido su palacio a imitación de éste. No era bienvenido en el Olimpo salvo durante el solsticio de invierno, así que se había construido su propio Olimpo bajo tierra. A pesar de mi mala experiencia con él, lo cierto es que el tipo me daba un poco de pena. Que te negaran la entrada a aquel sitio parecía de lo más injusto. Amargaría a cualquiera.

Unos escalones conducían a un patio central. Tras él, la sala del trono.

«Sala» no es exactamente la palabra adecuada. Aquel lugar hacía que la estación Grand Central de Nueva York pareciera un armario para escobas. Columnas descomunales se alzaban hasta un techo abovedado, en el que se desplazaban las constelaciones de oro. Doce tronos, construidos para seres del tamaño de Hades, estaban dispuestos en forma de U invertida, como las cabañas en el Campamento Mestizo. Una hoguera enorme ardía en el brasero central. Todos los tronos estaban vacíos salvo dos: el trono principal a la derecha, y el contiguo a su izquierda. No hacía falta que me dijeran quiénes eran los dos dioses que estaban allí sentados, esperando que me acercara. Avancé con piernas temblorosas.

Como había hecho Hades, los dioses se mostraban en su forma humana gigante, pero apenas podía mirarlos sin sentir un cosquilleo, como si mi cuerpo fuera a arder en cualquier momento. Zeus, el señor de los dioses, lucía un traje azul marino de raya diplomática. El suyo era un trono sencillo de platino. Llevaba la barba bien recortada, gris, veteada de negro, como una nube de tormenta. Su rostro era orgulloso, hermoso y sombrío al mismo tiempo, y tenía los ojos de un gris lluvia. A medida que me acerqué a él, el aire crepitó y despidió olor a ozono.

Sin duda el dios sentado a su lado era su hermano, pero vestía de manera muy distinta. Me recordó a uno de esos playeros permanentes de Cayo Hueso. Llevaba sandalias de cuero, pantalones cortos caqui y una camiseta de las Bahamas con estampado de cocos y loros. Estaba muy bronceado y sus manos se veían surcadas de cicatrices, como un viejo pescador. Tenía el pelo negro, como el mío. Su rostro poseía la misma mirada inquietante que siempre me había señalado como rebelde. Pero sus ojos, del verde del mar, también como los míos, estaban rodeados de arrugas provocadas por el sol, lo que sugería que solía reír.

Su trono era una silla de pescador. Ya sabes, el típico asiento giratorio de cuero negro con una funda acoplada para afirmar la caña. En lugar de una caña, la funda sostenía un tridente de bronce, cuyas puntas despedían una luminiscencia verdosa. Los dioses no se movían ni hablaban, pero había tensión en el aire, como si acabaran de discutir.

Me acerqué al trono de pescador y me arrodillé a sus pies.

—Padre. —No me atreví a levantar la cabeza. El corazón me iba a cien por hora. Sentía la energía que emanaba de los dos dioses. Si decía lo incorrecto, me fulminarían en el acto.

A mi izquierda, habló Zeus:

—¿No deberías dirigirte primero al amo de la casa, chico?

Mantuve la cabeza gacha y esperé.

—Paz, hermano —dijo por fin Poseidón. Su voz removió mis recuerdos más lejanos: el brillo cálido que había sentido de bebé, su mano sobre mi frente—. El muchacho respeta a su padre. Es lo correcto.

—¿Sigues reclamándolo, pues? —preguntó Zeus, amenazador—. ¿Reclamas a este hijo que engendraste contra nuestro sagrado juramento?

—He admitido haber obrado mal. Ahora quisiera oírlo hablar.

«Haber obrado mal...» Se me hizo un nudo en la garganta. ¿Eso es todo lo que yo era? ¿Una mala obra? ¿El resultado del error de un dios?

—Ya le he perdonado la vida una vez —rezongó Zeus—. Atreverse a volar a través de mi reino... ¡Bueno! Debería haberlo fulminado al instante por su insolencia.

—¿Y arriesgarte a destruir tu propio rayo maestro? —replicó Poseidón con calma—. Escuchémoslo, hermano.

Zeus refunfuñó un poco más y decidió:

—Escucharé. Después me pensaré si lo arrojo del Olimpo o no.

—Perseus —dijo Poseidón—. Mírame.

Lo hice, y su rostro no me indicó nada. No había ninguna señal de amor o aprobación, nada que me animase. Era como mirar el océano: algunos días veías de qué humor estaba, aunque la mayoría resultaba ilegible y misterioso.

Tuve la impresión de que Poseidón no sabía realmente qué pensar de mí. No sabía si estaba contento de tenerme como hijo o no. Aunque resulte extraño, me alegré de que se mostrara tan distante. Si hubiese intentado disculparse, o decirme que me quería, o sonreír siquiera, habría parecido falso, como un padre humano que buscara alguna excusa para justificar su ausencia. Podía vivir con aquello. Después de todo, tampoco yo estaba muy seguro de él.

—Dirígete al señor Zeus, chico —me ordenó Poseidón—. Cuéntale tu historia.

Así pues, conté todo lo ocurrido, con pelos y señales. Luego saqué el cilindro de metal, que empezó a chispear en presencia del dios del cielo, y lo dejé a sus pies.

Se produjo un largo silencio, sólo interrumpido por el crepitar de la hoguera.

Zeus abrió la palma de la mano. El rayo maestro voló hasta allí. Cuando cerró el puño, los extremos metálicos zumbaron por la electricidad hasta que sostuvo lo que parecía más un relámpago, una jabalina cargada de energía sonora que me erizó la nuca.

—Presiento que el chico dice la verdad —murmuró Zeus—. Pero que Ares haya hecho algo así... es impropio de él.

—Es orgulloso e impulsivo —comentó Poseidón—. Le viene de familia.

—¿Señor? —tercié.

Ambos respondieron al unísono:

—¿Sí?

—Ares no actuó solo. La idea se le ocurrió a otro, a otra cosa.

Describí mis sueños y aquella sensación experimentada en la playa, aquel fugaz aliento maligno que pareció detener el mundo y evitó que Ares me matara.

—En los sueños —proseguí—, la voz me decía que llevara el rayo al inframundo. Ares sugirió que él también había soñado. Creo que estaba siendo utilizado, como yo, para desatar una guerra.

—¿Acusas a Hades, después de todo? —preguntó Zeus.

—No —contesté—. Quiero decir, señor Zeus, que he estado en presencia de Hades. La sensación de la playa fue diferente. Fue lo mismo que sentí cuando me acerqué al foso. Es la entrada al Tártaro, ¿no? Algo poderoso y malvado se está desperezando allí abajo... algo más antiguo que los dioses.

Poseidón y Zeus se miraron. Mantuvieron una discusión rápida e intensa en griego antiguo. Sólo capté una palabra: «Padre.»

Poseidón hizo alguna sugerencia, pero Zeus cortó por lo sano. Poseidón intentó discutir. Molesto, Zeus levantó una mano.

—Asunto concluido —dijo—. Tengo que ir a purificar este relámpago en las aguas de Lemnos, para limpiar la mancha humana del metal. —Se levantó y me miró. Su expresión se suavizó ligeramente—. Me has hecho un buen servicio, chico. Pocos héroes habrían logrado tanto.

—Tuve ayuda, señor —respondí—. Grover Underwood y Annabeth Chase...

—Para mostrarte mi agradecimiento, te perdonaré la vida. No confío en ti, Perseus Jackson. No me gusta lo que tu llegada supone para el futuro del Olimpo, pero, por el bien de la paz en la familia, te dejaré vivir.

—Esto... gracias, señor.

—Ni se te ocurra volver a volar. Que no te encuentre aquí cuando vuelva. De otro modo, probarás este rayo. Y será tu última sensación.

El trueno sacudió el palacio. Con un relámpago cegador, Zeus desapareció.

Me quedé solo en la sala del trono con mi padre.

—Tu tío —suspiró Poseidón— siempre ha tenido debilidad por las salidas dramáticas. Le habría ido bien como dios del teatro.

Un silencio incómodo.

—Señor —pregunté—, ¿qué había en el foso?

—¿No te lo has imaginado ya?

—¿Cronos? ¿El rey de los titanes?

Incluso en la sala del trono del Olimpo, muy lejos del Tártaro, el nombre «Cronos» oscureció la estancia, haciendo que la hoguera a mi espalda no pareciera tan cálida.

Poseidón agarró su tridente.

—En la primera guerra, Percy, Zeus cortó a nuestro padre Cronos en mil pedazos, justo como Cronos había hecho con su propio padre, Urano. Zeus arrojó los restos de Cronos al foso más oscuro del Tártaro. El ejército titán fue desmembrado, su fortaleza en el monte Etna destruida y sus monstruosos aliados desterrados a los lugares más remotos de la tierra. Aun así, los titanes no pueden morir, del mismo modo que tampoco podemos morir los dioses. Lo que queda de Cronos sigue vivo de alguna espantosa forma, sigue consciente de su dolor eterno, aún hambriento de poder.

—Se está curando —dije—. Está volviendo.

Poseidón negó con la cabeza.

—De vez en cuando, a lo largo de los eones, Cronos se despereza. Se introduce en las pesadillas de los hombres e inspira malos pensamientos. Despierta monstruos incansables de las profundidades. Pero sugerir que puede levantarse del foso es otro asunto.

—Eso es lo que pretende, padre. Es lo que dijo.

Poseidón guardó silencio durante un largo momento.

—Zeus ha cerrado la discusión sobre este asunto. No va a permitir que se hable de Cronos. Has completado tu misión, niño. Eso es todo lo que tenías que hacer.

—Pero... —Me interrumpí. Discutir no iba a servir de nada. De hecho, bien podría enfadar a mi padre—. Como... deseéis, padre.

Una débil sonrisa se dibujó en sus labios.

—La obediencia no te surge de manera natural, ¿verdad?

—No... señor.

—En parte es culpa mía, supongo. Al mar no le gusta que lo contengan. —Se irguió en toda su estatura y recogió su tridente. Entonces emitió un destello y adoptó el tamaño de un hombre normal—. Debes marcharte, niño. Pero primero tienes que saber que tu madre ha vuelto.

Impresionado, lo miré fijamente y pregunté:

—¿Mi madre?

—La encontrarás en casa. Hades la envió de vuelta cuando recuperaste su yelmo. Incluso el Señor de los Muertos paga sus deudas.

El corazón me latía desbocado. No podía creérmelo.

—¿Vais a... querríais...?

Quería preguntarle a Poseidón si le apetecía venir conmigo a verla, pero entonces reparé en que eso era ridículo. Me imaginé al dios del mar en un taxi camino del Upper East Side. Si hubiese querido ver a mi madre durante todos estos años, lo habría hecho. Y también había que pensar en Gabe el Apestoso.

Los ojos de Poseidón adquirieron un tinte de tristeza.

—Cuando regreses a casa, Percy, deberás tomar una decisión importante. Encontrarás un paquete esperándote en tu habitación.

—¿Un paquete?

—Lo entenderás cuando lo veas. Nadie puede elegir tu camino, Percy. Debes decidirlo tú.

Asentí, aunque no sabía a qué se refería.

—Tu madre es una reina entre las mujeres —declaró Poseidón con añoranza—. No he conocido una mortal como ella en mil años. Aun así... lamento que nacieras, niño. Te he deparado un destino de héroe, y el destino de los héroes nunca es feliz. Es trágico en todas las ocasiones.

Intenté no sentirme herido. Allí estaba mi propio padre, diciéndome que lamentaba que yo hubiese nacido.

—No me importa, padre.

—Puede que aún no —dijo—. Aún no. Pero aquello fue un error imperdonable por mi parte.

—Os dejo, pues. —Hice una reverencia incómoda—. N-no os molestaré otra vez.

Me había alejado cinco pasos cuando me llamó.

—Perseus. —Me volví. Había un fulgor en sus ojos, una especie de orgullo fiero—. Lo has hecho muy bien, Perseus. No me malinterpretes. Hagas lo que hagas, debes saber que eres hijo mío. Eres un auténtico hijo del dios del mar.

Cuando regresé caminando por la ciudad de los dioses, las conversaciones se detuvieron. Las musas interrumpieron su concierto. Todos, personas, sátiros y náyades, se volvieron hacia mí con expresiones de respeto y gratitud, y cuando pasé junto a ellos se inclinaron como si yo fuera un héroe de verdad.

Quince minutos más tarde, aún en trance, ya estaba de vuelta en las calles de Manhattan.

Fui en taxi hasta el apartamento de mi madre, llamé al timbre y allí estaba: mi preciosa madre, con aroma a menta y regaliz, cuyo cansancio y preocupación desaparecieron de su rostro al verme.

—¡Percy! Oh, gracias al cielo. Oh, mi niño.

Me dio un fuerte abrazo y nos quedamos en el pasillo, mientras ella sollozaba y me acariciaba el pelo. Lo admitiré: también yo tenía los ojos llorosos. Temblaba de emoción, tan aliviado me sentía.

Me dijo que sencillamente había aparecido en el apartamento aquella mañana y Gabe casi se había desmayado del susto. No recordaba nada desde el Minotauro, y no podía creerse lo que le había contado Gabe: que yo era un criminal buscado, que había viajado por todo el país y había estropeado monumentos nacionales de incalculable valor. Se había vuelto loca de preocupación todo el día porque no había oído las noticias. Gabe la había obligado a ir a trabajar, puesto que tenía un sueldo que ganar.

Me tragué la ira y le conté mi historia. Intenté suavizarla para que pareciera menos horrible de lo que en realidad había sido, pero no era tarea fácil. Estaba a punto de llegar a la pelea con Ares cuando la voz de Gabe me interrumpió desde el salón.

—¡Eh, Sally! ¿Ese pastel de carne está listo o qué?

Cerró los ojos.

—No va a alegrarse de verte, Percy. La tienda ha recibido hoy medio millón de llamadas desde Los Ángeles... Algo sobre unos electrodomésticos gratis.

—Ah, sí. Sobre eso...

Consiguió lanzarme una sonrisita.

—No lo enfades más, ¿vale? Venga, pasa.

Durante mi ausencia el apartamento se había convertido en Tierra de Gabe. La basura llegaba a los tobillos en la alfombra. El sofá había sido retapizado con latas de cerveza y de las pantallas de las lámparas colgaban calcetines sucios y ropa interior.

Gabe y tres de sus amigotes jugaban al póquer en la mesa.

Cuando Gabe me vio, se le cayó el puro y la cara se le congestionó.

—¿Cómo... cómo tienes la desfachatez de aparecer aquí, pequeña sabandija? Creía que la policía...

—No es un fugitivo —intervino mi madre sonriendo—. ¿No es maravilloso, Gabe?

Nos miró boquiabierto. Estaba claro que mi vuelta a casa no le parecía tan maravillosa.

—Ya es bastante malo que tuviera que devolver el dinero de tu seguro de vida, Sally —gruñó—. Dame el teléfono. Voy a llamar a la policía.

—¡Gabe, no!

Él arqueó las cejas.

—¿Dices que no? ¿Crees que voy a aguantar a este monstruo en ciernes en mi casa? Aún puedo presentar cargos contra él por destrozarme el Camaro.

—Pero...

Levantó la mano y mi madre se estremeció.

Entonces comprendí algo: Gabe había pegado a mi madre. No sabía cuándo ni cómo, pero estaba seguro de que lo había hecho. Quizá llevaba años haciéndolo sin que yo me enterase. La ira empezó a expandirse en mi pecho. Me acerqué a Gabe, sacando instintivamente mi bolígrafo del bolsillo.

Él se echó a reír.

—¿Qué, pringado? ¿Vas a escribirme encima? Si me tocas, irás a la cárcel para siempre, ¿te enteras?

—Vale ya, Gabe —lo interrumpió su colega Eddie—. Sólo es un crío.

Gabe lo fulminó con la mirada e imitó con voz de falsete:

—Sólo es un crío.

Sus otros colegas rieron como idiotas.

—Está bien. Seré amable. —Gabe me enseñó unos dientes manchados de tabaco y añadió—: Tienes cinco minutos para recoger tus cosas y largarte. Si no, llamaré a la policía.

—¡Gabe, por favor! —suplicó mi madre.

—Prefirió huir de casa —repuso él—. Muy bien, pues que siga huido.

Me moría de ganas por destapar *Anaklusmos*, pero la hoja no hería a los humanos. Y Gabe, en la definición más pobre del término, era humano.

Mi madre me agarró del brazo.

—Por favor, Percy. Vamos. Iremos a tu cuarto.

Permití que me apartara. Las manos aún me temblaban de ira.

Mi habitación estaba abarrotada de la basura de Gabe: baterías de coche estropeadas, trastos y chismes de toda índole, e incluso un ramo de flores medio podridas que alguien le había enviado tras ver su entrevista con Barbara Walters.

—Gabe sólo está un poco disgustado, cariño —me dijo mi madre—. Hablaré con él más tarde. Estoy segura de que funcionará.

—Mamá, nunca funcionará. No mientras él siga aquí.

Ella se frotó las manos, nerviosa.

—Mira... te llevaré a mi trabajo el resto del verano. En otoño a lo mejor encontramos otro internado...

—Déjalo ya, mamá.

Bajó la mirada.

—Lo intento, Percy. Sólo... que necesito algo de tiempo.

De pronto apareció un paquete en mi cama. Por lo menos, habría jurado que un instante antes no estaba allí. Era una caja de cartón del tamaño de una pelota de baloncesto. La dirección estaba escrita con mi caligrafía:

Los Dioses
Monte Olimpo
Planta 600
Edificio Empire State
Nueva York, NY

Con mis mejores deseos,
PERCY JACKSON

Encima, escrita con la letra clara de un hombre, leí la dirección de nuestro apartamento y las palabras: «DEVOLVER AL REMITENTE.» De repente comprendí lo que Poseidón me había dicho en el Olimpo: un paquete y una decisión. «Hagas lo que hagas, debes saber que eres hijo mío. Eres un auténtico hijo del dios del mar.»

Miré a mi madre.

—Mamá, ¿quieres que desaparezca Gabe?

—Percy, no es tan fácil. Yo...

—Mamá, contesta. Ese cretino te ha pegado. ¿Quieres que desaparezca o no?

Vaciló, y después asintió levemente.

—Sí, Percy. Quiero, e intento reunir todo mi valor para decírselo. Pero eso no puedes hacerlo tú por mí. No puedes resolver mis problemas.

Miré la caja.

Sí podía resolverlos. Si la llevaba a la mesa de póquer y sacaba su contenido, podría empezar mi propio jardín de estatuas justo allí, en el salón. Eso es lo que un héroe griego habría hecho, pensé. Era lo que Gabe se merecía. Pero la historia de un héroe siempre acaba en tragedia, como había dicho Poseidón.

Recordé el inframundo. Pensé en el espíritu de Gabe vagando eternamente en los Campos de Asfódelos, o condenado a alguna tortura terrible tras la alambrada de espino de los Campos de Castigo: una partida de póquer eterna, sumergido hasta la cintura en aceite hirviendo y escuchando ópera. ¿Tenía yo derecho a enviar a alguien allí, incluso tratándose de alguien tan despreciable como Gabe?

Un mes antes no lo habría dudado. Ahora...

—Puedo hacerlo —le dije a mi madre—. Una miradita dentro de esta caja y no volverá a molestarte.

Mi madre miró el paquete y lo comprendió .

—No, Percy —dijo apartándose—. No puedes.

—Poseidón te llamó reina —le dije—. Me contó que no había conocido a una mujer como tú en mil años.

—Percy... —musitó ruborizándose.

—Mereces algo mejor que esto, mamá. Deberías ir a la universidad, obtener tu título. Podrías escribir tu novela, conocer a un buen hombre, vivir en una casa bonita. Ya no tienes que protegerme quedándote con Gabe. Deja que me deshaga de él.

Se secó una lágrima de la mejilla.

—Hablas igual que tu padre —dijo—. Una vez me ofreció detener la marea y construirme un palacio en el fondo del mar. Creía que podía resolver mis problemas con un simple ademán.

—¿Y qué hay de malo en eso?

Sus ojos multicolores parecieron indagar en mi interior.

—Creo que lo sabes, Percy. Te pareces lo bastante a mí para entenderlo. Si mi vida tiene que significar algo, debo vivirla por mí misma. No puedo dejar que un dios o mi hijo se ocupen de mí... Tengo que encontrar yo sola el sentido de mi existencia. Tu misión me lo ha recordado.

Oímos el sonido de las fichas de póquer e improperios, y el canal deportivo ESPN en el televisor del salón.

—Dejaré la caja aquí —dije—. Si él te amenaza...

Ella asintió con aire triste.

—¿Adónde piensas ir, Percy?

—A la colina Mestiza.

—¿Para verano... o para siempre?

—Supongo que eso depende.

Nos miramos y tuve la sensación de que habíamos alcanzado un acuerdo. Ya veríamos cómo estaban las cosas al final del verano.

Me besó en la frente.

—Serás un héroe, Percy. El mayor héroe de todos.

Volví a mirar mi habitación e intuí que ya no volvería a verla. Después fui con mi madre hasta la puerta principal.

—¿Te marchas tan pronto, pringado? —me gritó Gabe por detrás—. ¡Hasta nunca!

Tuve un último momento de duda. ¿Cómo podía desperdiciar la oportunidad de darle su merecido a aquel bruto? Me iba sin salvar a mi madre.

—¡Sally! —gritó él—. ¿Qué pasa con ese pastel de carne?

Una mirada de ira refulgió en los ojos de mi madre y pensé que, después de todo, quizá sí estaba dejándola en buenas manos. Las suyas propias.

—El pastel de carne llega en un minuto, cariño —le contestó—. Pastel de carne con sorpresa.

Me miró y me guiñó un ojo.

Lo último que vi cuando la puerta se cerraba fue a mi madre observando a Gabe, como si evaluara qué tal quedaría como estatua de jardín.

22

La profecía se cumple

Habíamos sido los primeros héroes en regresar vivos a la colina Mestiza desde Luke, así que todo el mundo nos trataba como si hubiéramos ganado algún *reality show*. Según la tradición del campamento, nos ceñimos coronas de laurel en el gran festival organizado en nuestro honor, y después dirigimos una procesión hasta la hoguera, donde debíamos quemar los sudarios que nuestras cabañas habían confeccionado en nuestra ausencia.

La mortaja de Annabeth era tan bonita —seda gris con lechuzas de plata bordadas—, que le comenté que era una pena no enterrarla con ella. Me dio un puñetazo y me dijo que cerrara el pico.

Como era hijo de Poseidón, no había nadie en mi cabaña, así que la de Ares se había ofrecido voluntaria para hacer la mía. A una sábana vieja le habían pintado una cenefa con caras sonrientes con los ojos en cruz, y la palabra PRINGADO bien grande en medio. Moló quemarla.

Mientras la cabaña de Apolo dirigía el coro y nos pasábamos sándwiches de galleta, malvaviscos y chocolate, me senté rodeado de mis antiguos compañeros de la cabaña de Hermes, los amigos de Annabeth de la cabaña de Atenea y los colegas sátiros de Grover, que estaban admirando la recién expedida licencia de buscador que le había concedido el Consejo de los Sabios Ungulados. El consejo había definido la actuación de Grover en la misión como: «Valiente hasta la indigestión. Nada que hayamos visto hasta ahora le llega a la base de las pezuñas.»

Los únicos que no tenían ganas de fiesta eran Clarisse y sus colegas de cabaña, cuyas miradas envenenadas me indicaban que jamás me perdonarían por haber avergonzado a su padre.

Por mí, bien. Ni siquiera el discurso de bienvenida de Dioniso iba a amargarme el ánimo.

—Sí, sí, vale, así que el mocoso no ha acabado matándose, y ahora se lo tendrá aún más creído. Bien, pues hurra. Más anuncios: este sábado no habrá regatas de canoas...

Regresé a la cabaña 3, pero ya no me sentía tan solo. Tenía amigos con los que entrenar por el día. De noche, me quedaba despierto y escuchaba el mar, consciente de que mi padre estaba ahí fuera. A lo mejor aún no estaba muy seguro de mí, o de verdad prefería que no hubiese nacido, pero vigilaba. Y hasta el momento, se sentía orgulloso de lo que había hecho.

Y en cuanto a mi madre, tenía la ocasión de empezar una nueva vida. Recibí la carta una semana después de mi llegada al campamento. Me contaba que Gabe había desaparecido misteriosamente; de hecho, que había desaparecido de la faz de la tierra. Lo había denunciado a la policía, pero tenía el extraño presentimiento de que jamás lo encontrarían.

En otro orden de cosas, mamá acababa de vender su primera escultura de hormigón tamaño natural, titulada *El jugador de póquer*, a un coleccionista a través de una galería de arte del Soho. Había obtenido tanto dinero que había pagado la fianza para un piso nuevo y la matrícula del primer semestre en la Universidad de Nueva York. La galería del Soho le había pedido más esculturas, que definían como «un gran paso hacia el neorrealismo superfeo».

«Pero no te preocupes —añadía mi madre—. La escultura se ha acabado. Me he deshecho de aquella caja de herramientas que me dejaste. Ya es hora de que vuelva a escribir...

—Al final incluía una posdata—: Percy, he encontrado una buena escuela privada en la ciudad. He dejado un depósito, por si quieres matricularte en séptimo curso. Podrías vivir en casa. Pero si prefieres quedarte interno en la colina Mestiza, lo entenderé.»

Doblé la carta con cuidado y la dejé en mi mesita de noche. Todas las noches antes de dormirme, volvía a leerla e intentaba decidir cómo responderle.

• • •

El 4 de julio, todo el campamento se reunió junto a la playa para asistir a unos fuegos artificiales organizados por la cabaña 9. Dado que eran los hijos de Hefesto, no se conformarían con unas cutres explosioncitas rojas, blancas y azules.

Habían anclado una barcaza lejos de la orilla y la habían cargado con cohetes tamaño misil. Según Annabeth, que había visto antes el espectáculo, los disparos eran tan seguidos que parecerían fotogramas de una animación. Al final aparecería una pareja de guerreros espartanos de treinta metros de altura que cobrarían vida encima del mar, lucharían y estallarían en mil colores.

Mientras Annabeth y yo extendíamos la manta de picnic, apareció Grover para despedirse. Vestía sus vaqueros habituales, una camiseta y zapatillas, pero en las últimas semanas tenía aspecto de mayor, casi como si fuera al instituto. La perilla de chivo se le había vuelto más espesa. Había ganado peso y los cuernos le habían crecido tres centímetros, así que ahora tenía que llevar la gorra rasta todo el tiempo para pasar por humano.

—Me voy —dijo—. Sólo he venido para decir... Bueno, ya sabéis.

Intenté alegrarme por él. Al fin y al cabo, no todos los días un sátiro era autorizado a partir en busca del gran dios Pan. Pero costaba decir adiós. Sólo conocía a Grover desde hacía un año, pero era mi amigo más antiguo.

Annabeth le dio un abrazo y le recordó que no se quitara los pies falsos.

Yo le pregunté dónde buscaría primero.

—Es... ya sabes, un secreto —me contestó—. Ojalá pudierais venir conmigo, chicos, pero los humanos y Pan...

—Lo entendemos —le aseguró Annabeth—. ¿Llevas suficientes latas para el camino?

—Sí.

—¿Y te acuerdas de las melodías para la flauta?

—Jo, Annabeth —protestó—. Pareces tan controladora como mamá cabra.

Agarró su cayado y se colgó una mochila del hombro. Tenía el aspecto de cualquier autoestopista de los que se ven por las carreteras: no quedaba nada del pequeño sietemesino al que yo defendía de los matones en la academia Yancy.

—Bueno —dijo—, deseadme suerte.

Abrazó otra vez a Annabeth. Me dio una palmada en el hombro y se alejó entre las dunas.

Los fuegos artificiales surgieron entre explosiones en el cielo: Hércules matando al león de Nemea, Artemisa tras el jabalí, George Washington (que, por cierto, era hijo de Atenea) cruzando el río Delaware.

—¡Eh, Grover! —le grité. Se volvió en la linde del bosque—. Dondequiera que vayas, espero que hagan buenas enchiladas.

Él sonrió y al punto desapareció entre los árboles.

—Volveremos a verlo —dijo Annabeth.

Intenté creerlo. El hecho de que ningún buscador hubiera regresado antes tras dos mil años... En fin, decidí que prefería no pensar en aquello. Grover sería el primero. Sí, tenía que serlo.

Transcurrió julio.

Pasé los días concibiendo nuevas estrategias para capturar la bandera y haciendo alianzas con las otras cabañas para mantener las zarpas de la cabaña de Ares lejos del estandarte. Conseguí subir por primera vez el rocódromo sin que me quemara la lava.

De vez en cuando pasaba junto a la Casa Grande, miraba las ventanas del desván y pensaba en el Oráculo. Intentaba convencerme de que su profecía se había cumplido.

«Irás al oeste, donde te enfrentarás al dios que se ha rebelado.» Había estado allí, y lo había hecho: aunque el dios traidor había resultado Ares en vez de Hades.

«Encontrarás lo robado y lo devolverás.» Hecho. Marchando una de rayo maestro. Marchando otra de yelmo de oscuridad para la cabeza grasienta de Hades.

«Serás traicionado por quien se dice tu amigo.» Este vaticinio seguía preocupándome. Ares había fingido ser mi amigo y después me había traicionado. Eso debía de ser lo que quería decir el Oráculo...

«Al final, no conseguirás salvar lo más importante.» Había fracasado en salvar a mi madre, pero sólo porque había dejado que se salvara ella misma, y sabía que eso era lo correcto. Así pues, ¿por qué seguía intranquilo?

• • •

La última noche del curso estival llegó demasiado rápido.

Los campistas cenamos juntos por última vez. Quemamos parte de nuestra cena para los dioses. Junto a la hoguera, los consejeros mayores concedían las cuentas de «fin de verano».

Yo obtuve mi propio collar de cuero, y cuando vi la cuenta de mi primer verano, me alegré de que el resplandor del fuego enmascarara mi sonrojo. Era completamente negra, con un tridente verde mar brillando en el centro.

—La elección fue unánime —anunció Luke—. Esta cuenta conmemora al primer hijo del dios del mar en este campamento, ¡y la misión que llevó a cabo hasta la parte más oscura del inframundo para evitar una guerra!

El campamento entero se puso en pie y me vitoreó. Incluso la cabaña de Ares se vio obligada a levantarse. La cabaña de Atenea empujó a Annabeth hacia delante para que compartiese el aplauso.

No estoy seguro de que vuelva a sentirme tan contento o triste como en aquel momento. Por fin había encontrado una familia, gente que se preocupaba por mí y que pensaba que había hecho algo bien. Pero, por la mañana, la mayoría se marcharía a pasar el año fuera.

A la mañana siguiente encontré una carta formal en mi mesilla de noche.

Sabía que la había escrito Dioniso, porque se empeñaba en escribir mi nombre mal:

Apreciado Peter Johnson:

Si tienes intención de quedarte en el Campamento Mestizo todo el año, debes notificarlo a la Casa Grande antes de mediodía de hoy. Si no anuncias tus intenciones, asumiremos que has dejado libre la cabaña o has muerto víctima de un final horrible. Las arpías de la limpieza empezarán a trabajar al atardecer. Tienen permiso para comerse a cualquier campista no autorizado. Todos los artículos personales que olvidéis serán incinerados en el foso de lava.

¡Que tengas un buen día!

Sr. D (Dioniso)
Director del Campamento n.º 12 del Consejo Olímpico

Ése es otro de los problemas del THDA. Las fechas límite no son reales para mí hasta que las tengo encima. El verano había terminado y yo seguía sin informar a mi madre, o al campamento, sobre si me quedaría o no. Y ahora sólo tenía unas horas para decidirlo.

La decisión debería haber sido fácil. Quiero decir que se trataba de escoger entre nueve meses entrenando para ser un héroe o nueve meses sentado en una clase... En fin.

Supongo que debía tener en cuenta a mi madre. Por primera vez tenía la oportunidad de vivir con ella un año sin la molesta presencia de Gabe. Podría sentirme cómodo en casa y pasear por la ciudad en mi tiempo libre. Recordaba las palabras de Annabeth durante nuestra misión: «Los monstruos están en el mundo real. Ahí es donde descubres si sirves para algo o no.»

Pensé en el destino de Thalia, hija de Zeus. Me preguntaba cuántos monstruos me atacarían si abandonaba la colina Mestiza. Si me quedaba en casa todo el año académico, sin Quirón o mis otros amigos para ayudarme, ¿llegaríamos mi madre y yo vivos al siguiente verano? Eso suponiendo que los exámenes de deletrear y las redacciones de cinco párrafos no acabaran conmigo. Decidí bajar al estadio y practicar un poco con la espada. Quizá eso me aclararía las ideas.

Las instalaciones del campamento, casi desiertas, refulgían al calor de agosto. Los campistas estaban en sus cabañas recogiendo, o de aquí para allá con escobas y mopas, preparándose para la inspección final. Argos ayudaba a algunas chicas de Afrodita con sus maletas de Gucci y juegos de maquillaje colina arriba, donde el miniautobús del campamento esperaba para llevarlas al aeropuerto.

«Aún no pienses en marcharte —me dije—. Sólo entrena.»

Me acerqué al estadio de los luchadores de espada y descubrí que Luke había tenido la misma idea. Su bolsa de deporte estaba al borde de la tarima. Trabajaba solo, entrenando contra maniquíes con una espada que nunca le había visto. Debía de ser de acero normal, porque estaba rebanándoles las cabezas a los maniquíes, abriéndoles las tripas de paja. Tenía la camiseta naranja de consejero empapada de sudor. Su expresión era tan intensa que su vida bien habría podido estar en peligro. Lo observé mientras destripaba la fila entera de maniquíes, les cercenaba las extremidades y los reducía a una pila de paja y armazón.

Sólo eran maniquíes, pero aun así no pude evitar quedar fascinado con la habilidad de Luke. El tío era un guerrero increíble. Una vez más me pregunté cómo podía haber fallado en su misión.

Al final me vio y se detuvo a medio lance.

—Percy.

—Oh... perdona. Yo sólo...

—No pasa nada —dijo bajando la espada—. Sólo estoy haciendo unas prácticas de última hora.

—Esos maniquíes ya no molestarán a nadie más.

Luke se encogió de hombros.

—Los reponemos cada verano.

Entonces vi en su espada algo que me resultó extraño. La hoja estaba confeccionada con dos tipos de metal: bronce y acero. Luke se dio cuenta de que estaba mirándola.

—¿Ah, esto? Un nuevo juguete. Ésta es *Backbiter*.

—Vaya.

Luke giró la hoja a la luz de modo que brillara.

—Bronce celestial y acero templado —explicó—. Funciona tanto en mortales como en inmortales.

Pensé en lo que Quirón me había dicho al empezar mi misión: que un héroe jamás debía dañar a los mortales a menos que fuera absolutamente necesario.

—No sabía que se podían hacer armas como ésa.

—Probablemente no se puede —coincidió Luke—. Es única. —Me dedicó una sonrisita y envainó la espada—. Oye, iba a buscarte. ¿Qué dices de una última incursión en el bosque, a ver si encontramos algo para luchar?

No sé por qué vacilé. Debería haberme alegrado que Luke se mostrara tan amable. Desde mi regreso se había comportado de forma algo distante. Temía que me guardara rencor por la atención que estaba recibiendo.

—¿Crees que es buena idea? —repuse—. Quiero decir...

—Oh, vamos. —Rebuscó en su bolsa de deporte y sacó un pack de seis latas de Coca-Cola—. Las bebidas corren de mi cuenta.

Miré las Coca-Colas, preguntándome de dónde demonios las habría sacado. No había refrescos mortales normales en la tienda del campamento, y tampoco era posible meterlos de contrabando, salvo quizá con la ayuda de un sátiro. Por supuesto, las copas mágicas de la cena se llenaban de lo que querías, pero no sabía exactamente igual que la Coca-Cola.

Azúcar y cafeína. Mi fuerza de voluntad se desplomó.

—Claro —decidí—. ¿Por qué no?

Bajamos hasta el bosque y dimos una buena caminata buscando algún monstruo, pero hacía demasiado calor. Todos los monstruos con algo de seso estarían haciendo la siesta en sus fresquitas cuevas. Encontramos un lugar en sombra junto al arroyo donde le había roto la lanza a Clarisse durante mi primera partida de capturar la bandera. Nos sentamos en una roca grande, bebimos las Coca-Colas y observamos el paisaje.

Al cabo de un rato, Luke preguntó:

—¿Echas de menos ir de misión?

—¿Con monstruos atacándome a cada paso? ¿Estás de broma?—Luke arqueó una ceja—. Vale, lo echo de menos —admití—. ¿Y tú?

Su rostro se ensombreció.

Estaba acostumbrado a oír decir a las chicas lo guapo que era Luke, pero en aquel instante parecía cansado, enfadado y nada atractivo. Su pelo rubio se veía gris a la luz del sol. La cicatriz de su rostro parecía más profunda de lo normal. Fui capaz de imaginarlo de viejo.

—Llevo viviendo en la colina Mestiza desde que tenía catorce años —dijo—. Desde que Thalia... Bueno, ya sabes... He entrenado y entrenado y entrenado. Jamás conseguí ser un adolescente normal en el mundo real. Después me asignaron una misión, pero cuando volví fue como si me dijeran: «Hala, ya se ha terminado la diversión. Que tengas una buena vida.»

Arrugó su lata y la arrojó al arroyo, lo cual me dejó alucinado de verdad. Una de las primeras cosas que aprendes en el Campamento Mestizo es a no ensuciar. De lo contrario, las ninfas y las náyades te lo hacen pagar: cualquier día te metes en tu cama y te la encuentras llena de ciempiés y de barro.

—A la porra con las coronas de laurel —dijo Luke—. No voy a terminar como esos trofeos polvorientos en el desván de la Casa Grande.

—¿Piensas marcharte?

Luke me sonrió maliciosamente.

—Pues claro que sí, Percy. Te he traído aquí abajo para despedirme de ti.

Chasqueó los dedos y al punto un pequeño fuego abrió un agujero en el suelo a mis pies. Del interior salió reptando algo negro y brillante, del tamaño de mi mano. Un escorpión.

Hice ademán de agarrar mi boli.

—Yo no lo haría —me advirtió Luke—. Los escorpiones del abismo saltan hasta cinco metros. El aguijón perfora la ropa. Estarás muerto en sesenta segundos.

—Pero ¿qué...?

Entonces lo comprendí. «Serás traicionado por quien se dice tu amigo.»

—Tú... —musité.

Se puso en pie tranquilamente y se sacudió los vaqueros.

El escorpión no le prestó atención. Tenía sus ojos negros fijos en mí, mientras reptaba hacia mi zapato con el aguijón enhiesto.

—He visto mucho en el mundo de ahí fuera, Percy —dijo Luke—. ¿Tú no? La oscuridad se congrega, los monstruos son cada vez más fuertes. ¿No te das cuenta de lo inútil que es todo esto? Los héroes son peones de los dioses. Tendrían que haber sido derrocados hace miles de años, pero han aguantado gracias a nosotros, los mestizos.

No podía creer que aquello estuviera pasando.

—Luke... estás hablando de nuestros padres —dije.

Soltó una carcajada y luego agregó:

—¿Y sólo por eso tengo que quererlos? Su preciosa civilización occidental es una enfermedad, Percy. Está matando el mundo. La única manera de detenerla es quemarla de arriba abajo y empezar de cero con algo más honesto.

—Estás tan loco como Ares.

Se le encendieron los ojos.

—Ares es un insensato. Jamás se dio cuenta de quién era su auténtico amo. Si tuviese tiempo, Percy, te lo explicaría, pero me temo que no vivirás tanto.

El escorpión empezó a trepar por la pernera de mi pantalón. Tenía que haber una salida a aquella situación. Necesitaba tiempo.

—Cronos —dije—. Ése es tu amo.

El aire se volvió repentinamente frío.

—Deberías tener cuidado con los nombres que pronuncias —me advirtió Luke.

—Cronos hizo que robaras el rayo maestro y el yelmo. Te hablaba en sueños.

Percibí un leve tic en uno de sus ojos.

—También te habló a ti, Percy. Tendrías que haberlo escuchado.

—Te está lavando el cerebro, Luke.

—Te equivocas. Me mostró que mi talento está desperdiciado. ¿Sabes qué misión me encomendaron hace dos años, Percy? Mi padre, Hermes, quería que robara una manzana dorada del Jardín de las Hespérides y la devolviera al Olimpo. Después de todo el entrenamiento al que me he sometido, eso fue lo mejor que se le ocurrió.

—No es una misión fácil —dije—. Lo hizo Hércules.

—Exacto. Pero ¿dónde está la gloria en repetir lo que otros ya han hecho? Lo único que saben hacer los dioses es repetir su pasado. No puse mi corazón en ello. El dragón del jardín me regaló esto. —Contrariado, señaló la cicatriz—. Y cuando regresé sólo obtuve lástima. Ya entonces quise derrumbar el Olimpo piedra a piedra, pero aguardé el momento oportuno. Empecé a soñar con Cronos, que me convenció de que robara algo valioso, algo que ningún héroe había tenido el valor de llevarse. Cuando nos fuimos de excursión durante el solsticio de invierno, mientras los demás campistas dormían, entré en la sala del trono y me llevé el rayo maestro de debajo de su silla. También el yelmo de oscuridad de Hades. No imaginas lo fácil que fue. Qué arrogantes son los Olímpicos; ni siquiera concebían que alguien pudiese robarles. Tienen un sistema de seguridad lamentable. Ya estaba en mitad de Nueva Jersey cuando oí los truenos y supe que habían descubierto mi robo.

El escorpión estaba ahora en mi rodilla, mirándome con ojos brillantes. Intenté mantener firme mi voz.

—¿Y por qué no le llevaste esos objetos a Cronos?

La sonrisa de Luke desapareció.

—Me... me confié en exceso. Zeus envió a sus hijos e hijas a buscar el rayo robado: Artemisa, Apolo, mi padre, Hermes. Pero fue Ares quien me pilló. Habría podido derrotarlo, pero no me atreví. Me desarmó, se hizo con el rayo y el yelmo y me amenazó con volver al Olimpo y quemarme vivo. Entonces la voz de Cronos vino a mí y me indicó qué decir. Persuadí a Ares de la conveniencia de una gran guerra entre los dioses. Le dije que sólo tenía que esconder los objetos robados durante un tiempo y luego regocijarse viendo cómo los demás peleaban entre sí. A Ares le brillaron los ojos con maldad. Supe que lo había engañado. Me dejó ir, y yo regresé al Olimpo antes de que notaran mi ausencia. —Luke desenvainó su nueva espada y pasó el pulgar por el canto, como hipnotizado por su belleza—. Después, el señor de los titanes... m-me castigó con pesadillas. Juré no volver a fracasar. De vuelta en el Campamento Mestizo, en mis sueños me dijo que llegaría un segundo héroe, alguien a quien podría engañarse para llevar el rayo y el yelmo al Tártaro.

—Tú invocaste al perro del infierno aquella noche en el bosque.

—Teníamos que hacer creer a Quirón que el campamento no era seguro para ti, así te iniciaría en tu misión. Teníamos que confirmar sus miedos de que Hades iba tras de ti. Y funcionó.

—Las zapatillas voladoras estaban malditas —dije—. Se suponía que tenían que arrastrarme a mí y a la mochila al Tártaro.

—Y lo habrían hecho si las hubieses llevado puestas. Pero se las diste al sátiro, cosa que no formaba parte del plan. Grover estropea todo lo que toca. Hasta confundió la maldición. —Luke miró al escorpión, que ya estaba en mi muslo—. Deberías haber muerto en el Tártaro, Percy. Pero no te preocupes, te dejo con mi amigo para que arregle ese error.

—Thalia dio su vida para salvarte —dije, y me rechinaban los dientes—. ¿Así es como le pagas?

—¡No hables de Thalia! —gritó—. ¡Los dioses la dejaron morir! Ésa es una de las muchas cosas por las que pagarán.

—Te están utilizando, Luke. Tanto a ti como a Ares. No escuches a Cronos.

—¿Que me están utilizando? —Su voz se tornó aguda—. Mírate a ti mismo. ¿Qué ha hecho tu padre por ti? Cronos se alzará. Sólo has retrasado sus planes. Arrojará a los Olímpicos al Tártaro y devolverá a la humanidad a sus cuevas. A todos salvo a los más fuertes: los que le sirven.

—Aparta este bicho —dije—. Si tan fuerte eres, pelea conmigo.

Luke sonrió.

—Buen intento, Percy, pero yo no soy Ares. A mí no vas a engatusarme. Mi señor me espera, y tiene misiones de sobra que darme.

—Luke...

—Adiós, Percy. Se avecina una nueva Edad de Oro, pero tú no formarás parte de ella.

Trazó un arco con la espada y desapareció en una onda de oscuridad.

El escorpión atacó.

Lo aparté de un manotazo y destapé mi espada. El bichejo me saltó encima y lo corté en dos en el aire. Iba a felicitarme por mi rápida reacción cuando me miré la mano: tenía un verdugón rojo que supuraba una sustancia amarilla y despedía humo. Después de todo, el bichejo me había picado.

Me latían los oídos y se me nubló la visión. Agua, pensé. Me había curado antes. Llegué al arroyo a trompicones y sumergí la mano, pero no ocurrió nada. El veneno era demasiado fuerte. Perdía la visión y apenas me mantenía en pie... «Sesenta segundos», me había dicho Luke. Tenía que regresar al campamento. Si me derrumbaba allí, mi cuerpo serviría de cena para algún monstruo. Nadie sabría jamás qué había ocurrido.

Sentí las piernas como plomo. Me ardía la frente. Avancé a tropezones hacia el campamento, y las ninfas se revolvieron en los árboles.

—Socorro... —gemí—. Por favor...

Dos de ellas me agarraron de los brazos y me arrastraron. Recuerdo haber llegado al claro, un consejero pidiendo ayuda, un centauro haciendo sonar una caracola.

Después todo se volvió negro.

Me desperté con una pajita en la boca. Sorbía algo que sabía a *cookies* de chocolate. Néctar.

Abrí los ojos.

Estaba en una cama de la enfermería de la Casa Grande, con la mano derecha vendada como si fuera un mazo. Argos montaba guardia en una esquina. Annabeth, sentada a mi lado, sostenía mi vaso de néctar y me pasaba un paño húmedo por la frente.

—Aquí estamos otra vez —dije.

—Cretino —dijo Annabeth, lo que me indicó lo contenta que estaba de verme consciente—. Estabas verde y volviéndote gris cuando te encontramos. De no ser por los cuidados de Quirón...

—Bueno, bueno —intervino la voz de Quirón—. La constitución de Percy tiene parte del mérito.

Estaba sentado junto a los pies de la cama en forma humana, motivo por el que aún no había reparado en él. Su parte inferior estaba comprimida mágicamente en la silla de ruedas; la superior, vestida con chaqueta y corbata. Sonrió, pero se le veía pálido y cansado, como cuando pasaba despierto toda la noche corrigiendo los exámenes de latín.

—¿Cómo te encuentras? —preguntó.

—Como si me hubieran congelado las entrañas y después las hubieran calentado en el microondas.

—Bien, teniendo en cuenta que eso era veneno de escorpión del abismo. Ahora tienes que contarme, si puedes, qué ocurrió exactamente.

Entre sorbos de néctar, les conté la historia.

Cuando finalicé, hubo un largo silencio.

—No puedo creer que Luke... —A Annabeth le falló la voz. Su expresión se tornó de tristeza y enfado—. Sí, sí puedo creerlo. Que los dioses lo maldigan... Nunca fue el mismo tras su misión.

—Hay que avisar al Olimpo —murmuró Quirón—. Iré inmediatamente.

—Luke aún está ahí fuera —dije—. Tengo que ir tras él.

Quirón meneó la cabeza.

—No, Percy. Los dioses...

—No harán nada —espeté—. ¡Zeus ha dicho que el asunto estaba cerrado!

—Percy, sé que esto es duro, pero ahora no puedes correr en busca de venganza. Primero tienes que reponerte, y después someterte a un duro entrenamiento.

No me gustaba, pero Quirón tenía razón. Eché un vistazo a mi mano y supe que tardaría en volver a usar la espada.

—Quirón, tu profecía del Oráculo era sobre Cronos, ¿no? ¿Aparecía yo en ella? ¿Y Annabeth?

Quirón se revolvió con inquietud.

—Percy, no me corresponde...

—Te han ordenado que no me lo cuentes, ¿verdad?

Sus ojos eran comprensivos pero tristes.

—Serás un gran héroe, niño. Haré todo lo que pueda para prepararte. Pero si tengo razón sobre el camino que se abre ante ti... —Un súbito trueno retumbó haciendo vibrar las ventanas—. ¡Bien! —exclamó Quirón—. ¡Vale! —Exhaló un suspiro de frustración y añadió—: Los dioses tienen sus motivos, Percy. Saber demasiado del futuro de uno mismo nunca es bueno.

—Pero no podemos quedarnos aquí sentados sin hacer nada —insistí.

—No vamos a quedarnos sentados —prometió Quirón—. Pero debes tener cuidado. Cronos quiere que te deshilaches, que tu vida se trunque, que tus pensamientos se nublen de miedo e ira. No lo complazcas, no le des lo que desea. Entrena con paciencia. Llegará tu momento.

—Suponiendo que viva tanto tiempo.

Quirón me puso una mano en el tobillo.

—Debes confiar en mí, Percy. Pero primero tienes que decidir tu camino para el próximo año. Yo no puedo indicarte la elección correcta... —Me dio la impresión de que tenía una opinión bastante formada, pero que prefería no aconsejarme—. Tienes que decidir si te quedas en el Campamento Mestizo todo el año, o regresas al mundo mortal para hacer séptimo curso y luego volver como campista de verano. Piensa en ello. Cuando regrese del Olimpo, debes comunicarme tu decisión.

Quería hacerle más preguntas, pero su expresión me indicó que la discusión estaba zanjada; ya había dicho todo cuanto podía.

—Regresaré en cuanto pueda —prometió—. Argos te vigilará. —Miró a Annabeth—. Oh, y querida... cuando estés lista, ya están aquí.

—¿Quiénes están aquí?

Nadie respondió.

Quirón salió de la habitación. Oí su silla de ruedas alejarse por el pasillo y después bajar cuidadosamente los escalones.

Annabeth estudió el hielo en mi bebida.

—¿Qué pasa? —le pregunté.

—Nada. —Dejó el vaso encima de la mesa—. He seguido tu consejo sobre algo. Tú... ¿necesitas algo?

—Sí, ayúdame a incorporarme. Quiero salir fuera.

—Percy, no es buena idea.

Saqué las piernas de la cama. Annabeth me sujetó antes de que me derrumbara al suelo. Tuve náuseas.

—Te lo he dicho —refunfuñó Annabeth.

—Estoy bien —insistí.

No quería quedarme tumbado en la cama como un inválido mientras Luke rondaba por ahí planeando destruir el mundo occidental. Conseguí dar un paso. Después otro, aún apoyando casi todo mi peso en Annabeth. Argos nos siguió a prudente distancia.

Cuando llegamos al porche, tenía el rostro perlado de sudor y el estómago hecho un manojo de nervios. Pero había conseguido llegar a la balaustrada.

Estaba oscureciendo. El campamento parecía abandonado. La cabañas estaban a oscuras y la cancha de voleibol en silencio. Ninguna canoa surcaba el lago. Más allá de los bosques y los campos de fresas, el canal de Long Island Sound reflejaba la última luz del sol.

—¿Qué vas a hacer? —me preguntó Annabeth.

—No lo sé.

Le dije que tenía la impresión de que Quirón quería que me quedara todo el año para seguir con mi entrenamiento personalizado, pero no estaba seguro. En cualquier caso, admití que me sentía mal por dejarla sola, con la única compañía de Clarisse...

Annabeth apretó los labios y luego susurró:

—Me marcho a casa a pasar el año, Percy.

—¿Quieres decir con tu padre? —pregunté, mirándola a los ojos.

Señaló la cima de la colina Mestiza. Junto al pino de Thalia, justo al borde de los límites mágicos del campamento, se recortaba la silueta de una familia: dos niños pequeños, una mujer y un hombre alto de pelo rubio. Parecían estar esperando. El hombre sostenía una mochila que se parecía a la que Annabeth había sacado del Waterland de Denver.

—Le escribí una carta cuando volvimos —me contó Annabeth—, como tú habías dicho. Le dije que lo sentía. Que volvería a casa durante el año si aún me quería. Me contestó enseguida. Así que hemos decidido darnos otra oportunidad.

—Eso habrá requerido valor.

Apretó los labios.

—¿Verdad que no vas a intentar ninguna tontería durante el año académico? O al menos no sin antes enviarme un mensaje iris.

Sonreí.

—No voy a buscarme problemas. Normalmente no hace falta.

—Cuando vuelva el próximo verano —me dijo—, iremos tras Luke. Pediremos una misión, pero, si no nos la conceden, nos escaparemos y lo haremos igualmente. ¿De acuerdo?

—Parece un plan digno de Atenea.

Chocamos las manos.

—Cuídate, sesos de alga —me dijo—. Mantén los ojos abiertos.

—Tú también, listilla.

La vi marcharse colina arriba y unirse a su familia. Abrazó a su padre y miró el valle por última vez. Tocó el pino de Thalia y dejó que la condujeran más allá de la colina, hacia el mundo mortal.

Por primera vez me sentí realmente solo en el campamento. Miré el Long Island Sound y recordé las palabras de mi padre: «Al mar no le gusta que lo contengan.»

Tomé una decisión.

Me pregunté si Poseidón la aprobaría.

—Volveré el verano que viene —le prometí contemplando el cielo—. Sobreviviré hasta entonces. Después de todo, soy tu hijo. —Le pedí a Argos que me acompañara hasta la cabaña 3 para preparar mis bolsas y marcharme a casa.

Agradecimientos

Sin la ayuda de numerosos y valientes ayudantes, los monstruos me habrían devorado cientos de veces mientras me esforzaba por que esta historia viera el papel. Gracias a mi hijo mayor, Haley Michael, que escuchó la historia el primero; a mi hijo pequeño, Patrick John, que a la edad de seis años es el más sensato de la familia; y a mi esposa, Becky, que me aguanta las largas horas que paso en el Campamento Mestizo. Gracias a mi equipo de probadores de grado medio de la versión beta: Travis Stoll, inteligente y rápido como Hermes; C.C. Kellogg, amada como Atenea; Allison Bauer, Artemisa la cazadora de mirada clara, y a la señora Margaret Floyd, la sabia y amable vidente de inglés de grado medio. Mi aprecio también para el profesor Egbert J. Bakker, un clasicista extraordinario; a Nancy Gallt, agente *summa cum laude*; y a Jonathan Burnham, Jennifer Besser y Sarah Hugues por creer en Percy.